ローマ典礼の儀式

THE CEREMONIES OF THE ROMAN RITE DESCRIBED

エイドリアン・フォーテスキュー　著

Adrian Fortescue

加藤肇　訳

Hajime Kato

————

第1巻

第1部　儀式に関する一般原則

第2部　聖なる犠牲

NIHIL OBSTAT
F. THOMAS BERGH, O.S.B., CENSOR DEPVTATVS.

IMPRIMATVR
EDM. CANON. SVRMONT, VICARIVS GENERALIS.

WESTMONASTERII, DIE 6 SEPTEMBRIS, 1917.

First Edition	*1917*
Second Edition	*1919*
New Impression	*1920*

BURNS OATES AND WASHBOURNE LTD LONDON. MCMXX

ローマ典礼の儀式　第1巻

著者　エイドリアン・フォーテスキュー
訳者　加藤肇

発行所　株式会社Stトマス
〒102-0084　東京都千代田区二番町 5-2 麹町駅プラザ 901
電話　03-6869-1727
https://sanctusthomas.com

2015 年 10 月 9 日　初版発行
2018 年 5 月 2 日　第二版発行
Copyright © 2015 Hajime Kato
All rights reserved.
ISBN978-4-9908645-0-7

目次

目次

目次

ウェストミンスター大司教・枢機卿猊下による

序文

　カトリック教会は神の礼拝行為を、一方では当然の成果を確保するため、他方ではそれらに伴うべき外的な表敬を守るために、明確な儀式で取り囲んできた。カトリック教会は儀式自体のために儀式を行うことは決してない。個々の各典礼は、たとえ時の経過の中で起源と発展の歴史が長らく忘れ去られてしまったとしても、我々が唱えてきた2倍のものから成長してきた。

　教会はこれら聖なる典礼全ての守護者である。典礼のさらなる発展を認めること、無意味になってしまった典礼を省くこと、あるいは従来は不必要であった新しい条件を課すこと、これらは教会に属している。こうして膨大な法令体系が発展し、これらは2つのローマ聖省、すなわち礼部聖省と儀式聖省によって管理・規制されている。数え切れないほど多くの注釈者が儀式の歴史について書き、他の多くの人々が純粋に実践的観点から儀式を取り扱ってきた。

　後者の意味での「儀式」は、聖座の最新の法令に完全に合わせるためには頻繁な改訂が必要となる。従って、現在の著作でさえも、印刷所から出版されたとたんに、新しい「教会法典（Codex Iuris Canonici）」に従い、変更が必要となる。

　過去長い間、イングランドの聖職者には、正確性や完全性を主張できる国語での儀式の手引きがなかった。彼らはラテン語やフランス語の優れた論文に頼ることを余儀なくされてきており、それらは、しばしば現地の状況を考慮しておらず、そして多くの場合には、我々の典礼儀式を適切に執行する上でその熱心な手伝いに大いに依存している献身的な平信徒の役には立たない。

　この大きな思いは、この手引き「ローマ典礼の儀式」の学識ある編集者と彼の著作をこのような満足すべき形で提供する出版者達によって今、完全に満たされた。我々は、この本が極めて正確に編集されており、その目的を最も効果的に果たすであろうことを、注意深くこの儀式書を読んだ人々によって保証されている。それゆえ、我々は大いなる確信を持って、我々の英語での手引きを必要とする全ての者、聖職者と平信徒両方の研究と使用のために推薦する。

序文

FRANCIS BOURNE 枢機卿

ウェストミンスター大司教

贖虜の聖マリアの祝日に

1917 年 9 月 24 日

著者序文

　この本の元となったのは Dale の有名な Baldeschi の翻訳の新しい版を準備する試みであった[1]。出版者達はその本の版を改訂し最新にすることが望ましいと提案し、私は仕事に取りかかった。すでにかなりの部分をやり終えた時点で、全体に変えるべき箇所が余りに多く、全く新しい本を書いた方が容易であろうと悟った。不本意ながら、長い間イングランドでのカトリックの儀式の主要な手引きであった著作のことを悪く言うことになった。古い Dale の Baldeschi の翻訳は、悪い部分ばかりではなく、確かに我々聖職者の教育において非常に大きな部分を占めてきた。しかし、現在の標準的な著者がどんなものであるかという観点から精査すると、長い間その地位を保ってきたことに驚かされる程の多くの誤りを含んでいることがわかる。Dale との関係を全て捨て去るという私の最終的な決意を正当化するために、私はこれらの誤りの主要なものに言及しなければならない。

　まず最初に、イタリア語の Baldeschi の原本はイングランドの我々にとって決して理想的な本ではない。Dale による翻訳版は 1839 年に出版された[2]。最新にしようとするいくらかの余り徹底的ではない試みにも関わらず、この本はなお当時の特徴を帯びている。今や、1839 年以来、サンタンジェロ橋の下で多くの水が流れ、礼部聖省で多くの決定がなされてきた。さらに当時サンピエトロ大聖堂の式典係であった Baldeschi は、彼自身の都市で必要なもののみを考慮している。彼の本にはローマのみならず、教皇領の繁栄していた時代のローマの香りがある。例えば、彼は司教儀式での司教が裁治権者であることを想定していない。彼の司教は常に裁治権のない司教であり、司教用床几で司式する。―当然、ローマでは多くの司教がおり、司教儀式はありふれている。しかし、唯一の裁治権者は教皇であり、名義教会での枢機卿を除き、他の誰も司教座を

---

[1] Ceremonial according to the Roman Rite, J. D. Hilarius Dale 師による Joseph Baldeschi の本のイタリア語からの翻訳, 第 11 版（最終）, Burns and Oates, 1913.
[2] G. Baldeschi, Ceremoniario della s. Basilica Vaticana: Esposizione delle sacre Ceremonie, Rome, 3 vols., small 8vo, 1839.

使用しない³。しかし、イングランドでは、大多数の場合、司式や補佐をする司教は裁治権者であろう。繰り返しになるが、Baldeschi は常にローマでの慣習全てを考慮している。彼の荘厳ミサは普通、灌水式なしで始まり、彼は灌水式を特別な典礼として本の終わりに別に置いている。灌水式により、荘厳ミサの始めに内陣に入る作法が変わる。司教座聖堂でないイングランドの教会では、荘厳ミサが灌水式なしで始まることは極めて稀であろう。彼の聖体降福式の典礼はローマ地方のものであり、いくつかの点で我々のものと異なっている。これも、彼は特別な場合の儀式として本の終わりに置いている。イングランドでは聖体降福式は夕方の不変の儀式であり、全ての儀式の中でミサの次に会衆に知られている。Baldeschi は、そこでは滅多に起きない稀な儀式である助祭と副助祭なしの歌ミサは、ローマでの司式の方法のみを記述している。ローマでは、何の問題もなく揃えられる助祭と副助祭が荘厳儀式のための第１の必要条件となる。イングランドの大多数の教会では、優れた聖歌隊と多くの侍者のいる大教会においてさえ、助祭・副助祭は容易には揃えることができない。そのため、ローマでは希である歌ミサ（Missa Cantata）の形式は、ここイングランドでは日曜日のミサとしては普通の形式である。当然、Baldeschi は、イングランドで法的効力のある、我々の特別なイングランドの典礼や慣習、イングランドの儀式書の規則、聖体降福式のための Ritus Servandus 等についての知識は全くない。特に我々の状況では、彼の本の順序は極めて不便である。

　Dale の翻訳で、これらの欠点全ては残っており、さらに欠点がある。１つには、Dale は本全体を翻訳していない。Baldeschi の原本は３つの部で構成されている。全体の基本となる第１部は読誦ミサについてである。Dale はこれを全て省き、第２部と第３部のみを翻訳した。読誦ミサを唱えるための儀式ほど司祭にとって重要な儀式はない。儀式の本は、まさに、読誦ミサのための儀式の正確な記述で始まるべきである。Dale が残した Baldeschi の本には明らかな誤りがある。例えば、何かの理由で、司教用床几での荘厳司教ミサの間中ずっと補佐司祭（AP）に小さなハンドキャンドル（scotula）を保持させている。こ

---

³ Dale はついに司教座でのいくつかの司教儀式を補充した。

れは誤りである。他のどの著者や典礼の権威もこれを述べていないし、これは
ローマあるいはどこでも行われていない。これらに Dale は自身の誤りを加え
ている。最終版の214ページで、Dale は、枝の主日の行列で副助祭が「足で」
教会のドアを叩くとしている。私は Baldeschi の原書を見るまで、この特別な
考えを彼がどこで得たのか不思議に思っていた。そこでの文は、もちろん、十
字架の脚で、を意味する "col suo piede" である。この間違いから、どれほど
多くのイングランドの副助祭が枝の主日に教会のドアを蹴ってきたことかと思
う。この本の第11版の間、誰もその誤りを指摘してきていない。Dale の翻訳
に反対する別の主張は、彼が使用している驚くべき言葉である。良い翻訳かど
うかの試金石は、原著のように読めることだと言われる。この理想に従えば、
Dale は実際、全く成功していない。彼がイタリア語の単語とイタリア語の形式
を熱狂的に使用しているために、彼の本の大部分は実際には全く英語ではなく、
イタリア語に翻訳しなおすまでほとんど理解できない。彼は可能なあらゆる場
面でイタリア語の名前を使用しているばかりか[4]、単語が英語である時もイタリ
ア語の荘厳なスタイルの全ての華麗な語句を無情な正確性で翻訳している[5]。

　そのため、本の順序を再編成し、含まれていなかった大きな部分を加え、Dale
の壮大なイタリア語の語句を英語に書き直し、この国では決して必要とされ得
ない多くのことを省く、これらの理由から、最終的に合理的な案は

---

[4] Predella, zucchetto, bugia, cotta 等。次いで、祭壇での genuflexorium, denudation（彼
ははぐことの意味で言っている）。イタリア語への熱望が長じ、毎回彼は "berretta" と
綴っている。

[5] 例えば、Dale の本の中では、司祭にお辞儀をするのではなく「慣習的な挨拶に進む」、
立つのではなく「立っている姿勢を保つ」となる。全ての人は何かを「尊守する」。跪か
ないのを尊守する、跪いた姿勢を保つのを尊守する、のように。式典係は何かをするよ
う指図するのではなく、それが行われるべきだと知らせる、となる。司式者はクレドを
「終結させる（terminates）」。司式者は助祭・副助祭に合わせて片膝をつく―その後、
彼らに合わせて立つ姿勢をとることを尊守する。式典係は会衆に知らせに行き、慣習的
な挨拶を行うことを尊守するまでふるまう。副助祭は平和の接吻を伝えられたのと同じ
方法で分け与える。全員が威厳のある立ちふるまいを示す。誰かがこのように話してい
るのを想像して欲しい。誰かが、あなたに立ちふるまいを示すべきだと言うのを想像し
て欲しい。もちろん我々は毎回「上ること（ascend）」をし、祝福(blessing)は常に「祝
福（benediction）」であり、有害（harmful）は有害（deleterious）になる等々。

Dale-Baldeschi の本を訂正するこれ以上の試みをあきらめて、率直に新しい本を作ることであると思われた。

　この決意に至った時、参照先としてさえも Dale の本の中で残ったものがいかに少なかったかには驚かされる。現在では、とりわけ Menghini による新版での Martinucci や Le Vavasseur 等の後世の、より優れた権威がいる。そのため、この本の中では、そこから出発することになった Dale の本からの部分は、ここではほとんど目にすることはないであろう。

　一旦新しい本を書くことが決まると、順序についての全疑問、特にどれだけ多くのものを含めるかについての疑問が生じた。どの典礼の本も、ローマ典礼の全ての儀式を含めるという意味で完全であることは不可能である。巨大な4巻からなる Martinucci の新版でさえ、完全ではない。完全な本には司教儀式、司教・司祭・助祭の叙階、教会の聖別の全てが含まれるであろう。実際、教皇儀式はローマ典礼の一部である。教皇戴冠式、荘厳教皇ミサ、聖週間の教皇儀式もまた含まれなければならない。完全な著作は本ではなく、図書館のようなものであろう。

　そのため、この本は、全てを含む試みを捨て、イングランドの司祭が必要とするものを提供することを目的とする。教区司祭が受け持つイングランドの教会、これがその典型である。司教座聖堂においては、式典係が間違いなく Martinucci、あるいは他のラテン語の大作を持っているであろう。独自の典礼を持つ修道会には独自の儀式書がある。

　司祭が受け持つ教会で必要とされている事を提供するというこの考えは、全ての司教儀式を含めることでもなければ、除外することでもない。他方、これら司教儀式の多くは、司教座聖堂を除き、実際に起こることは決してないであろう。例えば、聖週間の司教儀式は省いた。しかし、司教区の他の教会で容易に起こり得る司教儀式はある。教会法上の訪問と堅信は定期的に起こる。そのような教会で司教がミサや晩課で歌ったり補佐することは容易に起こり得るだろう。それゆえ、これらの規則はここに載せてある。しかし、1人の司教が別の司教の前で司式する場合、裁治権者が教皇特使や枢機卿の面前で司式する場

合、あるいは司教区のシノドスのための規則といったほとんど際限なく複雑な事は記述していない。大修院長のための儀式もまた、修道会のかなり特別な儀式に属している。

　他方、ここでは Baldeschi の本にはなかった極めて多くの事が加えられており、そのいくらかはこの種類のどの本でもまだほとんど取り扱われてきていない。読誦ミサを唱え、読誦ミサを奉仕する作法の詳しい説明は当然全ての第1の基本となる。常に我々のイングランドでの状況を考え、荘厳ミサの前に灌水式を置いた。イングランドの Ritus Servandus の規則に従った聖体降福式はイングランドの儀式の本の重要な要素である。助祭も副助祭もいない教会で晩課と聖週間の儀式を祝う作法、及び歌ミサについては、注意深く記述した。新しい特徴はイングランドの Ordo Administrandi に従った秘跡の執行の規則である。これらは非常に重要な意味を持っている。典礼の重要性を精巧さで判断することは誤りである。告解を聴く作法は、司教座での司教晩課よりも複雑ではないが、かなり重要である。これらのより短い典礼においても、司祭はより長い典礼と同様に、ルブリカに従って全てを正確に行わなければならない。多くの場合にルブリカ自体がほとんど十分な手引きを提供しているというのは正しい。しかし、私はそれらに関してさらなる注釈が有用であろう、かなり多くの問題を見出してきた。

　補佐する様々な人々の位置を示した本の至る所での図が、儀式の各場面を理解する際の手間を省いてくれるであろうことを期待している。

　言語と文体に関して、ここでいくらか述べておこう。確かに、儀式の本に素晴らしい文体を期待する人はいないだろう。この本での入念な細部にわたる指示の多くは鉄道案内より気持ち良く読めるという訳にはいかないだろう。しかし、儀式の本であっても我慢できる言葉で書くことは可能であるべきでろう。とりわけ、本は可能な限り一度に1つの言語で書かれるべきである。この場合、言語は英語である。英語の単語を使用することが常に可能である訳ではない。そのため、他の原則が生じる。すなわち、我々の典礼の言語はイタリア語ではなく、ラテン語である。何かに外国の名前を使用しなければならない時には、

明らかに、ラテン語が選ぶべき言語である。文章にフランス語よりイタリア語をまぜる理由は何もない。可能と思われる時にはいつも、私は英語の単語を好んできた。これらのいくつかは多分、最初は多くのカトリック信徒にとって奇妙に思われるかもしれない。しかし、これらはカトリック信徒の祖先達により使用された優れた単語である。我々がこれらを使用しない理由もないように思われる。もちろん、私は常に frontal やスルプリ（surplice）、霊柩車（hearse）等の単語を使用してきた。これらは決して我々の内で、すたれてはいない。私は司教の近くで保持される小さなろうそく（scotula）のことを、ラテン語での名前の代わりにハンドキャンドル（hand-candle）としている。Bugia は Bougeoir と同様に正当化されない。座席（seat）が意味するものに何の疑念も生じない場合には司式者とその聖職者のための seat が現れるが、そうでない場合は sedile に頼らなければならない。foot-pace は祭壇の前の platform を表す古い英語の名前であり、ラテン語では suppedaneum と呼ばれる。ラテン語の単語はこれに及第しても良いが、イタリア語の predella はそうではない。

　いくつかのラテン語の単語は避けられないように思われる。capsula や sacrarium（サクラリウム）、secretarium、 ciborium（チボリウム）はほとんど避けることができない。ローマ典礼でいくつかの物にローマの言語での技術的名称があっても不思議ではない。２つの場合には、本の文章が終始１つの言語を使用するという原則に従わないように思われる。これらは Sanctissimum と solita oscula の言葉である。最初の Sanctissimum には多くのヨーロッパの言語において聖体（Blessed Sacrament）を表す名前として背後に偉大な伝統があることを指摘したい。私はもちろん Blessed Sacrament もまた使用してきた。しかし、絶えずこれに言及し、儀式で細部に入らずにこの単語を繰り返す時には、２語の代わりに１語を使用するのは非常に都合が良い。solita oscula は、Gibbon が死んだ言語のかなりのあいまいさと呼んでいる例である。どの助祭も知っているのでこのこと自体は不思議ではないが、キスをしながらキスをする（kissing and kiss）という言葉を絶えず繰り返すことは、素敵ではない。

　私はミサにおいてばかりか全ての儀式で司式者（celebrant）と言っている。この言葉の中に、実際には犠牲の必然の観念は全くない。我々は祝日あるいは行事を祝うのである。また、この一般的な意味では、celebrant には司教儀式書の権威があり[6]、それを越えることができるものはない。助祭と副助祭は合わせて聖職者（ministers）である。彼らはもちろん聖職者（sacred ministers）であるが、絶えず繰り返すには2語よりも1語の方が便利である。

　多分、これらの儀式の記述の第1印象は、初めての人にとっては非常に複雑だということであろう。本当は、これは見えるよりもずっと複雑ではない。一般的に、動作は言葉で述べるよりも行う方がはるかに目立たない。たいていのカトリック信徒は教会へ行く時、これらの事にほとんど気付かない。これらを絶えず行う聖職者と侍者は、長い習慣によってこれらに慣れてしまっていて、これらをほとんど意識せずに行っている。朝起きる、あるいは夕食をとる儀式を全て詳細に書かなければならない場合、これらは極めて入念な儀式に思えるだろう。その上、各人の動きを別々に記述しなければならないのだが、実際には各人は同時に役割を行っており、そのため、繰り返しになるが、記述するよりも行うことの方がずっと単純である。指示の詳細が正確であるほど動作がより複雑でなくなるのに気付くのには価値がある。各人が何をすべきか正確に知り、全員が同意して役割を確信して静かに行う時、儀式の効果は疑念や混乱、議論がある時よりも、計り知れないほど穏やかになる。多くの場合、ある動作をどのように行うか自体はそれほど問題にはならないが、関係する全員が同意して同じように行うことが重要であると言える。この同意のためだけにも、それを行うあるやり方を詳細に記述することが必要になる。そうなると、ルブリカ及び認められた著者に従って正しく記述するようにした方が良いであろう。

　さらに、我々の儀式の精巧さは書かれた記述から思われるよりも本当はずっと少ない。しかし、多分、ある程度の単純化が望ましいことは認められるだろう。典礼改革がこれほど広まっている以上、我々もこの方向の改革を希望するだろう。ローマ典礼の主な特徴は常にその簡素な単純さであり続けてきた。華

---

[6] 例えば、Caer. Ep., Lib. I, cap. iii, § 2 等。

12

やかな東方典礼と比較して、これはいまだにその本質的な特徴である。この特徴を外面的に維持する一方で我々の典礼のビザンチン的傾向を抑制することは間違いなく価値がある。

　権威に単純化を望む２つの問題点がある。１つは絶えず続くキスである。確かにこれはとても古くからの表敬の印であり、例えば司教の手にキスするような少数の場合には誰も廃止することを望まないだろう。しかし、助祭による物と司式者の手への終わりのないキスをやめた場合、動作に荘厳さが加わらないであろうか？。そのような単純な動作では、助祭が献香を行う際には、８回の"solita oscula"が絶えず繰り返される。助祭は香さじと手、手、香さじに、そして香炉と手、手、香炉にキスをしなければならない。芸術的な効果の観点からだけでも、これらの繰り返しお辞儀をすることは優美ではない。全てのキスがパテナとカリスの主要な場合や司教の手のようなより重要な場面に減らされた場合、儀式の全般的な効果はより穏やかになり、osculum（キス）はより心からの表敬の印になるであろう。

　同じように、我々には片膝をつくことが多過ぎはしないだろうか？。祭壇や裁治権者に片膝をつくことには、聖体に片膝をつくよりもより古い伝統が背景にあることは真実である[7]。これは、人と、聖餐での我々の主の象徴に全く同じ表敬の印を示すという、最初はとても不思議に思えるに違いないことへの説明になる。実際のところ、人と象徴に片膝をつくことは生き残り、今、聖体に払われる後世の表敬と偶然にも同一になってしまった。しかし、片膝をつくことが今我々にとって現存する我々の主への崇敬の認められた印になったために、祭壇に聖体がない時に、司式者を除き、全員が全く同じ印をするのを見るのは不思議に思われる。そして、司教に対して、低いお辞儀をすることの方が、現代人の自然な感情に一致しないであろうか？。もちろん我々は、王や皇帝の前で跪くことが長い間の普通の慣習であったことを知っている。そうであるから、キリストに代わって統治する司教に対して少なくとも同じ表敬を払うべきであ

---

[7] 会衆は、聖櫃が祭壇の上に置かれる前の数世紀もの間、祭壇に向かって片膝をついていた。

ると主張している。しかし現在、世界では、そのような印はすたれている。現代人にとってこれらは少しビザンチン的に思われ始めている。

同じ原則が祭壇前のランプに当てはまるようだ。ここで我々にはまた本当に古くからの象徴があるが、元々は決して聖餐の印ではなかった。初期の世紀の間、祭壇前に数多くのランプがあったが、聖櫃はなかった。しかし、現在我々には、内陣のランプは現存の主要な印となった。このために他の何かの印がなければ、聖体があろうとなかろうと同じ象徴を使用することは残念なことではないだろうか?。

しかし、この本の目的は、我々の儀式の理由を批判することでもなければ議論することでもない。現在の規則に従ってどのように執り行うべきかを示すことである[8]。唯一、注釈でそれらの意味を説明することにより、詳細の長い一覧に何かの問題点を与えようと私はあちらこちらで努めてきた。

このような本のための権威は、最初に、典礼書のルブリカ及び礼部聖省の決定、以下の18～25ページにある認められた著者である。

たとえそうであっても、いくらかの細かい問題は未決のまま残る。これらは多くもなければ重要でもない。キリスト教の典礼の中でローマ典礼ほど均一な典礼はない。しかし、聖省の決定の膨大な一覧表にも関わらず、なお未決定の問題点があり、認められた著者の中で常に意見が一致するわけでもない。

疑念がある場合、次の規範は教区司教に承認され認可された慣習である。これは我々にとって、我々イングランドの司教区での慣習を意味している。教会法の観点から、ローマ市の地方の慣習を我々の規範とすることは誤りである。我々にとっての権威は裁判所及び礼部聖省の決定であり、これらには教皇からの代理としての権威がある。我々は実際、裁治権者が教皇自身である市民をうらやむかもしれない。しかし、彼らはその事実から、イングランドのカトリック信徒の仲間に対して、他のどんな都市のカトリック信徒よりも大きな権威を得るわけではない。教会法で重要な役目を果たす慣習は、常に問題になってい

---

[8] 言うまでもなく、私はこれら全ての事のための規則を現在有効である通りに示してきた。誰もが変化のための希望を表明しても良い。教会の権威がそのような変化が適合していることを確かめるまでは、規則に正確に従わなければならない。

る場所の慣習を意味している。イングランドの司祭にとって直接の権威は、彼自身の司教である。我々が我々自身の司教に従うことで、中央の権威の希望に反対することになるのではないかと心配する必要はない。そのため、多くの細部の中で、とりわけローマ儀式書の規則の中の非典礼儀式に影響する問題では、我々の規範はローマの慣習ではなく、我々自身の司教区の慣習である。神は、我々全てが国教会に無意味な励ましをすることを禁じている。カトリックの一致の中に国教会はない。今までも決してそうでなかった。しかし、教会の地域である司教区は、大きな一致の中の真の一致である。望まれているように、この本は、教会法の源を正当化していく代わりにローマ市で行われている全てのことを無知にまねる安易な道に従うという過度で教会法に基づかないローマ化を奨励しないであろう。良くあることだが、ローマ地方の慣習が典礼書のルブリカや合法の典礼権威の規則と異なっている時、我々自身の規則を捨てるどころか、誠に遺憾ながら我々の規則が常にローマでの慣習に正確に従うとは限らないのである。

　この本を準備する際に大いに助けてくれた友人の中で、特別な感謝を献げたい2人がいる。1人は名前を出さない希望があり、疲れを知らない忍耐強さで本全体を読み、極めて多くの示唆と訂正、改善をしてくれた。次いで、ウェストミンスター大聖堂の式典係の Herbert F. Hall 師であり、親切にも本全体を別に校閲して頂いた。彼はまた、実践的な知識から、非常に多くの細部の訂正を行うことができた。私は Hall 神父にまだ残っているかもしれない間違いの責任を負わせることはできない。しかしながら、卓越した気配りと正確さは（これらとともに、彼の指示のもと司教座聖堂で儀式が行われている）、彼の校閲の後ではそれほど重大な間違いは見つからないであろうと期待するように私を励ましている。そして私は彼の親切と骨折りに大変感謝している。私はまた、ローマ教皇庁の高位聖職者の権利についての貴重な情報を私に与え、礼部聖省の決定の蔵書を私に無期限に貸与してくれた Royston のカトリック教会の主任司祭 Mgr. Henry Barton Brown 師に感謝しなければならない。Cambysopolis ウェストミンスター補佐司教には、親切にも情報提供と本の貸与を頂いた。

　とりわけ、ウェストミンスター枢機卿には光栄にも、この本へ序文を書いて頂いたことに感謝する。後は、もしこの本がイングランドのカトリックの聖職者に有益であれば幸運であろうし、多少なりとも Dale-Baldeschi と同じような地位を占めることに成功すればとても幸運である。

Letchworth, 諸聖人の祝日、1917 年

　Codex iuris canonici Pii X pontificis maximi iussu digestus, Benedicti Papae XV auctoritate promulgates（ローマ, Vatican Press, 1917 年 6 月 28 日）は間違いなくこれまで発布された内で最も単純化され、最も便利な教会法の要約である。他の利点の中で、それは連続した 1 から 2414 までの番号がつけられた法規に分けられている。これは引用する際に大いに平易さを可能にしている。ここでは Cod. として、法規の番号とともに引用されている。始まりでは、6 つの法規が "normae generales" を構成している。これらの 2 番目では、「大部分は、法典は典礼や儀式に関しては何の規則も定めておらず、これらに関してはラテン教会によって承認された本がミサの聖なる犠牲の儀式や秘蹟や聖餐の執行、他の聖なる儀式のための指示を行っている。それゆえ、明確に法典で訂正されているのでなければ、全ての典礼の法には効力がある。」Canon 253 は礼部聖省の権威を確認している。

　この第 2 版を準備するにあたり、私はこの本の読者から送られてきた多くの点についての注釈の強みがあった。このために骨を惜しまなかった全ての人に感謝している。実際、私は常に訂正と示唆に感謝するであろう。

　今回の版でこの本を改善するために手助けしてくれた全ての人の中で、本全体を細心の注意を払って各文献を確かめ、各記述を制御し、たいていの人が自身の本にするよりもはるかに多く骨を折っていただいた Saint Edmund's College の式典係である Ernest O'Hea 師に最大の感謝を献げる。

著者序文

　いくつかの通信で、なぜ私が中性形の"mantellettum"と女性形の"mozzetta"を使用するか質問をしている。答えは単純であり、十分と考えている。これらは司教儀式書で常に見られる形である。かわいらしい言葉ではないし、真のラテン語でもない。しかし、これらに英語での名前はない。mantellettum は、もちろん、古英語の chimere であり、ひどく省略されている。mozzetta は cape と呼ばれるかもしれない。しかし、私はそのような名前が理解されるとは思わない。そのため、これらをそのようなラテン語の言葉に頼り、主要で確かな権威から取ってきている。

エイドリアン・フォーテスキュー

Letchworth, ミカエルの祝日、1918 年

引用文献についての注釈

　儀式についての全ての本の一番の源がミサ典書や聖務日課書・ローマ司教典礼書・ローマ儀式書・司教儀式書のルブリカ[1]、さらにベネディクト 13 世の Memoriale Rituum、40 時間の礼拝のための Instructio Clementina、聖体降福式及び聖体顕示のための我々独自の Ritus Servandus といった典礼書そのものであることは明白である。

　礼部聖省の決定も同様に権威がある。現在、これらは 6 巻にまとめられている。*Decreta authentica Congregationis Sacrorum Rituum sub auspiciis S. D. N. Leonis Papae XIII*, Rome, Propaganda Press, large quarto, 1898-1901. 最初の 3 巻は 1588 年 5 月から 1899 年 12 月 15 日までの日付の、1 から 4051 の番号がつけられた聖省の回答を含んでいる。より古い番号はそれぞれに括弧付きで加えられている。第 4 巻には Instructio Clementina が、法令に対する Gardellini の注釈、さらなる判断と覚え書きとともに収められている。第 5 巻には優れた索引が収められている。第 6 巻（1912 年）には 1911 年までの法令（4052〜4284 番）が索引とともに収められている。

　もっと後の礼部聖省の決定は、現在 Vatican Press で出版されている *Acta Apostolicae Sedis* 中で探さなければならない。全ての現代の文書及び聖座の決定と宣言を含むこの著作集は 1909 年に始まっている。毎年 1 巻の構成になっている。これは長い連続の Bullaria、同じ種類の Acta と公式の定期刊行物の収集に成功し、過去のどれよりもはるかに良く整理されている。

　4 回のウェストミンスター管区シノドス（1852 年、1855 年、1859 年、1873 年）[2]はイングランド管区で有効な典礼の問題についての決定を含んでいる[3]。

---

[1] これらについては 53〜54 ページを参照。

[2] 　第 2 版から引用している。*Decreta quatuor conciliorum provincialium Westmonasteriensium*, 1852-1873, 2nd ed., Burns and Oates, 出版年なし。

[3] 典礼あるいは儀式についての全ての規則やルブリカ、決定は教会法の特殊な場合に過ぎない。司教に聖職の提供のために金銭を受け取ることを禁じているのが教会法であるように、我々に復活節でアレルヤを小句に追加することや死者ミサで黒のカズラを着ることを命じているのは教会法である。

　しかし、全ての公式文書はなお多くの細かい問題を未決のまま残している。典礼書のルブリカは常にまさしく要約であり、司教儀式書のルブリカでさえ多くの細かい点を未決定で残している。礼部聖省の決定はたまたま送られた問題のみに対しての解答である。そのため次の源は "probati auctores" で構成される。

　実践的な儀式の本の目的のためには、権威について遠い昔に戻る必要はない。初期のローマの典礼規則や中世の典礼の説明等は、典礼史の学生には極めて重要かもしれないが、物事が現在どのように行われるべきかを知りたい場合にはほとんど役に立たない。その頃から残っている全てのものは、現代の本にもまた掲載されている。実際、その本が良いものであれば、実践的な目的のためには最新版が常に最良である。それは古い本にあったものを全て含み、最新の決定に遅れないでいるであろう。実践的な典礼家は 18 世紀より前にさかのぼる必要はない。そこで我々は実践的な事柄のためにいまだに権威がある著作を手にする。1628 年に Bartholomew Gavanti がミサ典書及び聖務日課のルブリカについての大論文を出版した。これは、Cajetan Merati によって、おびただしい追加とともに再編集された。私が使用した版は以下である。

　Thesaurus sacrorum rituum auctore rev. Patre D. Bartholomaeo Gavanto cum novis observationibus et additionibus R. P. D. Caietani Mariae Merati, 2 vols., folio, Venice, 1762.　これはルブリカのための注釈の宝庫である。Merati は司教区シノドスと教会法上の訪問の典礼を終わりに追加している。その当時の多くの本と同様に、多過ぎる細分化の害を被っている。部及びタイトル、節、さらにアルファベット順の区分がある。また、Gavanti が言っている箇所がどこで Merati が言っている箇所がどこかを確かめるのも極めて困難である。Merati には彼の追加の番号を付け直すためのある方法があり、Gavanti の節の番号に全く逆らっており、極めて紛らわしい[4]。そのため、通常はこの版（1762 年）のページを引用している。この著作の重要性は、これがいまだに礼部聖省自身にとって承認された権威であるという事実に起因する。礼部聖省は

---

[4] この本を 1 年間にわたりほぼ毎日使用した後で、私はいまだに節の配列を理解していないことを告白しなければならない。

いつも Gavanti-Merati をもとに回答を作成している。同じことは Bauldry の *Manuale sacrarum caerimoniarum*, one vol., quarto, Venice, 1778.にも言える。

　Gavanti-Merati と Bauldry がミサ典書と聖務日課のために行ったことを、Joseph Catalani はローマ司教典礼書及びローマ儀式書、司教儀式書のために行った。

　Rituale Romanum Benedicti Papae XIV perpetuis commentariis exornatum, auctore Iosepho Catalano, 2 vols., folio, Rome, 1757.

　Pontificale Romanum prolegomenis et commentanis illustratum, auctore Iosepho Catalano, 3 vols., folio, Rome, 1738-1740.

　Caerimoniale Episcoporum . . . commentariis illustratum, cura et studio Iosephi Catalani, 2 vols., folio, Rome, 1744.　18 世紀の中頃にローマの祭服がどれだけ美しかったかを示すさし絵とともに。司教と聖職者全員にはあごひげがある。

　もちろん、調べる上で得るところがあるかもしれない、その当時の他の著作がある。しかし、古い著者 Gavanti-Merati や Bauldry、Catalani の著作で十分であろう。

　全く現代の著者の中では、多分 Martinucci が主要な位置を占めている。彼の本は Mgr. Giambattista Menghini（自身、儀式についての貴重な本を書いている）によって再編集されたところである。Martinucci Pius, Apostolicis Caerimoniis Praefectus[5], *Manuale Sacrarum Caerimoniarum in libros octo digestum*; edito tertia quam I. B. M. Menghini, Apostolicarum Caerimoniarum Magister, emendavit et auxit, four vols., large 8vo, Regensburg and Rome, Fr. Pustet, 1911-1916.　ほとんど全てのものがここにある。最初の2巻は司祭のための儀式を含み、2番目の2巻は司教の儀式を含んでいる。Martinucci と彼の編集者は、非常に多くの繰り返しという代償を払ってまでも、ほとんど過度と言えるほどに完全である。各儀式のために、根拠全体を再び論じている。荘厳ミサでコープと司教冠、あるいはカッパを着た

───────────────

[5] ママ　この奇妙な絶対主格がこのように肩書きにある。

司教の補佐のような小さな違いのためであっても、準備すべき物の一覧から司教の出発まで、儀式全体が再び出てくる。間違いなく、これは参照のためには非常に貴重な本である。同時に、私が見てきた中で最も使いにくい本の中の1つである。読者の便のためにこれほど譲歩しない本は、かつて出版されたことがなかった。最初に、これには4巻がある。なぜⅠ、Ⅱ、Ⅲ、Ⅳと番号を付けなかったのだろうか？。代わりに、第1部第1巻、第1部第2巻、第2部第1巻、第2部第2巻と番号を付けている。これが終始 "Martinucci-Menghini, I, 1"あるいはI, 2, II, 1等、次いでページと言及しなければならない理由である。この本はまた困惑するような多くの部分に細分化されている。Liber 及び Titulus、Caput、Articulus、そして節である。それを参照するためには5つの異なる番号が必要になる。私は可能な限りこれを無視し、ページで引用している。

　しかし、この本の主要な欠点は、それほどまでの区分にも関わらず、物事を知的に整理する試みがないことである。著者は儀式全体の見出し以外には一般的な見出しを載せず、何が行われているかあるいはそれが全て何に関してであるかを読者に語らずに、どんなに小さな細部にもまっすぐに行っている。明らかに、彼は指示を魅力的にする、あるいは適度に分かりやすくするものですら全ての着想を軽蔑している。もちろん誰も典礼の歴史あるいは象徴的意義、神秘的意味についての論文に期待はしない。しかし、彼は少なくとも、その時何が行われているかを我々に述べるべきであろう。例えば、荘厳ミサの最中に、同じように無慈悲なまでに詳しく続けながら、香炉係が何をし、アコライトがどこに行き、副助祭が何をし、助祭がどうふるまうかを彼は述べている。しかし、この全ての意味が、彼らが福音書を歌おうとしていることであるヒントは全くない。この本は、まるで木を見ることのできない森のように、何ページも、小さな節もまっすぐに進む。これが、この本を非常に難しい参照の本にしている。司祭が荘厳ミサの終わりに司教が司教座に来た時、補佐司祭が何をするかを確かめる場合、唯一の確かな方法は Lib. v, Cap. vi, Art, iii をすっかり通して読むことである。それは大きな31ページと161の節で構成されている。これを

読むなかで、もし何も飛ばさないよう注意をすれば、ついには求めるものが見つかるであろう。

　もちろん著者は、果てしないリボンの代わりに成長物のようにするために、何らかの有機的な計画で物事を整理するべきである。彼の長々としたページを読むことは、極めて遅い列車で旅をし、どんな小さな駅にも停車し、どこへ向かって旅行をしているのかずっと分からずにいるようなものである。しかし、1つには、私はこの本を使用することはほとんど不可能だろうと思う。私はこれを発見し、他の人に忠告する。彼は話されるか歌われる文章をイタリックで表記している。これらに気付くと、彼が儀式からどれほど離れていたかがわかるだろう。

　これらの理由から、Le Vavasseur の Haegy の版が、もったいぶりも少なく、より実践的であることがわかるだろう。　*Manuel de Liturgie et Cérémonial selon le rit romain*, par le P. Le Vavasseur, dixième édition, revue et augmentée par le R. P. Haegy, Paris, Lecoffre (Gabalda), 1910, 2 vols., small octavo.

　これは、非常に優れた本である。part 及び section, chapter, article, paragraph と細分化が多すぎる同じ欠点から少々害を被っている。そのため、また、私は単に巻とページで引用している。これは最も完全で、司祭が求めることがある全てのことを極めて詳細に含み、Martinucci よりもはるかに知的に整理されている。時折、典礼の意味についての注釈があり、著者は終始、読者に何が行われているか理解させようとしている。彼はまた、礼部聖省の決定及び他の権威への完全な参考文献をあげている。Martinucci の本には参考文献は全くない。

Les Fonctions Pontificales selon le rit romain, par le R. P. Le Vavasseur, troisième édition, revue et augmentée, par le R. P. Haegy, Paris, Lecoffre (Gabalda), 1904, two volumes, は前者と同型である。この本は、もう1冊のように正確に整理されており、司教儀式の全てを同じやり方で載せている。概して、司祭がこの種の著作を1つ必要とする場合、私は Martinucci-Menghini よりもずっと Le Vavasseur-Haegy を薦める。引用に際しては、"Le Vavasseur"

のみの場合は彼の Manuel de Liturgie を、"Fonctions Pontificales" の場合は
この2番目の著作を意味している。

　J. B. De Herdt, *Sacrae liturgiae Praxis iuxta ritum romanum*, 3 vols.,
Louvain, Joseph Vanlinthout, ninth edition, 1894.　　完全な良書であり、司祭
の儀式についてさえも全く余すところがないという訳ではないし、今となって
は幾分古風であるが、それに関する限り信頼できる。これはフランスや途上国、
ドイツ等の国外で聖職者の教育の上で大きな、そして非常に有益な役割を果た
している。多くの点で、イタリア人の著者よりも完全であり、合理的である。

　J. F. van der Stappen, *Sacra Liturgia*, Mechlin, H. Dessian, five volumes,
second edition, 1904-1911.（第2巻は第3版）大著作である。各巻はこのように
整理されている。Iは聖務日課について、IIはミサ典書のルブリカについて、
IIIはミサの司式について、IVは秘蹟と準秘蹟の執行、Vは儀式で、司教による
ものを含め（しかし司教の部分はない）、各聖務での司式者とそれぞれの助祭・
副助祭・侍者の役割を述べている。Van der Stappen は Mechlin の補佐司教で
あり、ローマ典礼アカデミーの検閲官であった。彼の本は神学生の教育を目的
としている。これには儀式の執行の仕方の説明よりもはるかに多くの事が含ま
れている。彼は、唱えられる祈祷文や記念等についての全てを含めて、ミサを
行うための完全な教授を行っており、聖務日課を唱えるためにも同様である。
彼は儀式及び祭服、祭壇、教会の備品についての話を述べ、この部は少々時代
遅れであるが多くの考古学的な情報を広く載せている。これは大きな価値のあ
る、全く完全な本であり、さらにイタリア人によるたいていの本よりも良くな
されている。しかし、この中の単旋律聖歌は未だに不適切な古い Mechlin の聖
歌である。Van der Stappen は儀式の務め全体をわかりやすくしている。彼の
著作の役割は、古さと合理性の観点からの典礼の防御である。司祭にとって調
べるのに優れた本である。未決定の問題点についての彼の論文の多くは非常に
興味深い。彼自身の観点は常に合理的である。この著作の唯一の欠点は、全て
カテキズムのように問いと答えの形で整理されていることである。索引も満足
のゆくものではない。

Innocent Wapelhorst, O. F. M., *Compendium Sacrae Liturgiae iuxta ritum romanum*, ninth edition, New York, Cincinnati, Chicago, Benziger, 1915. 有用な小さい本であり、実践的で明白であり、最新の決定を反映した全くの最新版で、良く整理されている。

J. B. Müller, S.J., *Handbook of Ceremonies for priests and seminarians.* Andrew P. Ganss, S.J.訳, W. H. W. Fanning, S.J.編, 第2版, B. Herder, 1911. 長所がない訳でもない。

Caesar Uberti, *Praelectiones sacrae Liturgiae*, 3rd ed., Ravenna, Tip. Artigianelli. 儀式についての神学生への講義であり、実践的な指示はもちろん、歴史的及び象徴的な説明もある。有用な小さい本である。

M. Gatterer, S.J., *Praxis celebrandi missam aliasque functiones eucharisticas*, Innsbruck, F. Rauch, 1910, 及び *Annus liturgicus cum introductione in disciplinam liturgicam*, 3rd ed., Innsbruck, F. Rauch, 1912. 両方ともに良い。

G. Baldeschi, *Espozione delle sacre Ceremonie* Rome, 1839, 3 vols., small 8vo.

私はこれが一般的な著書の中で最後に来なければならないことを残念に思っている。これには長所はほとんどなかった。これは完全でもなければ十分でもなかった。今や全く時代遅れである。上の序文で私は、この本との全ての関係を捨てる必要があるように思われる理由を説明した（6〜9ページ）。

Martinucci の編者である Mgr. Menghini は、有効に調べ得るであろう他の著作を書いている。

I. B. M. Menghini, *Elementa Iuris liturgici, seu Prolegomena in sacram Liturgiam*, second edition, Rome, Desclée, Lefebvre. 正確な参考文献をあげる方法の不足と無力を考慮に入れても、この本には長所がある。

I. B. M. Menghini, *Liturgia Eucharistica, seu de Cultu et Adoratione SS. Sacramenti Doctrina et Praxis*, Rome, Desclée, Lefebvre, 1908. これは全く、40時間の礼拝に関するものである。彼は Instructio Clementina の原文を彼自

身の論評とともに載せている。有用な本である。40 時間の礼拝が全く典礼の儀式でないにも関わらず、彼はこれを「典礼（Liturgia）」と呼んでいる。

I. B. M. Menghini, *Manuale novissimo di ss. Ceremonie*, I, *Il piccolo ministro del Santuario*; II, *Il sacro ministro del Santuario*, Rome, Pustet, 3rd ed., 1912-1913. 優れた小さな本であり、実践的で明白である。

I. B. Pighi, *Liturgia Sacramentorum et Sacramentalium*, Verona, F. Cinquetti, 3rd ed., 1903. ローマ儀式書についての論評であり、多くの有用な注釈と説明がある。

James O'Kane, *Notes on the Rubrics of the Roman Ritual*, Dublin, Duffy, 8th ed., s. a.（年の記載がないのは、どんな本であれ許せないことである。） 非常に良い本である。ルブリカの全てについての、実践的であるばかりでなく、考古学的及び歴史的な長い説明が含まれている。必ずしも最新であるというわけではないが、有用な事柄に満ちている。

Benedict Ojetti, S.J., *Synopsis Rerum moralium et Iuris pontificii alphabetico ordine digesta, Romae*, ex Officina polygraphica editrice, Piazza della Pigna, 53; three large volumes, 1909-1912. 教会法の他の質疑はもちろん、儀式や典礼についての多くの事柄が含まれており, アルファベット順の見出しで整理されている。調べるに極めて有用である。

The Rite of the ordinary Sacred Canonical Visitation of a Diocese. これは、当時 Salford の司教であった Vaughan 枢機卿により出版された本である。表題紙には、これが「司教の秘書から販売される。価格は 1 シリングである。」という声明がある。日付はない。指示は完全で実践的である。単旋律聖歌の楽譜のための半音符や 2 分音符、4 分音符の嫌われる古い習慣で極めてひどく印刷されている音楽全ては Ratisbon のものであり、今や有用性はない。

重要性の低い他の数冊の本は、注釈で引用されている。

図の一覧

図中で使用されている表象記号

司教（司教冠をかぶらない時でも）

カズラを着た司式者

コープを着た司式者

助祭

副助祭

MC（式典係）

香炉を持つ香炉係

香炉を持たない香炉係

十字架持ち

ろうそくを持った第1及び第2アコライト

ろうそくを持たない第1及び第2アコライト

たいまつ持ち

聖務日課でのコープを着た補佐者（pluvialistae）

先唱者

補佐司祭

補佐助祭

司教冠持ち

司教杖持ち

本持ち

ハンドキャンドル持ち

裾持ち

読誦ミサでの侍者

27

第１部　　儀式に関する一般原則

第1章　教会と備品

　儀式の本の中で教会の建築と備品についての規則を全部説明する必要はない。しかし、儀式を理解するためには、建物の配置のいくらかの知識を持ち、使用される祭服や祭器、祭具の名前を知らなければならない。我々は儀式に関するかぎり、これらの概略の説明から始める。

　通常、カトリック教会はローマ司教典礼書での形式に従って、司教によって聖別されなければならない。教会が聖別される時には、少なくとも１つの祭壇が一緒に聖別されなければならない。聖別の必須条件はその建物が建築及び目的の上で永続的な教会であることである。すなわち堅固に建てられ、常に教会として使用される意図がなければならない。聖別された教会を他の使用に変えることは冒瀆に当たる。建物に債務と抵当がなくなるまでは聖別は許されない。

　イングランドでは多くの教会は聖別されておらず、単に祝別されているだけである。教会法は一時的な教会については何も規定していない。ただ一時的に教会として使用される建物は、私的礼拝堂の場合のように、単に "Benedictio loci" を受けるべきである[1]。教会は最初に祝別され、後に負債が無くなった時に聖別されても良い。

　教会が聖別されているにせよ、単に祝別されているにせよ、その後の儀式に違いはない。

　古い原則に従えば、教会は東向きに建てられており、すなわち、主祭壇は東の端にあり[2]、正面の入り口は西の端にあった。儀式を記述する際、我々は教会と祭壇の福音書側と書簡側という言葉を使用する。福音書側はミサで福音書が読まれる場所であり、祭壇を向いた時には左側になる。書簡側は右側である。教会が正しく東向きに建てられている場合、福音書側は北側、書簡側は南側になる[3]。

　教会の図は大きさや建築家の設計等々により大きく異なっている。教会の設

---

[1] S.R.C. 4025, ad VI. *Cod*, c. 227.
[2] 会衆が祈りの時に東を向くのは極めて古いキリスト教徒の原則である。そのためミサを行う司祭は東を向くべきである。
[3] ギリシャ語では福音書側は祭壇の *dexter*（右側）であり、教会を見下したときには十字架の右側になる。書簡側は *sinister*（左側）である。

計には大きな自由度がある。大きな教会にはおそらく多くの脇礼拝堂や脇祭壇があり、どこに配置されても良い。とはいえこの場合でも、正しい原則は各祭壇が東を向いているために、司祭がミサを行う時に東を向くというものである。また、2つあるいはそれ以上の通路と1つの翼廊があっても良い。

　儀式の目的のために、我々は教会を五つの部分に区別している。どの教会にも、どんなに小さくても、少なくとも理論上はこれらの区別がある。それらは身廊（nave）及び洗礼堂（baptistery）、玄関（porch）、聖歌隊席（choir）、内陣（sanctuary）である。身廊は会衆が儀式に参列する教会の部分である。通常、2群の座席が、中央を下る通路の左右に配置されている。カトリック教会内で男性を女性から分けることは、今は普通ではない。

　洗礼堂は可能であれば離れた礼拝堂であるか、あるいは少なくとも教会の残りの部分から仕切られているべきである[4]。そこには洗礼盤はもちろん祭壇があっても良い[5]。洗礼盤[6]は洗礼堂の中央にあるべきである。使用しない時には覆われている。

　主要な入口を越えて身廊までは拝廊（narthex）あるいは玄関（porch）である（時には vestibulum と呼ばれる）これには重要な典礼上の用途があり、欠けてはならない。教会のドアの場所には聖水盤がある。

　身廊の正面には、通常一段あるいはそれ以上の段分高くなった聖歌隊席がある。これはカソックとスルプリを着た聖職者や歌手が参列する場所である。教会をはさんで向かい合うように、両側に座席があるべきである。司教座聖堂あるいは参事会管理の教会では、参事会会員が彼らの座席をこのように配置させる。

　聖体が主祭壇に納められている場合、一般に身廊と聖歌隊席の間に聖体拝領

---

[4] 洗礼の典礼では最初の部分は拝廊で行われる（イングランドの *Ordo administrandi*, rubric 52, p. 13 で "ad limen ecclesiae"）。その後、子供が教会に入った後で "antequam accedat ad baptisterium" の悪魔払いが唱えられる（同、p.22, No. 12）。

[5] 古い典礼書はミサが洗礼堂内で行われることを常に想定している（例えば *Gelasian Sacramentary*, ed. H. A. Wilson, pp. 142-143）。イタリアでは全ての大きな洗礼堂には祭壇がある。

[6] ローマ儀式書（そして我々の *Ordo administr.*）では時には洗礼盤のことを "baptisterium" と呼んでいる（rubric 30）。

台がある。これは都合の良い高さであるべきであり、そのため会衆は聖体拝領を受けるために跪くことができる。聖体拝領台の祭壇側には白の亜麻布でできた聖体拝領布が掛かっており、これを会衆は聖体拝領を行う際にあごの下で保持する。

聖歌隊席を越えたところが内陣である。しばしば、聖歌隊席と内陣の間の境界線を示す印はない。助祭・副助祭は聖歌隊席から内陣まで頻繁に歩かなければならないため、実際、ここには段はない方が良い。絶えず段を上り下りすることは儀式の荘厳さを損ねるし、段は祭服を着た助祭・副助祭にとって不便であろう。内陣は主祭壇に近い聖歌隊席の端（普通は東側の端）に過ぎない。内陣は、この側で聖歌隊席の座席が終わる場所の辺りで始まると見なされる。

内陣での主要な物は中央にある祭壇である[7]。教会に離れた礼拝堂があって各々に聖歌隊席と内陣があるのでなければ、これが教会の主祭壇であろう。他の全ては脇祭壇と見なされる。

祭壇には固定祭壇（altare fixum）と可動祭壇（altare portatile）の2種類がある。

固定祭壇は石造りで、教会に作りつけにしなければならず、そのため、移動させることはできない。聖遺物がその中に埋められている。祭壇の上全体（mensa）は石造りで、床と石でつなげてある。それは全てが1つの物として聖別される。

可動祭壇の場合には、唯一の真の祭壇は祭壇石のみである。この石の中に聖遺物が置かれ、密封されている。それは比較的小さく、多分1フィート四方位で、厚みは1インチか2インチである。ミサはこの上で行われる[8]。祭壇石はどのような材質でできた机の上に置かれても良い。祭壇石は机に固定されていない。そのため多くの教会では大きな木製の祭壇があるように見える。実はこれは枠組みあるいは台に過ぎない。中央（普通は木の中に沈んでいる）に祭壇石があり、これのみが聖別される。枠組みは石で造られる場合もある。この方法で祭壇が石で造られ、聖別された祭壇石を乗せて可動祭壇として使用されても

7 祭壇とその配置についての詳細な情報は、Van der Stappen, iii, pp. 17-114. *Cod.*, c. 1197-1202.中に見出されるであろう。
8 ミサの間、カリスとホスチアは祭壇石の上に置かれる。

良く、そうなると全体が固定祭壇として聖別され得る。固定祭壇と可動祭壇との間では、儀式に何の違いもない[9]。

　祭壇の上方にはある種の天蓋（canopy）があるべきである。これは教会の天井から吊るされるか、柱の上に置かれる。それは祭壇ばかりでなく、foot-pace を、少なくとも司式している司祭をおおうべきである。柱の上に置かれている天蓋はチボリウム ciborium である[10]。祭壇は教会の壁のすぐに寄せて立っていない方が良い。実際、祭壇の聖別の際には、ルブリカは司教が祭壇の周囲をまわるよう求めている。

　祭壇は内陣の床からは段で上がっている。どの祭壇も少なくとも一段上がっていなければならない。主祭壇には3あるいはそれ以上の段があるだろう。これらは奇数でなければならない。

---

[9] より古い原則は、固定祭壇が教会とともに聖別されない限り教会は聖別されてはならないというものであるため、他方では聖別された教会以外では祭壇は聖別されないというものであった。このため聖別された教会と聖別された祭壇は常に一緒であった。しかし、S.C.R. 3059, ad XV（12 September 1857）は単に祝別された教会で祭壇が聖別されることを許した。これは、教会が今は祝別されただけであっても、後に確実に聖別されるであろうことを意味しているに相違ない。そうでなければ、教会が他の用途に改造される場合に、祭壇は必然的に冒瀆されるに違いないだろう。聖別された（＝固定）祭壇は移動させることができない。

[10] 他の意味の「チボリウム ciborium」、すなわち聖櫃の中で聖体を納める小さな祭器と混同しないように。祭壇上方の天蓋は、柱の上であれ吊るされているものであれ、フランス語では"baldaquin"、イタリア語では"baldacchino"である。これらの外国語の単語を英語で使用する理由はないように思われる。*Caerimoniale Episcoporum*, Lib. I, cap. xiv, § 1 で主祭壇の上方には天蓋が必要とされている。礼部聖省（＝S.C.R.）は聖体が納められている祭壇について、頻繁にこのことを求めてきた（27 April 1697, No. 1966; 23 May 1846, No. 2912; 23 November 1880, No. 3525）。

E
N　S
W

ciborium の柱

祭器卓

祭壇
footpace

階段

階段

侍者のための

可能な場所

Sedilia

内陣

福音書側　　　　　　　　　　書簡側

聖務日課のための

1　聖書台　　　　　　　　　2

侍者は　　　　　　　　　　　侍者は

ここに座る　　　　　　　　　ここに座る

聖務日課での補佐者の席

聖歌隊席

聖職者と歌手　　　　　　　　聖職者と歌手

聖体拝領台　　　聖体拝領台

階段

身廊

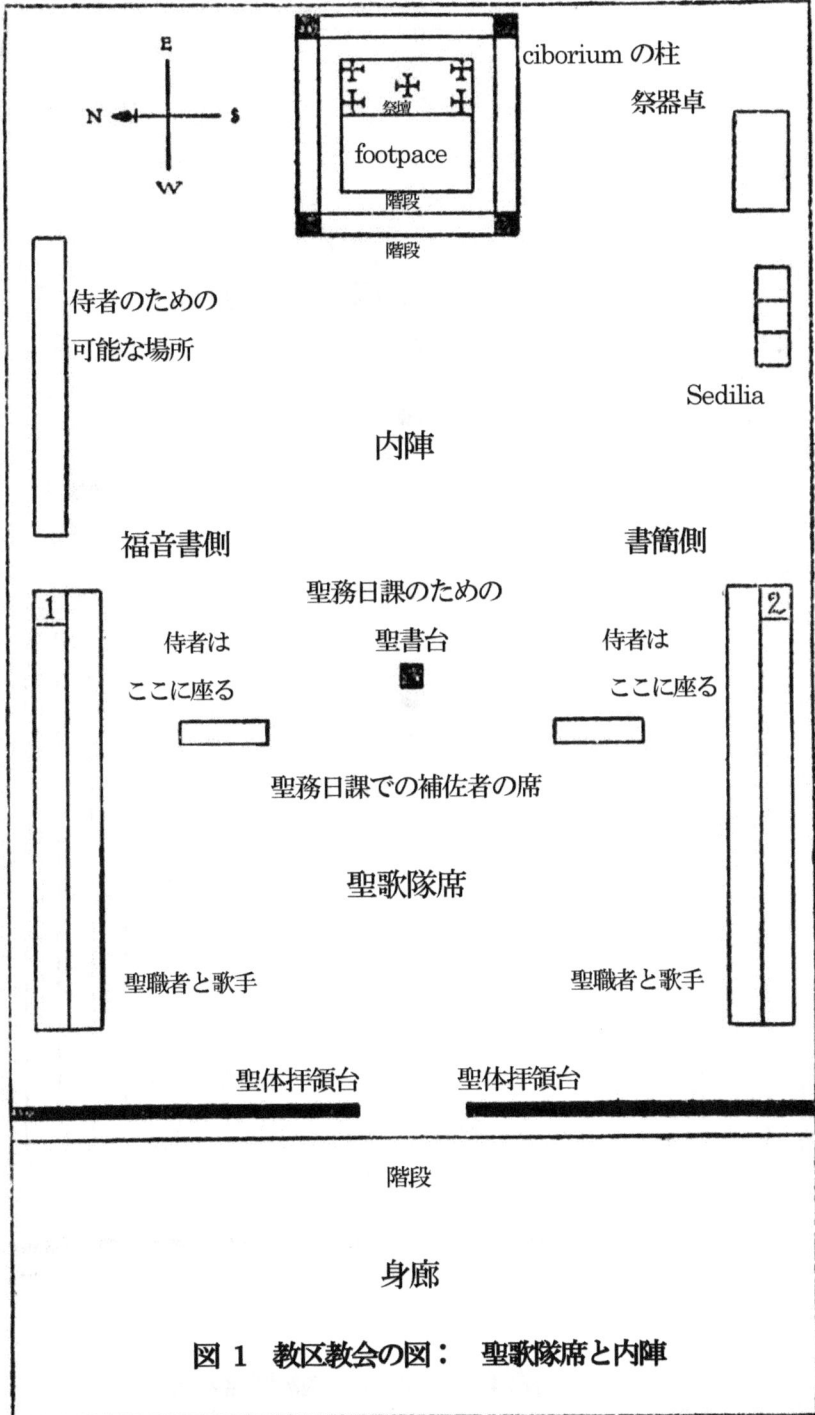

図 1　教区教会の図：　聖歌隊席と内陣

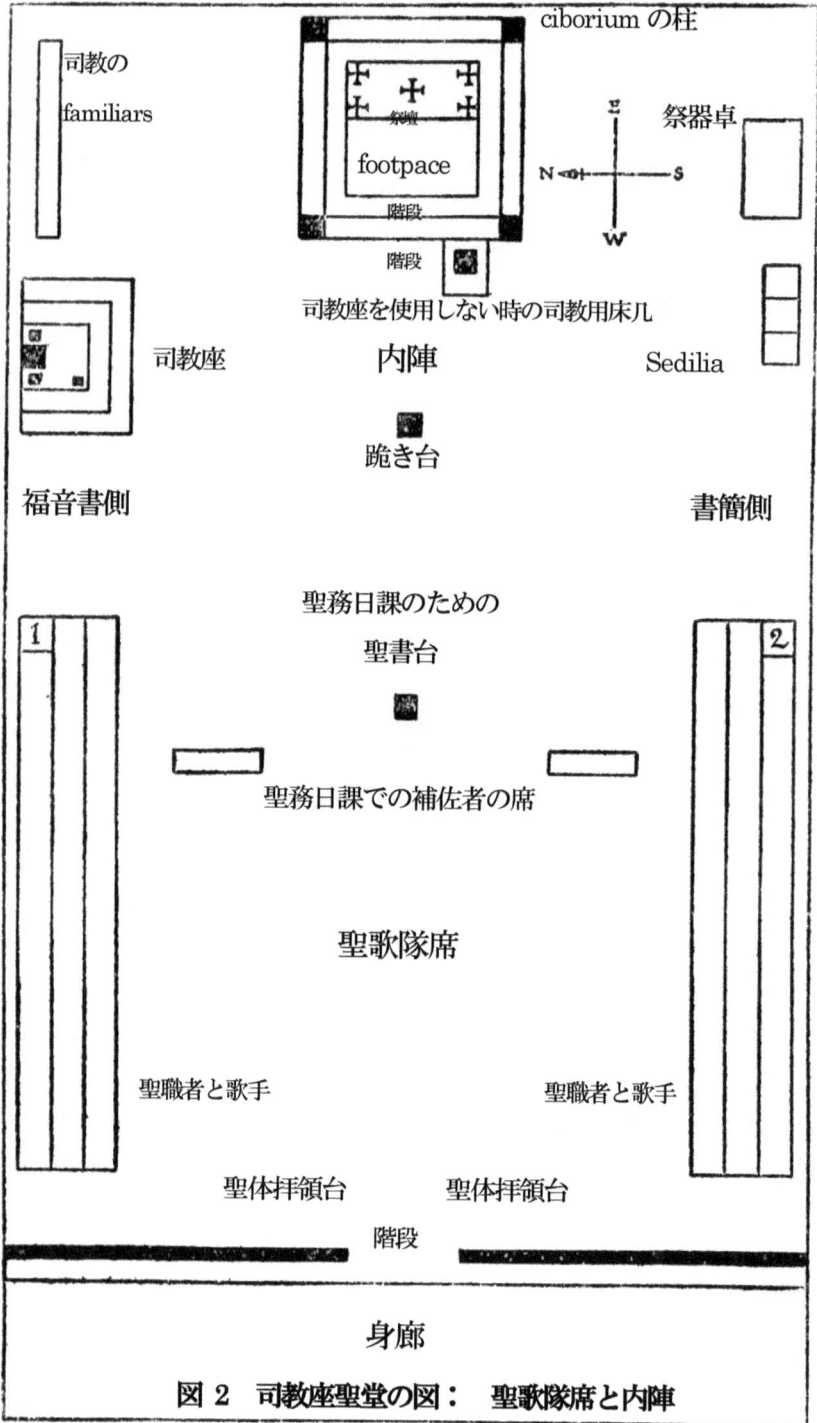

図 2　司教座聖堂の図：　聖歌隊席と内陣

　祭壇前の最上段は司式者がミサを行う間立つ壇になっている。これは foot-pace あるいは suppedaneum である[11]。それは祭壇の幅と同じ長さと、司式者が足を外に出さずに片膝がつけるだけの奥行きがなければならない。foot-pace の周囲には正面ばかりでなく両脇にも低い階段があるため、正面からと同様に両脇からも上がることができる。固定祭壇の階段は石でできているべきである。しかし foot-pace は木で作られているべきである[12]。

　教会の中の1つの祭壇には（小教会では一般的に主祭壇に）、聖体が納められている聖櫃がある[13]。これは箱であり、外側にむかって開くドアがあり、祭壇の中央にあり、正面に儀式で使用される祭器や他の物のための十分な余地が残されている。それは祭壇と床、あるいは教会の壁と固く固定された鉄製の金庫でなければならない。聖櫃の内部は金あるいは金メッキである。白の亜麻布か絹で縁取られ、チボリウムが置かれるコルポラーレがある。しばしば祭壇の奥では聖櫃の両脇に1つかそれ以上の高くなった壇があり、その上にろうそくや花瓶が置かれる。これらは壇である。聖体が納められた聖櫃の前では常にランプを点灯しなければならない[14]。これは一般に天井から吊るしてある。奇数個のいくつかのランプがあっても良い。

　祭壇は3枚の布で覆われる。ローマ司教典礼書では、少なくとも聖別後すみやかに、これらの下に蝋を塗った亜麻布でできた cere-cloth（chrismale）が必要となる。cere-cloth は3枚の祭壇布には数えない。1枚の布を折り畳んで下方の2枚の祭壇布として使用することは許容されている。一番上の祭壇布は祭壇と同じ奥行きがあり、両脇は床まで届く長さがなければならない。

　祭壇の前面には司式者の祭服と同じ典礼色の frontal（antependium）がある。聖櫃にも同じ色あるいは金か銀の布のベールがなければならない。しかし聖体を納めている場合、聖櫃ベールは黒であってはならない。この場合、死者

---

[11] イタリア語では "predella" である。
[12] S.C.R 3576, ad I (15 iun 1883).
[13] Cod., c. 1268-1269.
[14] Cod., c. 1271. ランプのガラスは白色であるべきである。他の色である理由はない。*Caer. Ep.*は教会内で、主祭壇の前には3個、聖体の前には最低5個の数多くのランプを要求している（Lib. I, cap. xii, §17）。イングランドでは長い間、聖櫃の前に唯1つのランプを灯す合法的な慣習を定めてきた。

ミサでは紫であるべきである。その際、frontal は黒か紫のどちらかとなる（192ページ）。祭壇がある貴重な物でできている場合、frontal は省くことができる。しばしばローマでは誤用されているが、聖体を納めている場合に聖櫃ベールを省く許可は今までない。

　祭壇上では中央に、司式者及び会衆から見える十分な大きさの十字架が置かれる[15]。聖櫃がある場合、聖櫃のドアをあける妨げにならないように、十字架は聖櫃の前に置いてはならない。十字架は聖櫃の後方、あるいは上に置かれる。ミサ典書のルブリカでは十字架とのみ述べられている[16]。しかし、他の箇所では十字架にははりつけにされた我らの主の彫像があることを前提としており[17]、司教儀式書はこれを命令している[18]。各祭壇には両側にろうそくのついた燭台が少なくとも２本ある。教会の主祭壇には通常、ろうそくのついた６本の大きな燭台があり、その正面に２本あるいは３本の小さな燭台がある。他の聖体降福式や顕示用等のろうそくはその場面でのみ置かれ、その後には取り去られる。

　祭壇でのろうそくの規則は以下である。読誦ミサでは２本のろうそくが常に点火される。ミサ典書のルブリカによれば、聖変化から聖体拝領までの間、３本目のろうそくが点火されるべきである（128 ページ, n. 12 参照）。荘厳ミサ及び荘厳晩課、そのような全ての荘厳な公の儀式では祭壇十字架の両側に３本づつ、６本のろうそくが点火される。裁治権者による荘厳司教ミサでは十字架の後方で７本目のろうそくが点火される（231 ページ）。助祭・副助祭なしの歌ミサでは４本あるいは６本のろうそくが点火される。聖体顕示あるいは聖体降福式の間、祭壇上で少なくとも１２本のろうそくが点火されなければならない。それより多い本数であっても良い[19]。聖体が顕示される時、少なくともその祭壇から見える範囲では、他の祭壇上や像・絵の前にあるろうそくにも点火するべきである。

---

[15] 祭壇のすぐ後ろに大きな十字架の表示がある場合、これを祭壇十字架として見なしても良い。
[16] *Rubricae generals*, tit. xx.
[17] *Ritus celebrandi missam*, tit. ii, § 2.
[18] *Caer. Ep.*, Lib. I, cap. xii, § 11.
[19] *Ritus servandus*, p. 13, § 3.

　結婚式や祝福、ミサ以外での聖体拝領、非典礼の祈祷や信心等のような、祭壇で行われる他の儀式では、祭壇上で２本かこれより多いろうそくが点火される。

　教会でのろうそくの蜜蝋の割合は規則で定められている。復活ろうそく及び読誦ミサでの２本のろうそく、荘厳ミサでの６本のろうそく、聖体顕示と聖体降福式で必要な１２本のろうそくは本物の蜜蝋が少なくとも 65％でなければならない。祭壇上で使用される他の全てのろうそくについては蜜蝋が少なくとも 25％でなければならない[20]。カトリック教会にろうそくを供給する会社は蜜蝋の割合をろうそくに表示している。

　祭壇上の花は必須ではない。ローマの大教会では使用されていない。しかし、これに反する規則はみあたらず[21]、イングランドでは慣習は花の使用を支持している。

　祭壇が使用されていない時には、祭壇布は埃を避けるために、ある色のついた材質の他の布で覆われる[22]。これは祭壇が使用される全ての儀式の前に取り除かれるべきである。

　祭壇の近くでは書簡側に祭器卓（credentia, abacus）が置かれる。ミサの最中、この上には白の亜麻布があるべきである。祭器や、時にはミサで使用される祭服が、用いられていない時には祭器卓の上に置かれる。

　内陣の同じ側には司式者と助祭・副助祭のための座席（sedilia）がある。３つの座席か、あるいは３人分のスペースがある長椅子がなければならない[23]。司教座聖堂では福音書側で司教の司教座が sedilia を向いている。司教座の上に

---

[20] 1904 年 12 月 14 日の S.C.R.に次いで、1906 年 12 月 4 日のイングランドとウェールズの司教団も同様。

[21] 司教儀式書は祭壇上の飾りとして "vascula cum flosculis" と明白に示唆している（Lib. I, cap. xii, § 12)。ベネディクト 13 世の *Memoriale Rituum* では至る所で明確に要求している。

[22] Martinucci はこれを "tela stragula altaris" と呼び、緑「あるいは黒以外の他の何かの暗い色」であるべきであると言っている（Tom. I, i, p. 103)。これは時には、晩課の際に使用されないにも関わらず、「晩課布」と呼ばれている。

[23] *Caer. Ep.*, Lib. I, cap. xii, § 22 では長椅子を奨めている。S.R.C., 14 March 1908. Le Vavasseur, i, 439-440 も同様。

は天蓋があり、覆いとクッションはミサあるいは儀式の色、すなわち白、赤、緑あるいは紫（violet）である[24]。それらは絹製であるべきである。[25]

司教座の代わりに、裁治権者でない司教、時には裁治権者である司教[26]は司教用床几 faldstool (faldistorium) を使用する。これは背のない腰掛けである。金メッキの金属か木の骨組でできていて、Xの文字に似た形で、革か布の座部が上端の間に伸ばして張られている。それは平らに畳むことができる。座席として使用される時、司教用床几には司教座のように典礼色、すなわち白あるいは赤、緑、紫（purple）の覆いとクッションがある。これらは枢機卿のためには絹、司教のためには毛で作られる[27]。

司教は様々な場面で祭壇前で跪く。司教儀式書によれば、司教は genuflexorium（跪き台、prie-dieu）で跪く[28]。これには、覆いと、2つのクッションがあり、1つのクッションの上に跪き、もう1つのクッションの上に腕を置く。この覆いとクッション（前のように絹あるいは毛）は枢機卿の場合には赤あるいは服喪及び悔悛の時期には紫（purple）、司教の場合には緑、あるいは司教が黒の祭服を身につける時には紫（violet）である[29]。

この genuflexorium のために司教用床几が使用されても良く、一般的に使用されている[30]。その下には絨毯が広げられるべきである。2つのクッションがあり、1つは司教用床几の前に置かれその上に司教が跪く。もう1つは座席の上に置かれ、司教はその上に腕を置く。他の覆いはない。クッションはどの場合でも絹製であって良い。この場合、クッションと絨毯は儀式の色であるべきである。

司教用床几がある司教座聖堂と教会では、一般的にこれを genuflexorium として使用するのが便利である。司教が司教用床几のない小教会を訪問する時に

---

[24] 祭服が黒の場合、司教座には紫（purple）が使用される。

[25] *Caer. Ep.*, Lib. I, cap. xiii, § 3. 実際のところ、しばしばこれらはより安価な材質で作られている。

[26] 堅信等で上級の高位聖職者が列席している場合（*Caer. Ep.*, Lib. I, cap. xiii, §4）。

[27] クッションはどの場合でも絹で作っても良い（Martinucci-Menghini, II, i, p. 34, §5）。

[28] *Caer. Ep.*, Lib. I, cap. ii, § 5 他では *passim*。

[29] 悔悛と服喪の時期に枢機卿及び司教が身につける色については、46ページを参照。

[30] Martinucci, II, i, pp. 34-35, §6. 葬儀の際の座席として使用される場合、司教用床几は黒で覆われる（*Caer. Ep.*, Lib. II, cap. xi, § 1）。

は、できるだけ品の良い低い背もたれのある椅子がクッションとともに司教が坐るために準備され、また跪き台が2つのクッションとともに準備される。これらは司教の位階や場面に応じて赤や緑、紫（purple）で覆われる（上記のように）。

ミサや他の儀式では、侍者のための座席は内陣のどちらの側にあっても良い。あるいは侍者は聖歌隊席の座席の前に坐っても良い。

聖歌隊席の中央で聖務日課の部分のために使用される聖書台と先唱者のための座席は、そのような各儀式の前に決められた場所に設置され、その後に運び去られる。聖書台は荘厳ミサで朗読のために使用しても良い。それは儀式の色の絹で覆われるべきである[31]。

香部屋は内陣の一方の側あるいは後方にある、ドアで分けられた大きな部屋である。そのドアの所には、聖水盤と鈴があるべきである。香部屋は外側が聖歌隊と侍者のため、内側が聖職者のためで、2箇所にあっても良い。香部屋の中には戸棚と洋服箪笥があり、その中に祭器や祭具、祭服が保管されている。祭服を広げるための広い机が少なくとも1つなければならない。司式者と助祭・副助祭はこの机の上で着衣を行う。これは祭服のための洋服箪笥の上面を成しても良い。この机の上、あるいは香部屋の中央に十字架あるいは聖なる像を掛けておかなければならない。行列で香部屋に出入りする全員は到着した時と去る際にこれにお辞儀をする。現教皇と裁治権者の名と"oratio imperata"を示すカードを、目立つ場所に掛けておくべきである。

---

[31] *Caer. Ep.*, Lib. II, cap. viii, § 45.

第2章　ローマ典礼の祭服

　侍者及びどの儀式でも聖歌隊席で補佐をする全ての者のための共通の服は、黒のカソック cassock（talare）と白の亜麻布のスルプリ surplice（superpelliceum）である[1]。司教儀式の際に司教冠と司教杖を保持する２人のチャプレンあるいは侍者には、broad stole に幾分似た白の薄い絹のスカーフ（vimpa）があり、首のまわりにまとい、前で結ぶ。これらで彼らは司教冠と司教杖を保持する[2]。一定の高位聖職者及び高官は紫（purple）のカソックを着る。聖歌隊席で聖職者は、３つの縁のある黒い布で作られた四角い帽子であるビレッタ biretta（biretum）を持つ。さらに、ある高官はズケット skull-cap（pileolus）をかぶる[3]。参事会で参事会会員[4]はスルプリの上に肩マント（mozzetta）を身につける。時には高位聖職者は、脇にロチェットの袖を通す切れ目がある mantellettum と呼ばれるトゥニチェラを着る[5]。

　ミサでの司式者は、司祭である場合には、カソックの上に[6]最初に亜麻布でできた長方形の布で結ぶための紐がついている肩衣 amice（amictus）を着る。これを頭に置き、その後首の周りに通す。その後、亜麻布でできた足まで届く長いシャツであるアルバ alb（alba）を着る。この腰の周りをチングルム girdle（cingulum）で結ぶが、チングルムの色はその日の色でも良いが、一般的には白である。左腕にはその日の色の絹でできた帯であるマニプル maniple（manipulus）を身につける。ストラ stole（stola）は色のついた絹でできた

---

[1] イタリア語では "cotta"。ロチェット（rochettum）はスルプリに似た服であるが、より短く、より身体に密着し、袖が細い。これは枢機卿や司教、高位聖職者、時には（特権により）参事会会員が着る。一般的に他の祭服の下に着る。
[2] これらとこれらを身につける方法については、*Caer. Ep.*, Lib. I, cap. xi, §6 に記載されている。しかし、ここでは司教冠持ちのベールについてのみ規定されている。司教杖持ちは部分的にスルプリで覆われた右手で司教杖を保持し、素手で司教に手渡すことになる。この代わりに、今は司教冠持ちのものに似たベールが普通である。
[3] イタリア語では "zuchetto"。
[4] すなわち、自身の司教座聖堂あるいは参事会管理の教会では。
[5] これは司教儀式書での名前である。イタリア語では "mantelletta"。
[6] ミサ典書のルブリカ（*Rit. cel.*, i, 2）では、「都合良くできるのであれば」司祭はスルプリの上に全ての他の祭服を着るべきだとしている。これは現在、少なくともイングランドではまれである。

長い帯であり、首の周りにかけ、正面で交差させ、チングルムの端で固定される。カズラ chasuble（casula, planeta）は他の全てを覆う最後の衣服である。それには頭を通す穴があり、（一般的に）内側に胴部の周りで結ぶための紐がある。マニプルとストラ、カズラは祝われるミサの色の絹でできている。

　読誦ミサでの祭服の組み合わせにはまたブルサとカリスの上に置くベールが含まれる（50 ページ）。

　ミサの際、助祭は肩衣及びアルバ、チングルム、マニプル、ストラを身につける。しかし、助祭はストラを司祭とは違うように身につける。中央が左肩の上に、そして2つの端が右腕の下になるよう胸を横切るように置く。この位置でチングルムの端により固定される。その後、ダルマチカ dalmatic（dalmatica）を着る。これはトゥニチェラの一種で、短い袖があり、脇に切れ目があり、頭を通す開口部がある。これはミサの色の絹でできている。

　ミサでの副助祭は、肩衣及びアルバ、チングルム、マニプルを身につけるが、ストラは身につけず、助祭のダルマチカとほぼ同じ形に作られたトゥニチェラ tunicle（tunicella）を身につける。

　荘厳ミサの一部、すなわち奉献からパンを割くまでの間、副助祭はフメラーレ humeral veil（velum humerale）を身につけ、その下でパテナを保持する（165～167 ページ）。これは祭服の色の絹でできた長方形のもので、結ぶための紐がある。これは肩マントのように肩の上に身につける。フメラーレの目的は両手で何かを保持する時に両手を覆うことである。

　一定の日には、助祭と副助祭はダルマチカとトゥニチェラを着ない。これらの代わりに、大教会では折ったカズラ（folded chasubles）を着る[7]。このカズラは現在では一般に正面を半分程度折って固定してある。説明されるように、これらはミサの主要な部分の間は脱いでいる。助祭がミサで折ったカズラを脱ぐ時、ミサ典書のルブリカに従って、再び縦長に折り、左肩の上でストラのように身につけなければならない[8]。この代わりに、一般的にはこの折ったカズラを表すように特別に作られた衣服、すなわち紫（purple）あるいは聖金曜日に

---

[7] Rubr. gen., xix, 6.
[8] Rubr. gen., ib

は黒の絹でできた長い布を身につける。これは一般にbroad stole（イタリア語で"stolone"）と呼ばれる。これは実際には全くストラではない[9]。「大教会」は司教座聖堂や参事会管理の教会、修道会の主要教会、教区教会である。従ってイングランドでのほぼ全ての教会が含まれている。他の教会では、助祭・副助祭は単にダルマチカあるいはトゥニチェラなしで、いつもの祭服を身につける[10]。司式者はカズラをミサでのみ着る。また、誰もミサを除いてマニプルを身につけることはない。これの唯一の例外は、枝の主日にミサ前の枝の祝別の間、助祭・副助祭が朗読を行う時である。この時、司式者はコープを着てマニプルはなしであるが、助祭・副助祭は朗読を行う間マニプルを身につける。

　ミサ典書にある荘厳な祝別の間（聖母マリアの清め及び灰の水曜日、枝の主日の際）、行列、ミサ前の灌水式、葬儀、聖体降福式、荘厳に歌われる晩課と賛課、朝課での9番目の朗読からでは、司式者はコープcope（pluviale）を着る。これは大きな半円形の衣装であり、後方は足まで達し、前側で合わせるための止め金（morseと呼ばれる[11]）がついている。

　通常、コープはその日の色でできている。聖体降福式ではコープは常に白であり、葬儀では常に黒である。たいていの祝別での色は紫（purple）である[12]。聖務日課を除き、司式者はコープの下に同じ色のストラを身につける。

　聖務日課では司式者はスルプリのみか、あるいはスルプリとコープを着る。聖体行列と聖体降福式では司式者は一般的にスルプリ及びストラ、コープを身につける。司式者がオステンソリウムあるいはチボリウムを保持する時は、白のフメラーレを持つ。ミサ前の祝別の際には司式者は肩衣及びアルバ、チング

---

[9] いわゆる"broad stole"のための唯一の理由は、現代的なカズラがめったにルブリカに書いてあるように細長く折り畳めるように作られていないためである。ルブリカは"broad stole"の代替的な使用を規定している（"aliud genus stolae latioris, in modum planetae plicatae"）

[10] Rube. gen., xix, 7. 彼らはどの教会でも折ったカズラを身につけても良い（Martinucci, I, i, p. 191, n. 1）。

[11] エナメルあるいは宝石を伴い、装飾のある金属で作られたmorseは"formale"あるいは"pectorale"と呼ばれる。これは司教のみが着て良い（S.R.C., 15 September 1753, No. 2425, ad IX）。他の者は、前側で合わせるための織物製の帯のあるコープを着る（Caer. Ep., Lib. I, cap. vii, n. 1: "sine tamen formalio ad pectus"）。

[12] 祝別に悪魔払いが含まれる時、色は紫（purple）であり、そうでなければ一般的にその日の色である。

ルム、ストラを身につける。チングルムを身につける時、ストラを胸の前で交叉させる。スルプリを着る場合、ストラは首からまっすぐ下に垂らす。

司式者の他にもコープを着る人がいる。ミサでの補佐司祭（補佐司祭がいる時、206 ページ参照）がそうである。単なる司祭によるミサでは他の誰もコープを着ないことになっている。聖務日課（晩課と賛課）では、先唱者はその日の色のコープを着ても良い。キリストの聖体の祝日での聖体行列では、聖職者はコープを着ても良い。

説教をする時、説教者は、教区司祭の場合には、スルプリを着る。慣習である場合には、その日の色のストラを身につけても良い。修道服のある修道司祭は一般にスルプリを着ない。他の秘蹟を執行する際と祝別を与える時に司祭はスルプリとストラを身につける。

助祭と副助祭は荘厳ミサ及び灌水式[13]、聖体顕示と聖体降福式の際に、ダルマチカとトゥニチェラを着るが、聖務日課では着ない。

司教の通常の服は紫色（violet）の布のカソックであり、床を引きずらないように背部で上げて固定した裾がある。裾は儀式の際に下げる。カソックにはより明るい色、今ではほとんどが赤の縁取りとボタンがある。司教は紫（violet）の絹のベルトを身につける。カソックの上に白い亜麻布のロチェットを着る（42 ページ、n 1）。これの上に、司教は自身の司教区では mozzetta を着る。補佐司教や裁治権のない場所での全ての司教は mantellettum を代わりに着る（42 ページ）[14]。司教には胸十字架があり、緑色の絹の紐で首に掛けるべきである。しかし、しばしば金色の鎖が使用される。司教には紫（purple）のズケット[15]と紫（purple）のビレッタ[16]がある。一定の悔悛の日には、カソック及び mozzetta、mantellettum は黒の布で作られ、カソックには紫（violet）の縁取りがなければならない。これらの日は全ての断食の日であり、断食する前日を

---

[13] 43 ページに記した例外がある。
[14] ロチェットの上の mozzetta は常に裁治権を意味すると理解される。高位聖職者が列席している際には司教は mantellettum、さらにこの上に mozzetta を着るが、ローマでは常にそうしている。
[15] ピオ 9 世によって 1867 年 6 月 17 日に与えられた。
[16] レオ 13 世によって 1888 年 2 月 3 日に与えられた。

含めるが[17]、他の前日は含めない。今、断食する前日は4つのみあり、これらは御降誕及び聖霊降臨の主日、聖母被昇天、諸聖人の祝日の前日である[18]。

儀式では司教は mozzetta の代わりに「大カッパ」(cappa magna) を着ても良い。これは長い裾のある紫（violet）の布で作られた大きなマントである。肩マントとフードがついていて、冬にはアーミンで、夏にはほとんどが赤色の絹でできている。司教が大カッパを着る時、裾持ちが必要になる。修道会の司教には修道会の色で作られたカッパとその毛皮がある（修道服がある場合）。

ピオ9世は、彼にちなんで "habitus pianus" と呼ばれる高位聖職者ための一種の略装を制定した。これは裾なしで赤のヘリ取りの黒布のカソック及び紫（violet）の帯と ferraiolo、紫（violet）の靴とストッキングで構成されている。これは今、非典礼の場面でしばしば使用されている。

枢機卿には司教と同じ服があるが、常に紫（violet）の代わりに明るい赤であり、服喪のための黒の代わりに紫（violet）である。司教の帽子の周囲には緑の[19]紐があり、大司教では緑と金、枢機卿では赤と金である。

読誦ミサのために、司教はロチェットの上に司祭と同じ祭服を着る[20]。唯一の違いは、司教が胸十字架をアルバの上、ストラの下に身につけることである。司教はストラを交叉させず、まっすぐ下に垂らすように身につける[21]。司教は死者ミサの時を除き、"Indulgentiam" の祈祷文の後までマニプルをつけない（120ページ）。

荘厳ミサでは司教はミサの色の特別なストッキングと靴をはく[22]。ロチェットの上に肩衣及びアルバ、チングルム、胸十字架、ストラ、トゥニチェラ、ダルマチカ、カズラ、手袋、司教冠を身につける。一定の場面では、首都大司教

---

[17] また、葬儀及び死者ミサ、待降節の間全て、七旬節の主日から御復活までも。
[18] *Caer. Ep.*, Lib. I, cap. iii, § 2; c. 1253. 司教は御降誕から御公現の8日間、及び復活節、どの日であっても教会法上の訪問の際には紫（purple）の色を着る。実際、司教による黒の使用はほとんどすたれている。
[19] 紫（violet）でなく、緑が司教の紋章の色である。
[20] *Rit. serv.*, i, 2.
[21] これの理由は明らかに胸十字架であり、ストラが胸十字架を隠さないようにするためである。
[22] これらはゲートルとスリッパに似ているように見える。ラテン語では "caligae et sndalia"、英語では一般的に "buskins and sandals"。

はカズラの上にパリウムを身につける。これらを着る方法が記述されるであろう（236〜240ページ）。

　司教が着るトゥニチェラとダルマチカは極めて薄い絹で作られている。これらはミサの色で作られる。

　3種類の司教冠 mitre（mitra）がある。「宝石の司教冠 precious mitre」（mitra pretiosa）は一般的に刺繍と金や宝石の装飾を施された銀色の布で作られている。これは重く、常にかぶると負担になると思われるため、儀式の部分の間は装飾のない金色の布で作られた「金の司教冠 gold mitre」（mitra aurifrigiata）で代用される。「簡素な司教冠 simple mitre」（mitra simplex）は装飾のない白の亜麻布で作られている。これは葬儀及びそのような場面で身につける。司教にはまた、指輪 ring（annulus）があり、自身の司教区では裁治権者は司教杖 crozier（baculus pastoralis）を持ち歩く。司教の大カッパには裾があり、裾持ち（caudatarius）が持つ。ミサの部分の間、その日の色の絹の膝掛け（gremiale）が座っている間、司教に膝の上に置かれる。

　他の場面では司教は肩衣及びアルバ、チングルム、ストラ、コープ、司教冠を身につける。

　一定の他の高位聖職者や大修道院長、教皇庁書記官は時として、司教の位階の印のいくらかを共有して差し支えない（236〜240ページ参照）。

　祭服の他に次の布が使用される。コルポラーレ corporal（corporale）はミサの間に祭壇の上に広げる正方形の1枚の亜麻布である。カリスとパテナはコルポラーレの上に置く。使用しない時コルポラーレは、祭服と同じ色の絹で作られ厚紙で補強された袋であるブルサ burse（bursa）の中に入れる。プリフィカトリウム purificator（purificatorium）は三つ折りにした亜麻布であり、ミサの間司式者によりハンカチのように使用される。パラ pall（palla）は小さな正方形の亜麻布であり、時には厚紙で補強され、ミサの際にカリスを覆うために使用される。

　タオル towel（manutergium）もまた小さな亜麻布であり、プリフィカトリウムと違い、ミサの際に手を洗った後で両手を拭くために使用される。

絹の祭服（すなわち、カズラ及びストラ、マニプル、ダルマチカ、トゥニチェラ、フメラーレ、コープ、司教の膝掛け・靴・ストッキング）の色は使用される祝日あるいは場面に従って変わる。

ローマ典礼の色は白及び赤、緑、紫（purple）、黒、バラ色である。

白（albus）は御血の祝日を除く我々の主の全ての祝日、及び三位一体の主日、聖母マリアの全ての祝日、殉教者でない全ての聖人の祝日に使用される。

赤（ruber）は聖霊降臨の主日とその8日間中、及び御血の祝日（現在は7月1日）、聖十字架の2回の祝日（5月3日及び9月14日）、殉教者の祝日に使用される。罪なきみどりごの祝日（12月28日）が日曜日に重なる場合、及びその8日目に常に使用される。

緑（viridis）は中間の色である。これは主の御公現の8日間の終わりから七旬節の主日までの主日と平日、及び聖霊降臨後の主日と平日に使用される。

紫（violaceus）は悔悛の色である。これは待降節と四旬節の主日と平日に使用されるが、待降節第3主日と四旬節第4主日は除き、また以下に述べるように特別な色が続く聖週間の最後の方の日も除く。紫（purple）はまた、日課が前日のものである時の前日、及び聖霊降臨の主日の週を除く四季の斎日、日曜日に重ならない場合の罪なきみどりごの祝日、たいていの祝別、多くの随意ミサで使用される。聖霊降臨の主日の前日にはミサ前の朗読と集祷文は連祷とともに紫（purple）紫の祭服で唱えられるが、ミサ自体は赤の祭服で行われる。

黒（niger）は聖金曜日及び死者ミサ、葬儀で使用される。

バラ色（color rosaceus）は1年の内で待降節第3主日（ガウダーテの主日と呼ばれる）及び四旬節第4主日（レターレの主日）の2日間のみで使用される。教会にこの色の祭服がない場合、代わりに紫（purple）を使用することができる[23]。

---

[23] ウェストミンスターの *Ordo recitandi officii divini sacrique peragendi* では、欄外にその日の色がラテン語の名前の頭文字の大文字で記されている。例えば、A＝白、R＝赤、V＝緑、U＝紫（この区別は都合が良い）、N＝黒である。バラ色はルブリカでは記述されているが、この2日間は U と印されている。2文字ある時には、最初がミサのため、2番目が晩課のためである。

　金色の布は常に白あるいは赤、緑の代わりとしても良いが、紫（purple）と黒の代わりにしてはならない。

　晩課が分けられていて、小句からの後半が次の祝日のものである時、frontal及びコープは晩課全体を通じて後半の色である。

　聖体行列と聖体降福式の色は白である。しかし、聖体降福式がミサあるいは晩課の後すぐに続く場合、その日の色のままで良い。ただし、どのような場合でも、フメラーレは白でなければならない。ミサで司式者と助祭・副助祭が着る祭服は司教あるいはこの権能が与えられている司祭によって祝別されなければならない。厳密に言えば、コープは祝別する必要はない。ブルサ及びカリスベール、フメラーレ、スルプリは祝別されない。

第3章　典礼での祭器と祭具、本

§1　祭器

典礼で使用される主要な祭器はカリス chalice（calix）とパテナ paten（patena）であり、その形は良く知られている。カリスは金製でなければ少なくとも杯の内面は金メッキされていなければならない。パテナも上面は金メッキされていなければならない。

ミサのためにカリスとパテナは以下のように準備される。カリスは空である。カリスの上にプリフィカトリウムを掛け、聖変化させることになっている1枚または複数枚のホスチアをのせたパテナをプリフィカトリウムの上に置く。これらの上にパラを置く。カリスベールでカリスの下まで全てを覆う。カリスベールの上に、折り畳んだコルポラーレを入れたブルサを置く。

チボリウム[1]は蓋のあるカリスに似た祭器で、少なくとも内面は金メッキされる。これは聖櫃の中で聖体を納めるのに使用される。聖体を納めている場合には、チボリウムは白の絹のベールで覆われなければならない。聖変化の際、チボリウムが使用される場合には蓋をはずしてコルポラーレの上でカリスのそばに置かれる。

聖櫃の中にはまた一般的にピクシス pyx（pyxis）があるが、これは銀あるいは他の金属で作られた小さな箱で、内面が金メッキされ、聖体降福式で使用する聖体が納められている。この聖体は通常ルヌラ luna,lunette（lunula）と呼ばれる新月のような形をした小さな容器で保持されている。これもまた、少なくとも金メッキされていなければならない。一般的な原則は、聖体は金あるいは白の亜麻布の上のみに置いて良いということである。オステンソリウム monstrance（ostensorium）は聖体を顕示するための祭器である。これは聖体を入れて会衆から見えるように作られている。しばしば、聖体が置かれている場所は光線に囲まれている。聖体はガラスに触れてはならない。

---

[1] 祭壇上方の大きなチボリウム（天蓋）と混同しないこと。

さらに、聖体を病人のところに持って行く時に使用される小さなピクシスあるいはチボリウムがある。これも少なくとも内面は金メッキされなければならない。

カリスとパテナは司教により聖別される。ピクシスとチボリウム、ルヌラは司教あるいは権能のある司祭によって祝別される。オステンソリウムを祝別するという法規はない。

聖なるものとは見なされず祝別されない他の祭器は以下である。

ミサのための瓶 cruets (ampullae, hamulae)。これらはワインと水を入れる2つの小さな水差しである。これらはガラス製であるべきだが、他の材質も許容される。時にはこれらの用途が一方にはV（"vinum" ワイン）の文字、他方にはA（"aqua" 水）の文字で示されている。そうでない場合でも、これらは常に洗い完全に清潔に保たれなければならないので、ワインあるいは水が毎回どちらで使用されようと問題はない。瓶にはしばしば栓あるいは蓋がある。瓶とともに、使用しない時に瓶をのせる皿 dish (pelvicula) がある。これは瓶の台として使用されるばかりではない。ミサで司式者が手を洗う時に、侍者により水が司式者の指の上からこの皿の中に注がれる。この水は後で捨てる。瓶と皿とともにタオル（manutergium）が祭器卓の上に置かれる。司式者は手を洗った後にこれで手を拭く。

荘厳ミサでは司教は大きな水差しと銀あるいは他の金属（枢機卿には金製あるいは金メッキ）でできた皿を使用する。司教のタオルも一般的に大きい。

§2　祭具

いくつかの儀式では、司教が読む間、本の近くで侍者が持ち運びのできる燭台にのせた小さなハンドキャンドルを保持する。これが "scotula" あるいは "palmatorium" である[2]。

---

[2] イタリア語では "bulgia"、フランス語では "bougeoir"。ピオ10世はある条件下で、また、教皇庁書記官や他の高位聖職者に対してその利用を許可した（1905年2月21日の自発教令。*Ephemerides liturgicae*, xix（1905）, pp. 131 *seq* を参照）。

　ミサの前に聖水をふりかけるため（灌水式）、及び何か物を祝別するために、持ち運びのできる灌水器 holy-water stoup（vas aquae benedictae）と灌水棒 sprinkler（aspersorium）が使用される。灌水器は金属製で、灌水棒の先端には刷毛、あるいは穴のあいた中空の球体がついている。

　香炉 thurible（thuribulum）は円盤からの３本の長い鎖でつるされた丸い形をした祭器である。この円盤を保持して、香炉を振ることができる。これには蓋があり、円盤を通る４本目の鎖で輪からつるされている。この輪を引き上げることで香炉を開けることができる。一般的に、全ての鎖の周囲にはこれらをまとめておくための別の輪がある。香舟 incense-boat（navicella, navicula, acerra）は舟の形をした小さな祭器で、中に香が入っている。これには、香炉の中の燃えている炭の上に香を入れるための香さじ spoon（cochlear）がある。香部屋には燭台にのったアコライトキャンドルが保管されている。これらは支えなしで、例えば祭器卓の上に立つような脚があるように作られている。また、ミサと聖体降福式の際にたいまつ持ち（caeroferarii）によって保持されるたいまつ torches（funalia）がある。理論的には、これらは長いたいまつであるべきである。今は別の入れ物（実際には燭台）の形で作られ、その中にろうそくが置かれるのが普通である。しかし、たいまつの考えはずっと維持されており、たいまつには脚はなく、自立できない。使用しない時には、香部屋で掛けて保管される。

　行列用十字架は長い棒に固定され、これもまた自立できないように作られている。カトリック教会では現在では常に、行列用十字架には十字架につけられた我らの主の像がある。

　聖体行列のために、持ち運びのできる天蓋 canopy（baldachinum, umbraculum）が使用される（時には司教の上で持ち運ばれる）。これには４本以上の柱がある[3]。聖体が祭壇から別の祭壇へ運ばれる時のような教会内での短い行列のためには、傘に似た柱が１本の、より小さな天蓋が使用される

---

[3] *Caer. Ep.*, Lib. I, cap. xiv, n. 1 で「立派な平信徒」が担う６本あるいは８本の柱があると述べられている。

（umbella）。聖体のためにはいずれも白か金の布でなければならない[4]。

Sanctus の鈴（campanula, squilla）はミサ中にミサ典書のルブリカで指示されている時に鳴らされる小さなハンドベル（ゴングではない）である。ミサの前に祭器卓の上に置かれ、ミサ後には片付けられる。一般的にイングランドでは常に書簡側の隅の祭壇の最下段に置かれている。ミサの際にミサ典書を置く台かクッションが必要とされる[5]。

平和の接吻のために、より通常のやり方（64 ページ）の代わりに、時には小さな円盤が使用される。これはしばしば pax-brede（pax, instrumentum pacis, tabella pacis）と呼ばれる。これは一般的には、背部に持つための取ってがついた銀色か金メッキされた円盤である。表面には十字架や神の小羊、敬虔なペリカンのような象徴がある。この pax-brede が使用される場合、キスされた後に毎回拭くための亜麻布[6]がなければならない。

聖体が保管されている聖櫃の近くには、水を入れた一般的にはガラスの小さな祭器を置いておかなければならない[7]。司祭はこれを、ミサ以外で聖体拝領を授ける時、あるいは時には同じ日に再びミサを行う予定があるためにミサの際に通常のやり方ですすぎができない時に指を清めるために使用する。そのそばに小さなプリフィカトリウムがある。

§3　本

ローマ典礼の6冊の典礼書がある。

ミサ典書 missal（Missale romanum）にはミサ、及びミサの直前に行われる聖母マリアの清め・灰の水曜日・枝の主日の祝別式、聖週間の最後の3日間

---

[4] *Caer. Ep., loc. cit.,* n. 1-4
[5] *Caer. Ep.,* Lib. I, cap. xii, §15 で典礼色の絹のクッション、あるいは銀色か木製の小さな台（legile）と述べられている。台ははるかに都合が良く、またクッションよりも見た目が良い。
[6] 拭くための亜麻布と同様に、pax-brede を保持するためにその日の色の布を使用するべきである（Martinucci, I, i, p. 102, no. 3）。後者はしばしば省略される（Le Vavasseur, i, p. 36）。
[7] この水及びすすぎで使用された全ての水は、一般的に祭壇背後にあるきれいな大地に至る水管であるサクラリウムに注がなければならない。

の朝の儀式、一定の祝別（聖水他）などの、他の一定の儀式に必要な全てが含まれている。ミサ前後の司式者の準備と感謝も含まれている。

聖務日課書 breviary（Breviarium romanum）には年間の全ての聖務日課が含まれている。

ローマ儀式書 ritual（Rituale romanum）には、ミサ以外での聖体拝領や多くの祝別、行列の祈祷文、司祭によって使用される限りの典礼儀式を含めた他の秘蹟の執行が含まれている。ローマ儀式書では他のどの典礼書よりも統一性がない。多くの管区あるいは司教区にはいまだにローマ儀式書に基づいた独自の儀式書がある。イングランド全土でイングランドの聖職権力によって承認された公式な儀式書は ordo administrandi である[8]。

ローマ司教典礼書 pontifical（Pontificale romanum）は司教のための本である。堅信や叙階、教会の聖別などの司教によってのみ行われる秘蹟と他の儀式が含まれている。

殉教録 martyrology は殉教者と全聖人についての名と短い記述がそれぞれの日に記載されたカレンダーである。これは聖務日課が聖歌隊席で唱えられる所では一時課で読まれる。

最後は司教儀式書 ceremonial（Caerimoniale episcoporum）で、司教及び公の儀式に参加する他の人々のための儀式の電話帳のようなものである[9]。

都合の良いようにこれらを部分的に分けて印刷した別の本がある。どの特別な儀式も、元の本の中の文章に一致している限り、分けた本の形で印刷するべきでないとする理由はない。

朗読の本 book of lessons はミサ典書からとられている。これには荘厳ミサの際に助祭と副助祭によって使用されるための、年間の書簡と福音書が含まれている。このような本が、書簡の本と福音書の本の2冊あっても良い。教会にこ

[8] *Ordo administrandi sacramenta et alia quaedam officia peragendi ex rituali romano extractus nonnullis adiectis ex antiquo rituali anglicano* (London, Burns and Oates, new edition, 1915).
[9] この本（*Caer. Ep.*）は第1に司教のために意図されているが、たいていの儀式での全ての人々のための極めて十分な指示が含まれている。そのため、その書名と不便な順序にもかかわらず、実際には儀式一般の本といえる。

の本がない場合、ミサ典書が常にその代わりに使用できる。ミサ聖歌集 gradual（Graduale romanum）には、聖歌隊によって必要とされるミサ典書の部分が音楽とともに含まれている。死者ミサはしばしば別の本の形で印刷される。

　聖務日課書からの多くの抜粋がある。day hour（Horae diurnae）には朝課を除く全ての聖務日課が含まれている。聖歌隊での使用のために、晩課書 vesperal（Vesperale romanum）や directorium chori のような、音楽を含めた様々な抜粋が作られている。聖週間書（Officium hebdomadae maioris）には、ミサ典書及び聖務日課書から採られた、聖週間の儀式のために必要なものが含まれている。

　イングランドでは聖職階層により承認された ritus servandus という本があり、聖体降福式や他の非典礼儀式のための指示と祈祷文が含まれている[10]。memoriale rituum では小教会で行われる6日間の儀式が述べられている。

　ミサではミサ典書が必要である。ミサ典書は祭壇の上で書見台あるいはクッションの上に置かれる。

　荘厳ミサでは祭器卓に朗読の本、あるいはもう一冊のミサ典書がなければならない。

　司教儀式書では[11]、司教儀式及び（暗に）他の荘厳な儀式の際にも[12]、使用される全ての典礼書（ミサ典書、朗読の本、晩課書、 Canon episcopalis 等）は典礼色の絹で覆われると述べられている。しかし多くの場所でこの慣習は今すたれている。それはあまり便利ではなく、必ずしも追加の装飾とはならない。我々のたいていの典礼書の装丁は極めて悪い。しかし、本が皮細工で実に素晴らしく装丁されている場合、この装丁の方がローマで本を覆っている金の縁取りのある悪い色の安価な絹よりも、儀式の際、より見事な装飾になるであろう。実際、祝日に全てのものをすっかり覆うローマの慣習は、その下の素材が素晴らしい時には、芸術的に改善とはならない。

---

[10] *Ritus servandus in solemni expositione et benedictione sanctissimi sacramenti adiectis hymnis et litaniis et orationibus quae in ipsa expositione et in aliis quibusdam sacris ritibus adhiberi solent* (Burns and Oates, new edition, 1915).

[11] Lib. I, cap. xii, § 15.

[12] Lib. I, cap. xii, § 22.

　祭壇カードには、司式者の便のために分けて印刷されたミサ典書からの一定の祈祷文が含まれている。3枚の祭壇カードがある。聖変化の言葉や他の祈祷文が含まれた最大のカードは、ミサ中に十字架あるいは聖櫃に立てかけて、祭壇の中央に置く。水の祝別の際の祈祷文（"Deus qui humanae substantiae"）及び Lavabo の詩篇が含まれた祭壇カードは書簡側の端に、最後の福音書が含まれた3番目の祭壇カードは福音書側の端に立てかける[13]。祭壇カードはミサでのみ使用される。これらはミサの準備の一部として祭壇上のそれぞれの場所に置かれ、ミサ後に片付けられる。司教には、祭壇カードの代わりに Canon episcopalis という本があり、祭壇の中央に開いて置かれる[14]。

　教皇レオ 13 世により読誦ミサの後に唱えられるよう命令された祈祷文のカードは、一般的に書簡側の最下段に立てかけて置かれる。

---

[13] このカードは特別な最後の福音書がある時には祭壇の上にあるべきではない。
[14] Canon episcopalis は奉献から終わりまでのミサ通常文及び他の祈祷文、司教によって使用される式文が含まれた本である。荘厳司教ミサでは、祭壇カードの代わりに祭壇の上に置かれる（231 ページ参照）。

第4章　　共通の儀式動作

　全ての儀式の間、お辞儀をしたり、片膝をつく等の多くの動作がしばしば出てくる。これらを毎回説明しなくて済むように、これらをどのように行うべきか、全てについて一度、ここで述べておくのが都合良いであろう。

　座っている姿勢から跪く姿勢に変わる際には、最初に立ち、その後跪く。直接、膝を滑らせてはならない。

　片膝をつくためには、最初にこれを行う対象となる物あるいは人に向かってまっすぐに立つ。何かを持っているのでなければ、両手は胸の前で合わせる。その後、体を曲げずに右膝で右足がちょうどあった場所の床に触れる。すぐに再び立ち上がる。

　平伏 prostration は最初に上のように片膝をつくことで行われる。その後、立ち上がる前に、左足があった場所の床を左膝で触れる。その時、両膝で跪きながら、頭と肩を少し下げる[1]。

　聖体が納められている祭壇を通り過ぎる者は誰でも、行列の一部をなすことなく、通り過ぎる際に聖体に向かって片膝をつく。主祭壇に聖体が納められている場所では、教会に入る際、教会に入ったらすぐかまたは自分の場所に行く前に聖体の前で片膝をつく。教会から出る前に再び片膝をつく。儀式での入退堂では、司式者を除く全員は入ってすぐと去る前に祭壇に向かって片膝をつく。しかし、司式者は祭壇に聖体が納められている時のみ片膝をつき、そうでない場合はお辞儀をする[2]。

　聖体が顕示されている場合、すなわち顕示の典礼中とミサでの聖変化から聖体拝領までは、教会に出入りする際に平伏を行う。儀式の間、教会に出入りする際に誰もがこの平伏を行う。奉仕中はただ片膝をつく。聖体が、聖木曜日、及び聖金曜日の朝のいわゆる安息の祭壇に納められている時、これは聖体が顕

---

[1] この意味での平伏 prostration は聖金曜日と聖土曜日での"prostratio"（lying prostrate）と混同してはならない。
[2] この規則は自身の司教座聖堂や参事会管理の教会での参事会会員、及び高位聖職者にも適用される。

示されているかのように取り扱われる。

　真の十字架の聖遺物が顕示されている場合、また聖金曜日に顕示されている十字架に対して、片膝をつく。また、自身の司教区での司教及び自身の管区での首都大司教、任地での教皇大使、自身の教会での大修道院長、ローマ外での枢機卿に対しても、彼らが祭服や聖歌隊服を着て列席している時には、片膝をつく。しかし、より上位の者の列席のもとでは司教に対して片膝をつかない。高位聖職者及び公式な服を着た参事会会員、ミサや他の儀式の司式者は誰に対しても片膝をつかない。代わりに彼らは低いお辞儀をする。

　頭にかぶり物をしている場合、片膝をつく前に常にかぶり物を脱ぐ。

　同じ場所ですぐに跪こうとする場合、正しい規則は最初に片膝をつくことでもなければ平伏を行うことでもない。しかし段で跪こうとする場合、最初に床で片膝をつく。これから立ち上がり、その後、段で跪く。

　ミサの始まりと終わりの際、床（これは“in plano”と呼ばれる）で片膝をつく。ミサ中は、祭壇の最下段で片膝をつく。

　十字架持ちは行列用十字架を保持している間、決して片膝はつかない[3]。他の者が片膝をつく時、十字架持ちは立っている。大司教が祝福を与える時、十字架持ちは大司教十字架を大司教に向けて保持しながら、唯一跪く（251ページ）。アコライトが十字架持ちの両脇で立っている時、他の者が片膝をついて十字架持ちが片膝をつかない時にアコライトがどうすべきかという疑問が生じる。おそらく様々な教会でどちらの慣習も見られるだろう。しかし、圧倒的多数の権威はアコライトが片膝をつくことに反対している。アコライトは十字架持ちとともに立っているべきである[4]。これはまた、ずっとより威厳があるように見える。

---

[3] 唯一の例外は聖母マリアの清めのための *Mem. Rit.* にあり、十字架持ちは行列が出発する前に片膝をつくように命じられている（Tit. I, cap. ii, § 3, no. 5）。しかしこれはおそらく書き損じである。Martinucci（I, ii, p. 340, no. 60）と Le Vavasseur（ii, p. 192, § 23）は両方ともこれを正している。聖土曜日に *Memoriale* は、“Lumen Christi,” の際に他の皆が片膝をついても、十字架持ちは片膝をつかないよう明確に命じている（Tit. VI, cap. ii, § 1, no. 16）。

[4] Merati は、彼の権威はほとんど最終的であるが、アコライトは片膝をつかないと述べている（Pars IV, tit. ix, § 41; vol. i, p. 291）。Martinucci-Menghini（I, ii, p. 275, § 63）

　ルブリカでは数種類のお辞儀が規定されている。例えば、時には人が *profunde inclinatus* している、時には彼が *aliquantulum inclinatus* している、時には *inclinatus* とだけのように。あるいは、*caput inclinatus* とも記述されている。一般的に３つのお辞儀が区別される。低いお辞儀 low bow（profunda inclinatio）は、もし両手を下に垂らせば両手が膝に届くように、頭と体を曲げることで行うが、実際には両手は胸の前で合わせておく。中位のお辞儀 medium bow（media inclinatio）は頭と肩を前のものより軽く曲げることで行う。簡単なお辞儀 simple bow は頭のみを曲げることで行う。

　お辞儀のための一般的な規則は以下である。

　お辞儀をする際には、手に何かを持っているのでなければ、常に両手は胸の前で合わせておく。司式者は儀式の始まりと終わりに十字架に向かって低いお辞儀をする。高位聖職者に向かって片膝をつかない時、高位聖職者には低いお辞儀をする。助祭とMCは司式者への献香の前後に低いお辞儀をする。中位のお辞儀は通常、自身よりも高い位階の者に対して行われる。頭のみのお辞儀は同等か下の位階の者へ挨拶するために行われる。これはまた、一定の言葉が唱えられる時に生じる。例えば、聖なる名の箇所、神の三位が *Pater et Filius et Spiritus sanctus* と唱えられる時、聖母マリアの名の箇所、その祝日の聖人[5]、教皇及び司教区の裁治権者のための祈祷文が声を出して唱えられる時にその名の箇所である。これは *Gloria in excelsis* とクレドの最中に、ミサ典書でそのように示されている節の箇所でも行われる。*Oremus* の言葉を唱える者は、これを唱える間、お辞儀をする。神の名（聖なる名を含める）の箇所や *Oremus* の箇所でお辞儀をする時、祭壇十字架の方へ向きを変えなければならない[6]。唱えられるか歌われる言葉の箇所での他のお辞儀の場合には、向きを変えずにその

及び De Herdt（iii, p. 420）も同様である。Le Vavasseur（i, p. 685, §330; ii, p. 155, §522）のみは、アコライトが十字架持ちの両脇で片膝をつくとしている。

[5] 随意のミサあるいは聖務日課の中でその光栄が唱えられる聖人はそうではない（Martinucci-Menghini, I, i, p. 12, no. 10）。

[6] しかし立っている時のみである。跪いているか座っている時には、常にまっすぐ前に向かってお辞儀をする。聖歌隊はお辞儀に応じるために、お辞儀はせずに、ただかぶり物を取る。

人の真っ直ぐ前で行う。儀式のどの部の最中でも、すでにお辞儀をしている者はこれらの場面でさらなる動作は行わない。また、十字の印をしている間、誰もお辞儀をしない。献香を受ける前後には、献香を行う者に向かって全員お辞儀をする。献香を行う者は、前後に、献香を受ける人に向かってお辞儀をする（64 ページ参照）。

　立っているか跪いている間、両手が空いていれば、両手は胸の前に合わせなければならない。すなわち、指を上に向けながら、両手を伸ばして掌と掌を合わせる。座っている時、両手は祭服の上で、両膝の上に伸ばしておかなければならない。祭壇で片膝をつく際には、司式者のみは片膝をつく間、両手を祭壇の上に置く。助祭・副助祭と他の全ての者は両手を合わせたままでいる。片手で何かを持っている時、他方の手は胸の上で伸ばす。しかし祭壇での司式者は、他方の手を祭壇の上に置く。お辞儀をする際には常に最初にかぶり物を取る。ビレッタを脱ぐ時、右手でビレッタの右側の高くなっている端を持つ。立っている時にはビレッタを右手で胸の前に保持し、左手は横で下げておく。座っている時にはビレッタを右膝の上に置き、左手は伸ばして左膝の上に置く。いくつかのお辞儀をすべき名や文章がすぐに続く場合、一度お辞儀をして全てを唱え終えるまでお辞儀をしたままでいるのが、よりふさわしい。聖歌隊が跪いている時には聖歌隊席に向かって決してお辞儀をしない方が良い。聖歌隊席でズケットをかぶっている者は[7]、灌水を受ける時、ミサで *Confiteor* や *Misereatur*、*Kyrie eleison*、*Gloria in excelsis*、クレド、*Sanctus*、*Agnus Dei* を唱える間、福音書が歌われる間、献香を受ける間、聖変化の際、平和の接吻の授受の間、聖体拝領の間、祝福の際に、祭壇に向かって片膝をつくかお辞儀をする時にはいつもズケットを脱ぐ。また、聖体が顕示されている時いつも、朝課での福音書の間、一時課と終課の告白の際にも同様にする。聖歌隊席の中央で詩篇を先唱する時や *Invitatorium*・朗読・殉教録を歌う時、コープを着て補佐する間[8]に

---

[7] 枢機卿は赤いズケット（pileolus、イタリア語で "zucchetto"）を、司教とある大修道院長は紫のズケットをかぶる。ある他の高位聖職者（及び健康上の理由による司祭は）は黒のズケットをかぶる許可を得ている。

[8] Martinucci-Menghini, I, i, pp. 11-12.

は誰もズケットをかぶらない。

　ローマ典礼では十字の印はこのように行われる。左手は伸ばして胸の上に置く。また右手も伸ばしておく。*Patris* の言葉で右手を上げて額に触れる。*Filii* で十分な距離まで下げて胸に触れる。*Sriritus sancti* で左肩に触れる。*Amen* で右肩に触れる。その後、両手を合わせるべき場合には、再び両手を合わせる。言葉を話さずに十字の印をする時には、同じ順番を守る。

　頻繁に出てくる儀式上のキス kiss（osculum）は、閉じた唇で物に触れるだけで行われる。規則は、誰でも何かを司式者に手渡す時には毎回、最初に物にキスをし、次いで司式者の手にキスをするというものである。司式者から物を受け取る時には、最初に司式者の手に、次いで物にキスをする。しかし、祝別されたろうそくと枝を受け取る際には、最初にこれらにキスをする。聖体が顕示されている時、書簡及び福音書の際、カリス及びパテナのためのキスのみが残る。この時には香炉にも香さじにもキスをしない。裁治権者が司教座で補佐する場合、司式者に手渡す時の香炉も、香さじも、また書簡と福音書の際に司式者の手にもキスをしない。死者ミサ及び葬儀では、何にもキスをしない。

　香炉を適切に扱うにはいくらか知識が必要になる。この知識は、すでに扱い方を知っている誰かの動作を見ることで最も容易に得られる。これは本当は難しくも複雑でもないが、説明するために多くの言葉が必要になる事の1つである。

　聖体が顕示されている時を除き、香は使用する前に常に司式者によって祝別される[9]。聖体が顕示され、聖体のみが献香される時には、香は司式者により祝別なしで香炉に入れられる。

　香炉係が使用されるのを待つ間に単に香炉を持っている時には、上部の円盤のすぐ下で鎖を持つ。香が入っていない場合は左手で、そうでなければ右手で香炉を持つ。その時、燃えている炭にさらに換気ができるよう、蓋を少し上げ

---

[9] 当該箇所で記述されるように、より高位の位階の列席者によって香が祝別される場合も除く。

ても良い。蓋を上げるためには、蓋につながっている中央の鎖の端の輪を引き上げる。

　香炉を持つ際、親指を円盤の輪に通して中指を動く輪に通すか、あるいは親指を動く輪に小指を円盤の輪に通しても良い。下にある香炉を開けるために、親指で容易に輪を引き上げることができる。このように香炉を持ち、炭が燃えているようにするために、香炉係は香炉を優しく揺らす。他方の手は、香舟を持ちながら[10]、胸の上に置かなければならない。しかし、跪いている時には鎖が長いため、このように香炉を持った場合、香炉が床についてしまう。そのため、跪いている時には、一方の手（香炉の中に香が入っている場合には右手、そうでなければ左手）で円盤の下で鎖を持ち、他方の手で鎖の中央付近を持ち、香炉を揺らす。

　香炉係が香を祝別のために持って行く時、最初に香舟を助祭かMCに手渡す。その後、左手で円盤の下の鎖を持つ。十分に香炉を開けるために右手で輪を引き上げ、司式者が都合良く香を入れることができるようにする。右手で鎖の中央付近を持ち、司式者の前で香炉を都合の良い高さに持ち上げる。香炉係は司式者に近すぎるところに立ってはならない。司式者は手を差し出して香を入れるために、一定の広さを必要とする。

　その間、助祭（助祭がいない場合にはMC）は香舟を開け、香さじを取り、香さじと司式者の手にいつものキスをして、香さじを司式者に手渡す。同時に助祭は *Iube domne benedicere.* と唱える。司式者は香さじを受け取り、香さじで香舟から少量の香を取り香炉の中の燃えている炭の上にかける。司式者はこれを2回目、3回目と繰り返す。その間、助祭あるいはMCは開けた香舟を持ち、司式者が都合良く行えるようにする。香を入れる間、司式者は *Ab illo benedicaris in cuius honore cremaberis. Amen.* と唱える。ミサの奉献の際の1場面でのみ、他の式文がある。ミサ典書中のように、*Per intercessionem beati*

---

[10] いくつかの教会では「香舟持ち」として他の侍者を用いるのが普通である。このような侍者については、どのような公式な本にも規定はないし、儀式についての本の著者も何も言及していない。香舟持ちが用いられる場合、香炉係の左側に立つか跪き、香炉係が司式者に近づく前に、常に香舟を香炉係に手渡す。

*Michaelis archangeli,*等である。その後、司式者は香さじを助祭あるいはMC
に返し、助祭あるいはMCはいつものキスをして受け取る。司式者は何も唱え
ずに、香炉の上に十字の印をする[11]。そうする間、司式者は左手を祭壇の上（祭
壇の近くにいる場合）あるいは胸の上に置く[12]。

　香が祝別されない場合、すなわち聖体が顕示されている時には、助祭も司式
者も何も唱えず、司式者は十字の印もしない。

　香炉係は香が入れられて十字の印がなされる（十字の印をすることになって
いる場合）まで待つ。その後、香炉係は香炉を下げる。蓋を閉め、鎖の周囲に
輪がある場合には輪を蓋の上まで下げて蓋が固く閉まるようにする。その後、
香炉係は香炉を助祭あるいはMCに手渡す。これを行うために、香炉係は左手
で円盤の下の鎖の上部を持ち、右手で鎖の中央付近を持つ。助祭は同じように
香炉を受け取り、司式者に手渡し、司式者は祭壇あるいは何であれ献香される
ものの献香に進む。

　祭壇、人あるいは物に献香を行うための個々の指示は、儀式の中のそれぞれ
の箇所で述べられるであろう。ここでは、一般に人あるいは物に献香を行う方
法のみに言及する。

　何にでも、あるいは誰にでも献香を行うためには、香炉の鎖の上部を左手で
持ち、左手を胸の前に置く。閉じた蓋の約4インチ上の鎖を右手で持つ。蓋か
ら遠いところで鎖を持たないのが重要であり、さもなくば香炉が遠すぎるとこ
ろまで振れて、鎖にからまりかねないであろう。右手で鎖を保持する最も都合

---

[11] ルブリカではここで矛盾がある。*Rit. cel.,* iv, 4, は司式者は言葉を唱え、香さじを返し、
次いで十字の印をすると明白に述べている。*Caer. Ep.,* Lib. I, cap. xxiii, n. 1-2 も同様で
ある。しかし *Ordo Missae* では "bene+dicaris" の言葉の中央に十時の印がある。礼部
聖省は *Rit. cel.*及び *Caer. Ep.*に従うべきであると宣言した（18 Dec. 1779, no. 2515, ad
X）。

[12] 司式者が祭壇に立ち、しかし香の祝別のために横を向いている時に、左手を祭壇の上
に置くべきか自身の胸の上に置くべきかについては、著者の間で一致しない。*Rit. cel.,* iii,
5, は司式者が祭壇にいて（cum est ad altare）、何であれ祝別をする時には、左手を祭壇
の上に置くことになっていると述べている。しかし、"ad altare" は祭壇を向いているこ
とを意味するのではないだろうか？　権威が一致していないため、実際にはどちらの方
法を取り入れても良い。以下を参照。Merati, Pars II, tit. iv, §21（tom. i, p. 120）；
Martinucci-Menghini, I, i, p. 73, no. 2; Van der Stappen, iii, p. 424; Le Vavasseur, i, p.
423; de Herdt, i, p. 422.

の良い方法は、人差し指と中指の間に全ての鎖を一緒に通すことである。その時、中指・薬指・小指は一緒に合わせて鎖の下にする。手を上に動かすことで、香炉は献香を受ける物に向かって外側に振られる。

ルブリカは一振り simple（ductus simplex）と二振り double（ductus duplex）の2種類の献香を区別している。一振りはこのように行う。右手をただ胸の高さに上げ、同時に香炉を献香される物の方に振り、すぐに膝付近まで落とす。香炉が落ちる際に鎖にぶつかってカチッという音が鳴るであろう。

二振りを行うには2つの方法がある。1つは香炉を顔の高さに上げることである。ここで鎖にぶつかってカチッという音が鳴る。これが1動作である。次いで香炉を外側に振り、落として、鎖にぶつかってもう1回カチッという音が鳴るようにする。こうして2動作と2回の音がある。

もう1つの方法は、香炉を外側に振ってカチッという音とともに香炉を落とし、次いで再び香炉を外側に振って香炉を下げながら、一振りを2回単に繰り返すことである。

全ての献香では、献香を行う者は、前後に、献香を受ける者（あるいは物）にお辞儀をしなければならない。献香を受ける者は毎回返礼としてお辞儀をするが、献香を受ける間は献香を行う者の方を向いて両手を合わせてまっすぐに立つ。

香炉は助祭あるいは香炉を受け取ることになっている他の者に返される。司式者から香炉が返される時、香炉を受け取る人は、いつものように最初に司式者の手に、次いで香炉の円盤にキスをする。そうでない場合、キスはない。

ミサでの平和の接吻 kiss of peace はこのように行われる。2人が両手を合わせて、互いに向かい合って立つ。接吻を受けることになっている者はお辞儀をする。その後、接吻を与える者は両手を他方の肩の上に置く。受ける者は両腕を、与える者の両腕の下に置く。両者は他方の左肩の上でお辞儀をする。接吻を与える者は *Pax tecum* と唱える。他方は *Et cum spiritu tuo* と答える。その後、彼らは再び、両手を合わせて互いに向き合って立ち、両者はお辞儀をする。

第5章　儀式における聖歌隊と補佐者

§1　典礼上の聖歌隊

　儀式中の「聖歌隊」が必ずしも歌う者達のことを意味しないことを、最初に述べなければならない。元来はそうであった。理論上は、疑いなく、今なおそうであるべきであり、すなわち歌手には祭壇の左右に席がありそこで歌うべきである。しかし、しばしば、これに不利となる実際上の困難がある。歌手が教会をはさんで、たぶんある距離を置いて、お互いが向かい合うように2列で並ぶ時、特に多声音楽を歌う際に良い芸術的効果を作り出すことはしばしば難しい。従って、しばしば実際の歌手はどこか別の場所、祭壇後方の格子の後ろの脇の場所で一緒に、あるいは教会の他方の端の中二階に置かれる。そのような場合、儀式の間、彼らに注意を払うことはない。

　しかしながら、たとえ聖歌の一部のみを歌うかあるいは何も歌わないとしても、典礼上の「聖歌隊」が儀式で補佐する可能性は残る。

　従って、司教座聖堂及び参事会管理の教会での参事会会員や修道会の教会での修道司祭、あらゆる種類の聖職者は祭壇前の両脇の座席で補佐しても良い。その時、これらは儀式の観点から聖歌隊を構成する。

　彼らはビレッタとともに、カソックとスルプリを身につける。高位聖職者は肩マントあるいはmantellettum（4242ページ）を着ても良い。修道司祭は一般に修道会の修道服を着る[1]。

　聖歌隊席に入る時、司式者が全ての祭服を身につけている中[2]、聖歌隊のメンバーは行列で来ても良い（行列用十字架がある場合もない場合も）。この場合、年下あるいは位階の低いメンバーが年上あるいは位階が上のメンバーの前を歩く。しかし、彼らが入堂する時、荘厳行列でない、即ち十字架もなく祭服を着た司式者もいない場合、位階の高い者が他の者の前を歩く。

---

[1] すなわち彼らの修道会に認められた修道服がある場合。
[2] 祭服（カズラあるいはコープ、ダルマチカ、トゥニチェラ）を着ることは、典礼書で"paratus"であることを意味している。

　彼らは２人づつ、互いに等しい距離をあけて歩き、教会に入るまで頭にかぶり物をしている。香部屋のドアのところでかぶり物を脱ぎ、聖水盤に近い方の者が自身の指を聖水盤に浸して他方の者に向けて指を保持し、この他方の者が指に触れることで聖水を与えるようにしながら、聖水をとる。次いで両者が十字の印をする。

　祭壇前でそれぞれの２人組は、正確に一緒に行うように気をつけながら、順番に片膝をつく。そうして彼らは自分たちの場所に行く。

　彼らは自分の場所で、それぞれの儀式の場合に述べられるように、立つか、跪くか、座る。一般的な規則は、聖体が顕示されている時を除いて、座る時には頭にかぶり物をするというものである。頭にかぶり物をしたままでは決して立ったり跪いたりしない。立つ前にビレッタを脱ぎ、座った後で再びかぶる。ズケットをかぶっている者は立っている間これをかぶっている。60ページで記した場面で彼らはズケットを脱ぐ。

　聖歌隊のメンバーが主祭壇で儀式を補佐する間、脇祭壇で行われる読誦ミサ等の教会の他のいかなる部分で起きていることにも注意を向けてはならない。

　誰かが聖歌隊席を離れるかあるいは１人で聖歌隊席に来る場合、他の者がお辞儀のような儀式動作を行う必要がある箇所の文章が唱えられるか歌われる間にそうしないように注意しなければならない。従って、詩篇の終わりで *Gloria Patri* の節が歌われる間、あるいは聖歌隊に聖水が振りかけられている間、ミサで *Confiteor* や *Kyrie*、*Gloria in excelsis*、クレド、*Sanctus*、*Agnus Dei* を聖歌隊が唱える間、集祷文や福音書、聖体拝領後の祈祷文が歌われる間、彼の側の聖歌隊が平和の接吻を受けていたり献香を受けている間、どのような短い節であってもお辞儀をしたり片膝をつく箇所の間には[3]、誰も聖歌隊席を離れたり聖歌隊席に入るべきではない。

　誰でも１人で聖歌隊席を離れなければならない時には、かぶり物を脱いで立ち上がり、右手にビレッタを持って中央に行き、十字架に向かって片膝をつき、

---

[3] １人で聖歌隊席に入らなければならない場合、最初に中央で跪き、短い祈祷文を唱え、次いで立ち上がり、片膝をつき、司式者が sedilia にいる場合には司式者にお辞儀をし、位階の高い側から始めて（上記）両側の聖歌隊席にお辞儀をし、自分の場所に行くのが普通である。

司式者がsediliaに座っている場合は最初に司式者に向かって、次いでより高い位階の側から始めて両側の聖歌隊席に向かってお辞儀をして、出て行く。一般に、福音書側の方が高い位階の側と考えられる。そのため福音書側は一般的に、他方より先に献香を受け、平和の接吻を最初に受ける、等々であろう。例外は、より高い位階の者が列席している場合に彼が座る側がより高い位階の側と考えられることである。そのような者は高位聖職者及びhebdomadarius等である。

例えば三時課に引き続いて行われる荘厳ミサのような多くの儀式で、聖歌隊はミサのための行列が入堂する時に既に自分の場所にいるだろう。この場合、後述のように（160ページ）、行列中の聖職者と侍者は、最初に高い位階の側で聖歌隊席に向かってお辞儀をし、次いで祭壇に向かって片膝をつく。

立っている際及び跪いている際に、聖歌隊のメンバーは教会をはさんで互いに向かい合う。彼らは、そうするように命じられている特別な場面を除いて、祭壇の方は向かない。

それぞれの場合に、立ったり跪いたりお辞儀をする等の聖歌隊のための個々の規則を記述することにしよう。ここでは一般に聖歌隊が常にお辞儀をする一定の場面のみが出てくる。これらは、詩篇の後の *Gloria Patri* の節（*Sicut erat in principio* の節ではない）と、いつであっても聖なる名が出て来る時である。この場合、*Iesus Christus* の言葉の間、彼らはお辞儀をするが、これらの最初の言葉の間だけではない。三位一体 *Trinitas* の言葉、あるいは順番に神の三位の名（*Pater et Filius et Spiritus sanctus*）[4]が出て来る時、（聖母）マリア *Maria* の名の箇所、その日の聖人（随意の儀式の場合は違う）・現教皇・裁治権者の名の箇所も同様である。誰かが聖歌隊に向かってお辞儀をする時にはいつも、聖歌隊は返礼としてお辞儀をする。

立ち上がったり跪いたりお辞儀をするといった全員で行う共通動作がある時には、一緒に一様に行うことが重要である。

儀式の全ての教科書は聖歌隊の振る舞いのいくらかの明白な点を強調している。明らかに、時間が来た時にすぐに動作を行う準備ができているように、聖

---

[4] 神の位格が "distincte et cum glorificatione" のように呼ばれる時（Martinucci, I, i, pp. 2-3）。

歌隊のメンバーは何をしなければならないかをあらかじめ知っていなければならない。彼らの儀式の役割は比較的少ないとはいえ、それでも儀式に関与しているのである。侍者が自分の役割を知っているように、聖歌隊はこの役割を知らなければならない。聖歌隊は、教会内の会衆に教化的な手本を示すような表敬をもって常にふるまいながら、跪き、立ち、まっすぐに座るべきである。聖歌隊席では、たとえ敬虔なものであっても関係のない本を読んで時間を過ごしてはならない。彼らは、例えばミサの間に聖務日課を唱えたり、あるいは晩課の間に自身の朝課を先取りするようなことがあってはならない。

彼らは補佐している公の儀式に、これを自分の祈願としながら、専心しなければならない。何であっても儀式の文章を唱えあるいは歌う時、唱えていることが何を意味するかを考えなければならない。*Orabo spiritu, orabo et mente: psallam spiritu, psallam et mente* 私は霊をもって祈り智恵をもって祈ろう。私は霊をもって詩をうたい智恵をもっても詩をうたおう(コリントの人々への第一の手紙 14・15)。そうでなければ、彼らの参列は実際に信仰行為ではなくなってしまい、彼らはこの言葉に相当することになる。*This people honours me with its lip; but its heart is far from me* この民は、くちびるだけで私をあがめるが、その心は私から遠い(イザヤ書 29・13)。

§2　助祭・副助祭と侍者

それぞれの儀式や務めの場合に、必要とされる侍者の正確な人数を述べよう。ここでは、イングランドの平均的なカトリック教会で一般的に必要とされる人数についての言及が有用であろう。

読誦ミサの場合、1人の侍者のみが奉仕する。荘厳ミサ及び荘厳晩課、荘厳聖体降福式、一定の華やかさを伴って行われる行列、より荘厳な儀式の場合、一般に司式する司祭の他に助祭・副助祭がいる[5]。大祝日の晩課では、4人か6人のコープを着た補佐者がいても良い。荘厳ミサ及び荘厳晩課、そのような儀式のために必要となる侍者は、式典係 Master of Ceremonies（MC）及び香炉

---

[5] イングランドでの大多数の場合、実際には助祭と副助祭もまた叙階された司祭である。晩課では、コープを着る補佐者は聖職者である必要はない。

係、アコライト２人である。荘厳ミサでは２人か４人あるいは６人のたいまつ持ちが必要とされるが、アコライトである２人のみがいても良い（151 ページ）。聖体降福式では香炉係及び２人か４人あるいは６人のたいまつ持ち、少なくとも１人の他の侍者（ここでは MC と呼ばれる。）が奉仕する。行列のためには、副助祭が十字架を持つ場合を除き、十字架持ちが必要となる。歌ミサ（Missa cantata）は２人の侍者のみで祝うことができる。あるいは荘厳ミサの時と同じだけ多くの侍者がいても良い（197 ページ）。

　司教儀式にはずっと多くの補佐者と侍者が必要になる。一般的に２人の MC がいる。補佐司祭（AP）が必要となる。裁治権者が司教座を使用する場合には、ミサの助祭・副助祭の他に、司教座に２人の補佐助祭がいる。３人か４人の侍者（チャプレンと呼ばれる）がハンドキャンドル及び本、司教冠、（裁治権者のための）司教杖を持つ。司教がカッパを着る場合、裾持ちがいる。司教の着衣のために６人の侍者が必要とされるが、これはもっと少ない人数でやりくりすることができる。裁治権者が司教座を使用してミサを歌う時には、全部で 20 名の者が奉仕する（233 ページ）。司教用床几を使用する司教の場合はそれほど多くの人数は必要とされない（255 ページ）。

　荘厳行列（キリストの聖体のためのような）では、天蓋持ち及び祭服を着た聖職者、スルプリを着た聖歌隊と聖職者で人数は不定に増えるだろう。

　一般に、行列と葬儀（聖歌隊であることになっている不定数の聖職者が霊柩車の周囲で点火したろうそくを持ちながら立つ時）の場合を除き、果たすべきいくらかの務めがあり実際に必要とされる侍者よりも多くの侍者が奉仕するべきではない。多くの無用な少年が内陣のあたりで何もせずに立っていることは、典礼の荘厳さを増すことにはならない。無用な飾りだけの奉仕を加えることは、ローマ典礼の伝統にも一致しない[6]。儀式のために必要とされる侍者は、入退堂の行列を作るのに十分である。"Entia non sunt multiplicanda sine necessitate."

---

[6] ローマ自身で儀式のために、厳密に必要な人数を決して超えない、どれほど少ない人数が用いられているかは注目すべきことである。可能な限り人数を抑える強い傾向があるように思われる。

　ここで、教会での侍者の振る舞いに関する Martinucci の意見に言及しておくことは有用であろう。「彼らは必要以上の精密さや気取り、教会信者よりむしろパレードでの兵士に似合うような振る舞いを避けなければならない。彼らは確かに全てを厳粛にそして規則正しく行わなければならない。しかし、堅苦しすぎる画一性で振る舞う場合、聖なる儀式は芝居じみたものに見える。」[7]

　しかし多分イングランドでは危険は、侍者（一般的に若い少年）が不注意にそして不敬な態度で振る舞わないようにという別の方向にある。少年達を訓練する司祭と MC には、だらしなさと気取ることの間の適切な中庸を見つけるために、かなりの機転と良い趣向が必要とされる。

§3　　教会での位階

　儀式は時には、儀式を行うかあるいは儀式で補佐する者の位階に従って変更される。それゆえ、我々の主題に影響を及ぼす範囲で、これらの位階を理解することは重要である。

　たいていの場合は、明白であるために特別な注意を必要としない。ミサ及び晩課、終課、聖体降福式、そのような儀式全ての司式者は、叙階された司祭でなければならない。助祭と副助祭はそれらの叙階を受けていなければならない。これに対しての１つの例外は、必要のある場合には、少なくとも剃髪している聖職者は荘厳ミサ及び他の儀式で副助祭の務めの一部を行っても良いというものである。このためには、重大な理由が存在すること、そして、副助祭によってのみ行われる一定の務めを省くことが必要とされる（169 ページ参照）。助祭の叙階を受けていない場合には、誰も助祭の役を務めることはできない。

　ルブリカは侍者及び聖歌隊のメンバーさえもが聖職者であることを想定している。アコライトと香炉係は叙階されたアコライトであり、他は下級聖職であるか、少なくとも剃髪していなければならない。司教儀式書によれば、MC は司祭かあるいは少なくとも聖職者でなければならない[8]。しかし、この規則はめ

---

[7] Martinucci-Menghini, II, ii, pp. 550-551, § 21.
[8] *Caer. Ep.*, Lib. I, cap. v, §§ 1, 3.

ったに遵守されていない。現在は平信徒がミサあるいはどのような儀式でも奉仕し、聖歌隊を構成することが認められている。

　単なる司祭の位階の上に参事会での参事会会員 canons がいる。これは彼らが参事会会員である教会で一団となって列席している時、あるいは何かの理由で参事会全体が補佐をしている別の教会でのことを意味している。現在、参事会会員は、参事会が列席していない時でさえも、参事会の属する司教区内ではどこでも、彼らのローブと特別なしるしを身につけても良いが、他の場所ではそうではない[9]。

　高位聖職者 prelate（praelatus）は、第一に司教である。しかし全ての司教が列席するどの儀式でも同じ敬意を受けるわけではない。例えば、裁治権のある場所での司教（自身の司教区での裁治権者として）と補佐司教あるいはその地を訪れている別の場所の司教との間にはかなりの違いがある。

　典礼書はしばしば上級の高位聖職者 greater prelates（maiores praelati, maiores praesules）に言及している。この用語を使用するのは次の者と理解される。ローマ以外の全ての場所での枢機卿[10]、及びローマでの名義上の教会における枢機卿、自分の総大司教区あるいは管区での総大司教と大司教、自分自身の司教区での裁治権者である司教、任地内における教皇大使。

　これらの下の位階に、儀式が行われる場所で裁治権を持たない司教が来る。

　司教の下にいわゆる下級の高位聖職者 inferior prelates（praelati inferiores）がいる。これらの最初の例は大修道院長 abbots である[11]。

　礼部聖省の 1659 年の法令は、下級の高位聖職者による司教祭服の使用と他の区別についての規則を定めている[12]。

---

[9] *Cod.*, c. 409.
[10] 枢機卿の特権については、*Cod.*, c. 239.を参照。
[11] 大修道院長は修道院あるいは修道会の参事会会員の集まりの長である。次の修道会には大修道院長がいる。Canons of the Lateran (Augustinian Canons), Premonstratensian Canons, Canons of the Immaculate Conception, Benedictines of all congregations, Cistercians. 東方典礼の全ての修道士には、西方の大修道院長に相当する Archimandrites あるいは Hegumenoi がいる。"nullius (scil. dioeceseos)" 大修道院長は司教のいない司教区にいて、自身で準司教的な裁治権を持つ者のことである。大修道院長と他の下級の高位聖職者についての規則は *Codex*, c. 319-327.に書かれている。
[12] No. 1131, 27 September 1659.

　これらの規則は、現在では、教皇庁の高位聖職者に関する後のピオ 10 世の法令によって破棄されているが（下記、73 ページ参照）、大修道院長の場合には 1659 年の規則がいまだに通用している。主要なものはこれらである。

　大修道院長は自分の修道会の教会（裁治権のある）のみで、かつ大祝日のみに、司教の儀式と祭服を使用しても良い。これらの祝日は守るべき日、及びその地方の守護聖人の日、修道会の創始者の日、教会の称号と奉献の日である[13]。これらの日に、以下を例外として、大修道院長は司教の典礼に従って司式しても良い。

　祭壇上で 7 本目のろうそくを使用することはできない。脇の方で固定した司教座があってはならない。大修道院長は後で片付けられる椅子を使用しなければならない。この椅子の上に、金や他の高価な材質の布ではなく、祭壇の frontal より簡素な織物で作られた天蓋を設けても良い。椅子はその日の色の絹で覆っても良く、内陣の床から 2 段のみ上げても良い。教会に来るか教会から去る際に、大修道院長は、司教のように修道士あるいは参事会会員の一団を同伴することはできない。荘厳ミサでは大修道院長はミサの助祭と副助祭、及びダルマチカを来た他の助祭 2 人、コープを着た補佐司祭 1 人によって補佐される。他に、コープを着た 2 人、カズラを着た 2 人、トゥニチェラを着た 2 人の合わせて 6 人の修道士あるいは参事会会員が奉仕しても良い。しかし、これらの者は聖歌隊席に座ってはならない。彼らには緑の布で覆われた椅子か背もたれのない長椅子がなければならず、これらは後に片付けられる。大修道院長は聖座の特別な許可なしには宝石の司教冠を身につけることはできない[14]。司教冠の下に黒のズケットをかぶる。大修道院長は自身の教会でのみ司教杖を持ち運ぶが、公の行列では持ち運ばない。修道司祭として、ロチェットが修道会の修道服の一部である場合を除いて、ロチェットは身につけない。彼らは司教のように司式しようとしている時のみ祭壇から祭服を取る。ミサ、晩課あるいは朝課を司教のように司式する時のみ、司教の形式で 3 回十字の印をして会衆を祝福して良い。司教が列席している際には、特別な許可なしには、大修道院長は祝福を

---

[13] 下級の高位聖職者は葬儀の際には司教として執行することはできない。
[14] 大修道院長は簡素な司教冠と金の司教冠を使用する。

与えないことになっている。司教[15]が列席している場合、司教には福音書側に腰掛けが用意されることになっている。これは書簡側の大修道院長の腰掛けよりも１段高くされることになっている。司教座聖堂の参事会会員が司教の周りに座り、修道士あるいは大修道院長の参事会の参事会会員が大修道院長の腰掛けの周りに座る。司教は香を香炉に入れて祝別する。司教は福音書の後に福音書の本にキスをする。司教はミサの終わりに会衆を祝福する。大修道院長は説教の前に説教者を祝福できない。

　大修道院長が読誦ミサを唱える時は、修道院の他のどの司祭とも正確に同じように行う。大修道院長は香部屋で着衣し、胸十字架は身につけず、両手を洗うための銀の祭器とボウルは使用しない。侍者は１人のみであり、祭壇上では２本のろうそくが点火されるであろう。

　しかし、更なる権利、例えば、紫（purple）のズケットの使用が、聖座により、より大きな免除された修道院の大修道院長に与えられている[16]。大修道院長の他に他の「下級の高位聖職者」、すなわち、実際のあるいは肩書きだけの教皇庁の役職者がいる。これらは一般に「モンシニョール Monsignori」と呼ばれる司祭である[17]。教皇ピオ10世の自発教令[18]はこれらが誰であるか厳密に定義し、彼らの権利を確立している。

　Ⅰ、これらの中で第１は教皇庁書記官 protonotaries apostolic（protonotarii apostolici）である。これらは4階級に分けられる。Ⅰ、まだ使徒座の古い書記官を代表する団体を構成する7人の "de numero participantium" 教皇庁書記官がいる[19]。現在、彼らには主に列聖や列福の理由に関連した任務がある。彼

15 裁治権者あるいは他の上級の高位聖職者（S.R.C. 1131, ad XV）。他の司教は聖歌隊席で首位を占めるに過ぎない。
16 大修道院長の権利については Le Vavasseur, *Fonctions Pontificales*, ii, pp. 320-326. を参照。
17 「モンシニョール」の称号はそれ自体では与えられない。しばしばローマから離れた所に住む司祭に名誉職として認められた教皇庁の一定の役職を持つ者が「モンシニョール」と呼ばれる。この一般的な称号は、上記の記載で見られるように、様々な位階の高位聖職者に使用される。星に似て、一つのモンシニョールは他のモンシニョールとは栄誉の上でかなりの違いがある。*Cod.*, c. 328.
18 *Inter multiplices*, 21 February 1905. *Cod.*, c. 106, 70.
19 元々、彼らは教皇の法律顧問であり、文書を作成したり教会法の問題を "usus forensis" に従って解決する等のことをしていた。

らの儀式での特権は、裁治権者の許可を求めて得た上でのみ、ローマの外で司教のように司式できることである[20]。しかしながら、彼らは司教杖あるいは司教座、大カッパを使用できない。祭壇上の7本目のろうそくも使用することはできず、数人の助祭の補佐者がいることもできない。彼らは司教のように *Pax vobis* は唱えず、代わりに *Dominus vobiscum* を唱える。祝福の前に *Sit nomen Domini* と *Adiutorium nostrum* の節も歌うことはできない。彼らは3回の十字の印で祝福をしない。裁治権者あるいは上級の高位聖職者が列席しているのでなければ、彼らは司教冠をかぶりながら、いつもの司祭の式文 *Benedicat vos* を歌いながら祝福をする。裁治権者あるいは上級の高位聖職者が列席している場合、一般的な規則に従い（225ページ）、裁治権者あるいは上級の高位聖職者はミサの終わりに祝福を与える。司式するために教会に来る際、教皇庁書記官は mantellettum を着て、その上に胸十字架を身につける（そうでなければ彼らは胸十字架を身につけることはできない）。彼らは司教のように教会のドアの所で迎えられることはない。彼らの胸十字架（mantellettum を着ている時のみ身につける）は金色で作られ、宝石が1個ついている。これは金色の糸と混ぜた赤紫色（color rubinus）の紐で掛けられる。彼らは金の布でできた司教冠と簡素な司教冠を使用する。この下に黒のズケットをかぶっても良い。ハンドキャンドル（51ページ）及び Canon episcopalis、両手を洗うための銀の祭器と皿を使用する。通常の読誦ミサでは、彼らにはハンドキャンドルの使用を除き、特権はない。彼らには大修道院長よりも優先権がある。彼らの1人によるミサに列席する全ての者は、私的な聖堂であったとしても、主日と祝日にミサにあずかる義務を果たすことになる。

　これらの教皇庁書記官の聖歌隊服は "habitus praelatitius" すなわち司教のように司式する時のみ下げる裾のついた紫（violet）のカソック及び紫（violet）の絹の帯とロチェット、紫（violet）の mantellettum、赤い房のついた黒のビ

---

[20] これは常に "usus pontificalium"、すなわち例外がある場合を除き、司教と同じ儀式と祭服を伴うことを意味している。これらの教皇庁書記官は司教の全ての祭服及び靴、指輪、胸十字架、手袋、トゥニチェラ、ダルマチカ、司教冠を使用する。彼らはストラを交差させない。しかし彼らには司教杖はない。

レッタである。彼らは司教のように“habitus pianus”（46 ページ）を身につけても良いが、胸十字架はなく、帽子の周りには赤い紐がついている。

　II、“supranumerarii”教皇庁書記官 protonotarii apostolici supranumerarii はローマの3つの総大司教のバシリカ、すなわちラテラン及びバチカン、リベリアン（サンタ・マリア・マジョーレ）の参事会会員、またこの許可が認められている他の一定の司教座聖堂の参事会会員である[21]。名誉参事会会員は除外される。

　これらの高位聖職者は、3つの場合に従い、様々な特権を持つ。自身の司教座聖堂に参事会とともに列席している時、自身の司教区内で1人で列席している時、他の司教区で1人で列席している時。前の2つの場合はイングランドでは起きえない。3番目の場合、次の階級と同じ権利を持つ。

　III、“ad instar participantium”教皇庁書記官 protonotarii apostolici ad instar participantium は一定の司教座聖堂[22]の参事会会員、及び教皇がこの位階を授与した他の多数の司祭から構成される[23]。

　これらは、最初の階級（“Participantes”）の権利を幾分減じて共有している。彼らは高位聖職者の服装と“habitus pianus”を身につけても良い。ローマ外では、裁治権者の同意の元で司教のように司式しても良い。この場合、司教用床几も膝掛け（47 ページ）も使用せず、助祭・副助祭とともに sedilia に座る。彼らは、infulae の端に赤い房飾りがある他は装飾のない白の絹の司教冠をかぶる。教会が司教座聖堂でなくて、上級の高位聖職者が列席していない場合、彼らはコープを着た司祭により補佐されても良い。彼らは、紫の紐で掛かっている宝石のない無地の金色の胸十字架を身につける。彼らは全てのミサを祭壇で唱え、Lavabo の箇所でのみ両手を洗う。彼らには指輪がある。彼らは司教ミサを司式する祝日の晩課を、あるいは裁治権者の許可により他の晩課を、司教

---

[21] 現在（1915 年）、コンコルディアと Iulia（ベネチア管区）、フィレンツェ、ゴリツィア、パドヴァ、トレヴィーコ、ウーディネ、ベネチアの参事会会員である（*Annuario pontificio*, 1915, p. 396）。
[22] Cagliari、マルタ、Strigonia（エステルゴム、Gran、ハンガリーの首座大司教座）；*Annuario pont.*, ib.
[23] 今年の一覧は *Annuario pont.*, pp. 396-411. で見い出されるであろう。

のように司式することができる。この場合、彼らは司教冠と胸十字架、指輪を身につける。読誦ミサで彼らはハンドキャンドルを使用しても良い。

　Ⅳ．"titulares" 教皇庁書記官 protonotarii apostolici titulares は教皇あるいは "Participantes" の団体によって指名される。すべての司教総代理あるいは教区管理者は、役職にある間は、この階級の教皇庁書記官である。ローマの外で彼らは、高位聖職者の服装を使用しても良いが、全て黒色である。すなわち、裾のある黒のカソック（裾は決して下げることはできない）及び黒の絹の帯とロチェット、黒の mantellettum、黒のビレッタである。彼らは他の聖職者や参事会の中にいない参事会会員に優先権を持つが、参事会の中にいる参事会会員、司教総代理、教区管理者、修道会の長、ローマ教皇庁の高位聖職者に優先権を持たない。司式する際の彼らの唯一の栄誉は、ハンドキャンドルの使用である。

　ローマ教皇庁の他の高位聖職者は、一般に "domestic" 高位聖職者 domestic prelates と呼ばれる "Antistites urbani" である。これらはロチェットと mantellettum とともに、紫（violet）の高位聖職者の服装を身につける。彼らは決して裾を下げることはできない。彼らのビレッタには紫（violet）の縁と房がある。儀式において、彼らの唯一の特権はハンドキャンドルの使用である。

　活動しているか "supranumerarii" である "Cubicularii intimi (camerieri segreti)" 及び "Cubicularii honoris"、さらに "Capellani secreti" 及び "Capellani secreti honoris" といった様々な階級の教皇庁の式部官 chamberlains（cubicularii）[24]がいる。これらの称号は多くの司祭に儀礼として与えられている。

　教皇庁の式部官は高位聖職者ではない[25]。彼らは紫（violet）のカソックを着るが、ロチェットも mantellettum も身につけない。彼らにはこの代わりに

---

[24] イタリア語で "camerieri"。また儀式の際に特別な権利を持たない "camerieri di spada e cappa" という平信徒もいる。

[25] 彼らは時々、"praelati honorarii" "inferiores" "prelati di mantellone" といった制限付きで、高位聖職者と呼ばれる。彼らは名誉上の高位聖職、彼らの役職に付随する名誉を持つが、この名誉は彼ら個人には影響を及ぼさない。このため彼らは実際には高位聖職者ではないが、"secundum quid"（個人的ではなく、彼らの役職における）高位聖職者と述べることができる。

mantellettum と同じ種類の、しかし足に届く、長い紫（purple）のマントがある。脇に腕を通すためのスリットがあり、また背部に垂れ下がる偽の袖がある[26]。彼らには典礼上の特権はない。彼らは平服として（habitus pianus）、紫（purple）の帯と襟飾りのある黒のカソックを着る。

　これらの人々は、高位聖職者も参事会会員も教皇庁の式部官も、司教が祝福を与える時でさえも、司教に対して片膝をつかず、ただお辞儀をする。司教総代理はそれ自体典礼上の特権を持たない。しかし、ピオ 10 世の法令に従って全ての司教総代理は今や教皇庁書記官である（76 ページ）。司教総代理は司教区内の全ての聖職者に優先権を持っている（Cod., c. 370）。聖歌隊席では、普通は福音書側が高位の側であり最初に献香と平和の接吻を受けるが、高位聖職者あるいは参事会会員が列席している場合、その席の側が高位となる[27]。ローマ司教典礼書及び司教儀式書が「君主（princes）」に対して一定の特権を認めているのを除き、市民としての栄誉は教会での儀式に影響を及ぼさない[28]。この例はイングランドではほとんど起きない。

---

[26] イタリア語で"mantellone"と呼ばれる。バチカンでの勤務中、彼らは肩マントのある大きな赤い布の外套を着る。

[27] 高位聖職者の権利については、Le Vavasseur, *Fonct. Pont.*, ii, pp. 327-334.を参照。

[28] "maximus princeps" は内陣で場所を持つことができる。彼は福音書の後でキスをするための福音書の本が与えられる（使用される本ではない）。彼は司教の後に献香を受ける（ローマ王及び神聖ローマ皇帝は司教の前に）。彼は平和の接吻を受ける。"Magistrates, barons, and nobles" は全ての聖職者の後にこれを受ける。"mulier insignis" は献香を受ける（*Caer. Ep.*, Lib. I, cap. iv, § 6; cap. xxiii, § § 30-31; cap. xxiv, § § 5, 6）。

儀式に関する一般原則

第２部　　聖なる犠牲

第6章　司祭による読誦ミサ

§1　準備

　歴史的には荘厳ミサが原型の典礼であり、実際、読誦ミサはこれを短縮した形式に過ぎないのであるが、それでも実際には司祭が習わなければならない最初の事は読誦ミサの唱え方である[1]。司祭は絶えず、一般的には毎朝読誦ミサを唱える。正規の読誦ミサの形式の儀式は、いわば他の全ての聖餐典礼の背景的知識となる。もし司祭が読誦ミサの典礼に通じているならば、これらの他の典礼をより手短に記述することが可能である。その時には、他の場面での違いのみに言及する必要がある。

　ここでは祈祷文に関する限り、典礼については何も述べない。これは別の事柄であり、非常に複雑である。ここでは儀式についてのみ述べる。

　ミサ前には以下の準備をしなければならない。祭壇では白の亜麻布製の3枚の祭壇布を残し、塵よけの布（いわゆる晩課布、39ページ参照）を取り去らなければならない。祭壇には十字架と3本の、最低でも2本の、ろうそくがあり、ろうそくの2本は点火していなければならない。点火した2本のろうそくは両端に置かれる。ルブリカで聖変化のために指示されている3本目のろうそくは[2]、祭壇の書簡側の端で他のろうそくの外側に置くか、あるいは祭壇近くで腕木に固定しても良い。frontal と聖櫃ベールは（聖体を納めた聖櫃がある場合）、上

---

[1] 読誦ミサの儀式のための第一の規範はもちろんミサ典書のルブリカである（*Rubricae generales* と *Ritus servandus*）。これらのルブリカについての標準的な注釈書は Bartholomew Gavanti の *Thesaurus sacrorum rituum* と Cajetan Merati の追加の注釈（Venice edition, 1762）の特に第2部（vol, i, pp. 89-192）である。以下も参照。Pius Martinucci, *Manuale Sacrarum Caerimoniarum*, 3rd edition, John Baptist Menghini による改訂第3版（Regensburg and Rome, Pustet、1911-1916）, vol. i, part i, pp. 343-383; Le Vavasseur, *Manuel de Liturgie*, 10th edition, Haegy による改訂（Paris, Lecoffre、1910）, vol. i, pp.272-362; J. B. de Herdt, *Sacrae Liturgiae praxis*, 9th edition（Louvain, 1894）, vol. i, pp. 261-397; J. F. Van der Stappen, *Sacra Liturgia*, 2nd edition（Mechlin, H. Dessain, 1904-1911）, vol. iii, pp. 294-394; I. Wapelhorst, *Compendium sacrae Liturgiae,* 9th edition（New York, Benziger, 1915）, pp. 78-107; Felix Zualdi, *The sacred Ceremonies of Low Mass*, O'Callaghan による翻訳, 9th edition（Dublin, Browne and Nolan, 1911）。　ミサのための *Codex* の規則は c. 801-844 に含まれている。
[2] 38 及び 128 ページを参照。

で述べた例外を除き（37 ページ）、祭服の色でなければならない。ミサ典書の書見台あるいはクッションは祭壇の書簡側に、正面の線が祭壇の正面と平行になるようにまっすぐに置かなければならない。侍者が香部屋からミサ典書を運ぶ場合を除き、ミサ典書は書見台の上に置いて、ミサ典書の端を十字架に向ける。いずれの場合でも、ミサが始まる前に必要な箇所を探して印をしておくべきである。

祭壇カードは 56 ページで述べられているように、祭壇上のそれぞれの場所に置かれる。ミサ後にとなえられる祈祷文のカードが使用される場合には、書簡側の最下段にあるであろう。

祭器卓の上に、ワインと水で充たされた瓶を皿と手拭いとともに置く（51 ページ）。鈴は祭器卓の上か、（イングランドではより一般的だが）書簡側の侍者が跪く場所の近くに置く。

香部屋では着衣机の上に祭服が、司祭が着る順に、最初に着るものが上になるように広げて置かれる。最初にカズラが、司祭がすぐに持つことができるよう都合よく置かれる。前の部分が下になるように机の上に置かれ、後ろの下の部分は頭を通しやすいように折り畳まれる。カズラの上にはストラが置かれ、次にマニプルとチングルム、アルバ、肩衣がこの順に置かれる。

各司祭は自身の肩衣とプリフィカトリウムを使用する。そのため、これらは各司祭のために別に保管される。他の祭服はどの司祭に対しても同じである。

祭服の近くにカリスがプリフィカトリウムと祭壇用ホスティアをのせたパテナ、パラ、カリスベール、コルポラーレが入ったブルサとともに 50 ページで述べられているように準備される。

ミサ典書は既に祭壇にあるのでなければ祭服の近くに置かれ、司祭は最初にミサ典書中で場所を探して印をつけることができるであろう。これら全ての準備は聖具保管係によってなされるか、あるいは教会の慣習に従って一部は侍者によってなされる。いずれの場合でも、侍者はミサが始まる前に全てが正しく準備されていることを確認しなければならない。

ミサの時間は、夜明けの 1 時間前よりも早くなく、また、午後 1 時よりも遅

くない[3]。

　司式しようとしている司祭は恩寵のある状態で、真夜中から断食をしていなければならない。ルブリカに従って司祭は朝課と賛課を唱えているべきである[4]。とはいえ、これは実際の義務とはみなされない。

　他の典礼のルブリカはローマ典礼のものにも極めて良く当てはまる。「聖なる神秘を司式しようとする司祭は、罪を告解し、全ての人と和解し、誰にも反対することがあってはならない。悪い考えから心を離しておき、純粋であり、生贄の時まで断食をしなければならない[5]。」

　ミサ前に司祭は準備の祈祷文を唱えるのにしばらく時間をかけ、生贄を捧げることになっているものに意向を傾けるであろう。この目的のためにミサ典書に準備されている祈祷文を使用する義務はない[6]。しかし、これらは確かに最良の準備となる[7]。

　その後、準備ができた時、司祭はミサが始まる定刻の約5分前に香部屋あるいは着衣机に向かう。司祭は既にカソックを着ていると想定される[8]。司祭は習慣的にカソックを着ない場合には、準備の祈祷文を唱える前にカソックを着る[9]。ルブリカでは、最初にミサ典書中で場所を見つけるよう指示されている[10]。その後、指定された祈祷文を唱えながら、その目的のために準備された場所で両手を洗う。カリスが適切に準備されていることを確認する。その後、祭服を着る。最初に肩衣を、一旦頭の上に置いてから肩の上に滑らせ、肩衣を適切に保つ紐を体の周りに通して結んで、肩衣を首の周り、襟の中に差し込む。アルバを着て、床を引きずらないことを確認する。アルバをチングルムで体の周りにしっかり結びつけ、チングルムの2つの端を正面で垂らしておく。ストラを持

3　*Cod.,* c. 821.
4　*Rit. cel.,* i, 1.
5　ビザンチン典礼の "Order of the holy Liturgy" の前の *Euchologion* のルブリカ。
6　ミサ典書の冒頭の "Praeparatio ad missam pro opportunitate sacerdotis facienda"
7　一般的にこの準備を教会内あるいは香部屋で行う。
8　ミサを唱えている間、聖座の明白な許可がなければ、誰もズケットをかぶってはならない（ミサ典書の冒頭にあるウルバノ8世の法令）。普通は、枢機卿と司教のみがこの権利を有する。もし他の誰かが特権を持つ場合、これらの規則に従わなければならない（60ページ）。
9　*Cod.,* c. 811.
10　*Rit. cel.,* i, 1.

ち、中央の十字にキスをして、肩の上に掛け、前で交差させ、両側の端をチングルムの端で固定する。マニプルを持ち、中央の十字にキスし、左腕につけて、ピンあるいは帯でそこに留める。頭を開口部に通しながら、カズラを着て、付いている紐を体の周りに通して結んでカズラを固定する。

　司祭は各祭服を着る際、ミサ典書の中でその目的のために指定された祈祷文を唱える[11]。各祭服を司式者に手渡し、アルバを整える手助けをする等々で侍者が司祭の着衣を手伝うのが普通である。その後、司式者はビレッタをかぶる。

　ミサに指定された時間よりも1分か2分前に準備ができていることが適切である。その後、着衣机のところで立って時間が来るまで祈祷文を唱えるであろう。

　ミサ前の祈祷文を始めた時から、厳密な必要性がある場合を除き、司祭は誰にも話かけるべきではない。

　ミサを始める時間に、司祭は覆われたカリスを左手で持ち、右手をブルサの上に置く。カリスベールでカリスの正面を覆い、カリスが見えないようにするべきである。カリスベールの片側に十字あるいは飾りがある場合、これが正面になるようにカリスを保持するべきである。カリスをそのように保持し、かぶり物をしたままで[12]、香部屋で十字架に向かって軽くお辞儀をし、次いで侍者に続いて教会に入っていく。香部屋のドアの所で、司祭が聖水を取り聖水で十字の印をするのが普通であるが、これは規定されていない。また、多くの教会では香部屋のドアを後にする際に、会衆にミサが始まろうとしていることを知らせるために、侍者がそこで鈴を鳴らすのが普通である。

　ミサを唱える祭壇に向かう途中に聖体の前を通り過ぎる場合、司祭は侍者とともに聖体に向かって片膝をつく。主祭壇に聖体が納められていなければ、主祭壇を通り過ぎる場合に司祭は主祭壇に向かってお辞儀をする。いずれの場合でもビレッタは脱がない[13]。司祭は聖体が顕示されている前を通り過ぎる場合

---

[11] 冒頭部分、"Praeparatio" の後ろ。

[12] 読誦ミサでは、司式者は既にカリスを持っているため、香部屋で頭を覆ったままで十字架にお辞儀をする。荘厳ミサでは、司式者と助祭・副助祭は覆われていない頭でお辞儀をする。Gavanti-Merati, Pars, II, tit. i, §2 (tom. i, p.101) と Martinucci, I, i, p.345, §14; p.271, §63. を参照。

[13] Martinucci, I, i, p. 345; Van der Stappen, iii, p. 311; Le Vavasseur, i, 283.

には、ビレッタを脱いで平伏を行う。これはミサが唱えられている祭壇を、聖変化と聖体拝領の間に通り過ぎる場合には適用されない[14]。しかし奉挙の時に通る場合には、奉挙が終わるまで跪いている。

　祭壇へ向かう途中では、祭服を着た司教あるいは他の司祭が祭壇から来る場合を除いて、司祭は誰にも挨拶をしない。祭服を着た司教あるいは他の司祭が祭壇から来る場合、司祭はお辞儀をする。ミサを唱える祭壇に到着したら、最下段の前で止まり、最初にビレッタを侍者に手渡す。ここで聖体が納められている場合には、段ではなく床で片膝をつく。聖体が顕示されている場合には平伏を行う。そうでなければ十字架に向かって低いお辞儀をする[15]。

　その後、司祭は祭壇に上り、覆われたカリスを福音書側に置き、ブルサを持って開けて、折り畳まれたコルポラーレを取り出して祭壇の上に置く。ブルサを祭壇の壇あるいは燭台に立てかけながら福音書側に置く。その後コルポラーレを祭壇の中央で広げて、カリス全体を覆っているカリスベールとともに、カリスをコルポラーレの上に置く。これを行う時には、カリスの前方に祭壇にキスをするための余地を残しておくよう注意を払わなければならない。その後、手を合わせて書簡側のミサ典書のところに行き、ミサの入祭文の箇所を開く[16]。中央に戻り十字架に向かって軽くお辞儀をして[17]、書簡側から回り[18]、中央の段の前の床に下りてくる。ここで再び低いお辞儀をするか、聖体が顕示されている場合には、この時は祭壇の最下段で片膝をつく。

§2　　福音書まで

　読誦ミサでは３つの声の調子が用いられる。荘厳ミサで司式者によって歌われる全ての箇所は、読誦ミサでは補佐をしている全員が明瞭に聞き取れるよう

---

[14] S.R.C., 20 maii 1904, no. 2; Martinucci, I, i, p. 335, n. 2.

[15] このような敬意は全て祭壇に向けられる。司祭は祭壇に向かって頭を下げる。しかし、実際には常に祭壇の中央に置かれた十字架に向かって行われる。

[16] 司祭による読誦ミサでは、常に司祭自身が本を開いて箇所を探さなければならない。S.R.C., 7 September 1816, no. 2572, ad V.

[17] Martinucci, I, i, p.347.

[18] 言及された場合を除き、ミサの司式者が祭壇から回るのと祭壇へ回って戻るのは常に書簡側、すなわち、祭壇から回る時は右手側、祭壇へ回って戻る時は左手側である。荘厳ミサでは助祭が書簡側に立っており、そのため、司祭は助祭に背中を向けない。

にはっきりと唱えられる[19]。準備の祈祷文は同様のはっきりとした声で唱えられる。荘厳ミサで密やかに唱えられる全ての箇所は、読誦ミサでは静かに、すなわち、近くの人には聞こえないが司祭自身には聞こえるようにささやくように発音して唱えられる[20]。3つ目の中間の声、すなわち聞き取れるが荘厳ミサで歌う箇所で使用される声よりも低い声がある。これは荘厳ミサではっきりと唱えられるが歌われない祈祷文に使用される。それは4回のみ起きる。*Orate fratres* の言葉の箇所及び *Sanctus* と *Benedictus* 全体の間、*Nobis quoque peccatoribus* の言葉の箇所、三度唱えられる *Domine non sum dignus* の言葉の箇所である。

　司式者は祭壇の最下段の前に立ち、同時に *In nomine Patris* 等を唱えながら、十字の印をする。その後、侍者が交互の節を答える中、司祭は交唱 *Introibo ad altare Dei* と詩篇 *Iudica me* を唱える。司祭は *Gloria Patri* の節でお辞儀をし、*Adiutorium nostrum* の箇所で再び十字の印をする。司祭は *Confiteor* を唱える間、深くお辞儀をする。*mea culpa, mea culpa, mea maxima culpa* の言葉の箇所で司祭は胸を3回叩く。司祭は *vobis fratres* と *vos fratres* の言葉の箇所で侍者の方を向かない。侍者が *Misereatur* の祈祷文を唱える間、深くお辞儀をしたままでいる。その後まっすぐ立つ。*Indulgentiam ...* を唱える時、再び十字の印をする。司祭は *Deus tu conversus* の節の間から *Aufer a nobis* の祈祷文まで、軽くお辞儀をする。

　この全ての時間の間、十字の印をする時を除き、司祭は胸の前で両手を合わせている。

　Aufer a nobis の祈祷文の前に *Oremus* を唱える時に、司祭は両手を離して再び合わせるが、両手を上げない。*Oremus* を唱えたら、まっすぐ立って静かに *Aufer a nobis* を唱えながら祭壇に上がる。祭壇の中央に到着したら、両中指の先端を祭壇の上に置くように、合わせた両手を祭壇の上にしながら、司祭は軽くお辞儀をする。そうして *Oramus te Domine* の祈祷文を唱える。*quorum reliquiae hic sunt* の言葉の箇所で上半身をかがめ、両手を離して、掌を下にし

---

[19] しかし、他の司式者の妨げとならない程度の声で（*Rubr. gen.*, xvi, 2）。
[20] 同

てコルポラーレの外[21]の両側で祭壇に両手を置きながら、祭壇の中央にキスを
する。両手のこの位置は司祭が祭壇にキスをする時には毎回見られる。これを
都合よく行うためには、祭壇から少し離れて立ち、頭をかがめる時に閉じた唇
が祭壇の端から1インチ位の場所でちょうど触れることができるようにするべ
きである。

　その後、十字架にそれ以上の表敬を行わずに、両手を合わせて書簡側のミサ
典書の所に行く。行く時に *Oramus te Domine* の祈祷文を続ける。

　ここで司祭はミサの入祭文をはっきりした声で読む。始める時に、いつもの
通り左手を胸に置いて、十字の印をする[22]。再び両手を合わせて入祭文を続け
る。*Gloria Patri* の節の箇所で司祭は祭壇十字架の方を向いてお辞儀をする。
入祭文の交唱を繰り返す際には、再度十字の印はしない。入祭文が終わった時、
司祭は中央に来て、十字架に何の表敬も行わず[23]、ここで *Kyrie eleison* を侍者
と交互に唱える。*Gloria in excelsis* を唱えることになっている場合、祭壇の中
央に立ちながら、*Kyrie* が終わったらこれをすぐに始める。最初の言葉を唱え
る際に両手を離し、伸ばし、肩の高さ位に上げ、*Deo* の言葉で両手を合わせて
お辞儀をする。両手を合わせて、（必要ならば）中央の祭壇カードから読みなが
ら、*Gloria in excelsis* を続ける。*Adoramus te, Gratias agimus tibi, Iesu
Christe, Suscipe deprecationem nostram* の言葉の箇所で司祭はお辞儀をする。
最後の *Cum sancto Spiritu* の言葉の箇所で司祭は十字の印をし、その後両手
を祭壇に置き、祭壇にキスをする。

---

[21] ミサの間、聖変化から聖体拝領までを除き、司祭が手を祭壇の上に置く場合にはいつ
でもコルポラーレの上ではなく、コルポラーレの両脇に置く。聖変化と聖体拝領の間、
人差し指と親指を常に合わせている時にはコルポラーレの上に両手を置く。
[22] 司祭が自身に十字架の印をする際にはいつでも、その間他方の手を胸に置いておくの
が規則である。左手は自身で行う十字の最下点より下に置かなければならない。
[23] これに関してはいくらか議論があった。過去の著者の多くは、他の表敬（祭壇にキス
をするなどの）を同時に行う場合を除き、司祭が祭壇の中央に来るあるいは祭壇の中央
から離れる際には毎回十字架に向かって頭を下げると言っている。Gavanti, *Thesaurus
sacr. rit.*, Pars II, tit. iv, §8 (ed. cit., p. 118) での Merati の注釈がそうである。現代の著
者は、祭壇のある部分から他の部分に移動する際にはそのような敬意を払うべきではな
いとして、これをほとんど全て否定している。Martinucci, I, i, 348; Van der Stappen, iii,
321（暗に）；Le Vavasseur, i, 288.。S.R.C., 12 November 1831, no. 2682, ad XXVII も
そうである。しかしながら、De Herdt（i, 170）はより古い見解をなお支持している。

　もし *Gloria in excelsis* を唱えない場合、司祭は *Kyrie eleison* が終わったらすぐに、同じように祭壇にキスをする。

　両手を合わせて、司祭は書簡側から回って会衆の方を向く。両手を広げて再び合わせるのと同時に、*Dominus vobiscum* を唱える。書簡側から回って戻り、ミサ典書の所に行く。祭壇の方を向いて *Oremus* を唱える。同時に、十字架に向かって軽くお辞儀をしながら、司祭は両手を広げて、再び合わせる。その後、広げた両手を肩の高さ位に上げ、両手の掌が向かい合うようにして、司祭は集祷文を読む。司祭は *Per Dominum nostrum* 等を唱える時、両手を合わせる。聖なる名、*Iesum Christum* の箇所で、司祭は再び十字架に向かってお辞儀をする。もし集祷文がいくつかある場合には、司祭は同様に続きの集祷文を唱える。

　最後の集祷文の後で書簡を読む間、司祭は掌を下に向けて、両手をミサ典書の左右のページの上にして、両手の指の先端をミサ典書の上に置くようにする。イングランドでは書簡が終わった時に、侍者が Deo Gratias と答えられるように合図をするのが普通である。これは少しの間、左手をわずかに上げることで最もうまく行われる。

　一定の日、特に四季の斎日には、福音書の前に、それぞれが集祷文の後に続く一連の朗読がある。この場合、*Dominus vobiscum* は最後の朗読に先行する集祷文の前でのみ唱えられる。*Kyrie eleison* の後すぐに、司式者は *Dominus vobiscum* を唱える代わりに直ちにミサ典書の所に向かう。各集祷文とそれに続く朗読をいつものように唱える。その後、ミサ典書中に示された箇所で、司式者は中央に来て、*Dominus vobiscum* を唱え、上記のように続ける。

　Flectamus genua を唱えることになっている場合には、司式者は *Oremus* を唱えたらすぐに祭壇に手を置いて *Flectamus genua* を唱える間片膝をつく。侍者は直ちに *Levate* と答える。司祭は立ち上がり集祷文を続ける。

　書簡の後、司祭はすぐに同じ声の調子で昇階唱あるいは詠唱、アレルヤ唱、続唱を、これらがミサ典書で出て来るまま読み続ける。その間、司祭はなお両手をミサ典書の上に保持している。

　集祷文及び書簡、昇階唱等で上で述べたような言葉（59 ページ）、すなわち聖なる名、その日の聖人や聖母の名が出てきた場合には、そこで記述されているように表敬を行う。書簡あるいは昇階唱で、ルブリカが指示している時には、司祭はいつものように両手を祭壇の上に置きながら片膝をつくであろう。

　次に、ミサ典書は書簡側で開いたままにして、両手を合わせて祭壇の中央に来る。中央で十字架を見上げて[24]、次いで低くお辞儀をして、両手を祭壇の上に置かずに *Munda cor meum* と *Iube Domine*[25] *benedicere. Dominus sit in corde meo* 等を唱える。何らかの理由で侍者がミサ典書を福音書側へ移動させない場合には、十字架を通り過ぎる時にお辞儀をしながら、司祭は最初にミサ典書を移動させる[26]。ミサ典書を福音書側の端で斜めに、所見台あるいはクッションの上に置き、福音書を読む時に司祭がいくらか会衆の方に向くようにする。その後、中央に戻り *Munda cor meum* を唱える。

§3　　福音書から序唱まで

　司式者は *Dominus sit in corde meo* の祈祷文を唱えたら、両手を合わせて福音書側のミサ典書の所に来る。ここで背中を会衆に向けずに、福音書側の隅を斜めに見渡すようにして、半ば会衆の方を向く。両手を離さずに *Dominus vobiscum* を唱える。その後、*Sequentia*（あるいは *Initium*）*sancti evangelii secundum N.* を福音史家の名前を対格で加えながら唱える。これらの言葉を唱える際、左手をミサ典書の上に置く。右手を伸ばし、指を合わせ、掌を下に向け、福音書の始まりの小さな十字が印刷されている箇所で、ミサ典書の上に親指で十字の印をする。その後、同じように右手を伸ばしたまま、左手は胸に

---

[24] 91 ページ、 n. 31 を参照

[25] 読誦ミサでは司式者は神に呼びかけて "Domine" と唱える。不思議な展開から、単に上位の人間に呼びかける時には、実は誤った発音に他ならない中世の形 "domnus" が今では正しい形だと見なされている。そのため、*Ordo Missae* のルブリカでは荘厳ミサで助祭が司式者に呼びかける時には "Iube domne benedicere" の形が載っている。しかし、読誦ミサで司式者が神に祈る場合には "Iube Domine benedicere" である。Ducange, *Glossarium med. et inf. Latinitatis*, s. v.の "Domnus" を参照。Martinucci-Menghini はミサ典書に反し、ここでは誤っている（I, i, p.350）。

[26] Martinucci, I, i, p. 350; Le Vavasseur, i, 292.

置いて[27]、親指で額と唇、胸の上に十字の印をする。話している時に唇に十字の印をしないよう注意をしなければならない。*Sequentia sancti evangelii* 等の言葉を唱えている場合、唇に十字の印をする間、休止しなければならない。おそらく、唇に十字の印をする時までに、この式文を終えているであろう。侍者が *Gloria tibi Domine* と答えた時、司祭は両手を合わせて福音書を読む。福音書中に聖なる名、あるいは他のお辞儀をする箇所の言葉が出てきた場合には、ミサ典書に向かってお辞儀をする。何らかの言葉の箇所で片膝をつかなければならない場合、聖体が顕示されているのでなければ、両手を祭壇の上に置きやはりミサ典書に向かって片膝をつく。聖体が顕示されている場合には、向きを変えて、聖体に向かって片膝をつく[28]。

福音書を読む間、ページをめくらなければならない場合には、その間左手は祭壇の上に置きながら、いつものように、右手で行う。

福音書が終わった時、司式者はミサ典書を両手で持ち上げ、頭と肩を下げてお辞儀をし、*Per evangelica dicta* 等[29]を唱えながら十字が記されている箇所にキスをする。司式者はまっすぐに立ち、ミサ典書を書見台に戻す。その後、書見台を両手で保持してミサ典書を祭壇の中央に持っていく。ここでミサ典書を中央に、しかしコルポラーレの福音書側の脇に置き、中央を向けて斜めにする。ミサ典書はコルポラーレの上におかれてはならないが、可能な限りコルポラーレの近くに置く。

クレドを唱えることになっている場合には、司式者はすぐに祭壇の中央で始める。*Credo in unum Deum* を唱える際、両手を広げて肩の高さまで上げ、*Deum* の言葉を唱える際に両手を合わせて頭を下げる。司式者は、必要ならば祭壇カードから文章を読みながら、両手を合わせてクレドを唱える。聖なる名の箇所でお辞儀をする。*Et incarnates est* 等の言葉を唱える際にコルポラーレの外で祭壇に両手を置き、片膝をつく。*Et homo factus est* を唱え終わるまで

---

[27] 十字の印をする場所より下で。

[28] 112 ページ参照。

[29] Merati（*op. cit.*, i, p. 131, §8）は司式者がこの節の前半（"Per evangelica dicta"）を唱え、次いでミサ典書にキスをして、次いで残りを唱えることを好んでいる。De Herdt, i, p. 296 も同様である。

片膝をついたまま立ち上がらない。片膝を床につけて静止するよりはむしろ、片膝をつく動作全体をゆっくり行う方が良い。これらの言葉では頭は下げない。*adoratur* の言葉（聖霊の）の箇所でお辞儀をする。最後の *et vitam venturi saeculi* の言葉を唱える際に、左手を胸において十字の印をする。

　クレドの後、両手を合わせず、すぐに両手を祭壇の上に置いて祭壇にキスをする。その後、書簡側から回り、いつものやり方で *Dominus vobiscum* を唱える（88 ページ参照）。

　ミサでクレドがない場合、福音書の後で中央に戻ったらすぐに祭壇にキスをして、*Dominus vobiscum* を唱えるために回る。

　再び祭壇に向かい、両手を伸ばして合わせ、お辞儀をして、*Oremus* を唱える。次いで、同じ声の調子で奉献文を読む。

　それから奉献の動作が続く。司式者は両手でカリスからカリスベールを取り、折り畳んでコルポラーレのすぐ外側で自分の右側の祭壇上に置く[30]。司式者は左手をコルポラーレの外で祭壇の上に置く。右手でカリスの脚のノブを握り、カリスをコルポラーレの外で自分の右側に置く。カリスからパラを取り、折り畳まれたカリスベールの上に置く。司式者は祭壇用ホスチアがのっているパテナを取り、両手でパテナをコルポラーレの中央の上で胸の高さ付近に保持する。司式者はパテナを、両手の親指と人差し指がパテナの端に触れ、他の指がパテナの下になるようにして保持する。このように保持しながら、司式者は上を見上げ[31]、その後下方でホスチアを見て、*Suscipe sancte pater* の祈祷文を静かに唱える。他の祭壇用ホスチアがミサで聖変化されることになっている場合、こ

---

30 昔の著者の何人かはカリスベールを侍者に手渡して折り畳んでもらうべきだと述べている。Merati（Pars II, tit. vi, §2; *ed. cit.*, vol. i, p.141）は「侍者がスルプリを着た聖職者である場合」そうであると言っている。Le Vavasseur（i, p.294）は「それが慣習である場合には、侍者が平信徒であっても」と同意している。Martinucci（I, i, p. 351）と De Herdt（i, p. 300）は司式者と侍者のどちらがカリスベールを折り畳むかについて明言していない。Van der Stappen（iii, p.336）は司式者自身が折り畳むと述べている。これはイングランドでは通常の慣習であるように思われる。ミサ典書のルブリカが述べている全ては、"discooperit calicem et ad cornu epistolae sistit"（*Rit. cel.*, vii, 2）である。
31 見上げる際には、祭壇十字架が司式者の目線よりも下方にある場合を除き、司式者は常に祭壇十字架を見る（S.R.C., no.2960, ad III）。これは動作が統一して行われるための儀式上の指示に過ぎない。新約聖書でしばしば出てくるように、原則的には司式者は天を見上げる（例えば、ヨハネ 11・41）。

の奉献の祈祷文が唱えられる前にコルポラーレの上に置かれていなければならない。もしホスチアがチボリウムの中にある場合、チボリウムをコルポラーレの上に置いて蓋を取り、司式者がパテナで十字の印をした後に再び蓋をする。司式者が他の聖変化させることになっているホスチアを忘れた場合には、司式者はその祈祷文を繰り返すか、心の中で奉献を行う。

　　Suscipe sancte Pater の祈祷文を終えた時、司式者はパテナを下げる。パテナをまだ前のように保持し、最初に自分に向かう線、次いで左から右の線を描きながら、パテナでコルポラーレの上に十字の印をする。祭壇用ホスチアを、触わらずに、コルポラーレの上で中央・前側に滑らせて置く。次に左手を、そのような場合にいつも行うように、コルポラーレの外で祭壇の上に置く。パテナを自分の右側で祭壇の上に置き、半分をコルポラーレの下に滑りこませる。

　　司式者は両手を合わせて書簡側の隅に来る。左手でノブを握りカリスを、右手でプリフィカトリウム（カリスの上にのっている）を持つ。プリフィカトリウムでカリスの内側を拭く。その後、左手でカリスのノブを保持したままで、プリフィカトリウムをカリスの外側で左手の親指の上に掛ける。司式者は侍者からワインの瓶を右手で受け取り、何も唱えずにカリスの中に必要な量を注ぐ[32]。侍者は水の瓶を持ち上げる。司祭は *Deus qui humanae substantiae* の祈祷文を唱え始める時に、水の瓶の上で十字の印をする。司祭はこの祈祷文を続ける。*da nobis per huius aquae et vini mysterium* の言葉を唱える際に、瓶を右手に持ち、カリスの中に1滴か2滴のみの少量の水を注ぐ。いくつかの教会では水を量るために小さいスプーンを使用する。この場合、司祭はスプーンを取って瓶の中に浸し、カリスの中にスプーン1杯分の水を入れる。その後、カリスの側面にあるかもしれない水滴をすべて拭き取る。祈祷文の最後で聖なる名を唱える際に、司祭は十字架に向かってお辞儀をする。カリスを左手でコルポラーレの近くに置く。プリフィカトリウムをパテナの上の決められた場所かそこの近くに置き、両手を合わせて中央に来る。あるいはプリフィカトリウム

---

[32] 瓶の中の半量より幾分少ない量（106ページ参照）。

をまだ保持したまま来ても良い[33]。中央でプリフィカトリウムを縦長に折り畳み、まだコルポラーレの下にないパテナの半分を覆うように配置する。その間、左手は祭壇の上に置く。右手でノブを握ってカリスを持ち、左手でカリスの脚を保持し、カリスを目の高さ付近まで持ち上げ、カリスをそのように保持しながら奉献の祈祷文 *Offerimus tibi Domine* を唱える。これを唱える時、前にパテナで行ったように、祭壇中央の上にカリスで十字の印をする。それを行うためにカリスを下げる。十字がホスチアの上を越えないように注意を払うべきである。次にカリスをホスチアの後方で、コルポラーレの中央に置く。左手をカリスの脚の上に置きながら、右手でパラを取りカリスを覆う。軽くお辞儀をして、合わせた両手を自分の前の祭壇の上に置き、*In spiritu humilitatis* の祈祷文を静かに唱える。まっすぐに立ち、両手を広げて上げ、少しの間見上げ、その後目を下げて、両手を胸の前で合わせる。そうする間、*Veni sanctificator* の祈祷文を唱える。*benedic* の言葉の箇所で左手を祭壇の上に置き、右手でホスチアとカリス両方の上に十字の印をする。

　この時、両手を合わせて、祭壇の書簡側の端に行く。そこで立っている侍者の方を向きながら、両手を皿の上に保持し、侍者が両手の親指と人差し指の上に水を注げるようにする。その後、タオルを取り両手を拭く。これを行う間、両手は祭壇の上ではなく、祭壇の外で、かつ前側に保持しなければならない。手を洗い始めるとすぐに静かに *Lavabo inter innocentes* の詩篇の節を唱え、両手を洗っている間続ける。これらの節を唱える間、祭壇の端の所で立っている。必要であれば、祭壇カードからこれらを読んでも良い。*Gloria Patri* の節を唱える際、十字架に向かってお辞儀をする。その後、*Sicut erat* 等を唱える間、両手を合わせて中央に来る。中央で見上げ、その後目を下げる。合わせた両手を自身の前の祭壇の上に置き、軽くお辞儀をして、*Suscipe sancta Trinitas* の祈祷文を静かに唱える。その後、掌を下に向け両手をコルポラーレの外の両

---

[33] Martinucci（I, i, pp. 352-353）はこの最後のやり方を指示している。Van der Stappen（iii, p. 338）と Le Vavasseur（i, p. 295, n.3）は最初にプリフィカトリウムを置いて、その後両手を合わせて中央に来ることを奨めている。Merati, Pars II, tit. vii, §12（*ed. cit.*, i, p.144）も同様である。

側に置き、祭壇にキスをする。両手を合わせて右側から会衆の方へ回る。会衆に向かいながら、*Dominus vobiscum* の箇所のように両手を伸ばして再び合わせる。その間、*Orate fratres* を聞こえる声で唱える[34]。低い声で *ut meum et vestrum sacrificium* 等を続ける間、右側から回って祭壇の方へ戻る（円を完成するように）。侍者は *Suscipiat Dominus* 等を答える。どんな理由であれ、侍者がこれを唱えない場合には、*tuis* の代わりに *de minibus meis* に形を変えて司式者自身が唱える。この答えの終わりに司式者は低い声で *Amen* を唱える。

　その後、集祷文の前のように両手を広げて再び合わせる。しかし *Oremus* は唱えない。そうして、ミサ典書から読みながら、密誦を唱える。両手を広げて、密誦を静かに唱える。最初と最後の密誦のみに *per Dominum nostrum* 等の結語がある。最後の（従って、密誦が1つのみの場合は最初の）密誦の終わりで結びの言葉が *in unitate Spiritus sancti Deus* の場合には、残りの全てと同様に静かに唱える。その後、休止して、右手を祭壇の上に置き、左手でミサ典書の序唱の場所を探す。それが見つかったら、左手もまた祭壇の上に置き、*Per omnia saecula saeculorum* を声に出して唱える。侍者は *Amen* を答え、続く応唱の各節に答える。司式者は両手を祭壇の上に保ったまま、*Dominus vobiscum* を唱える。その後、両手を肩か胸の高さに上げ、集祷文や密誦の間のように掌を向かい合わせて両手を保持する。そうして *Sursum corda* を唱える。*Gratias agamus* を唱える際に両手を合わせる。*Deo nostro* を唱える際に十字架を見上げ、次いでお辞儀をする。序唱を始める際に再び両手を両側に広げ、序唱が終わるまでその姿勢のままでいる。

　序唱の終わりで両手を合わせ、軽く祭壇にお辞儀をして、両手は祭壇の上に置かずに、*Sanctus* を声に出して、しかし序唱よりも少し声を落として唱える[35]。*Benedictus qui venit* を唱える際にまっすぐに立ち、十字の印をする。その後、右手を祭壇の上に置いて、左手でミサ典書のカノンの始めを探す。

---

[34] "Voce media"、86ページ参照。
[35] 86ページ参照。

§4　カノンから聖体拝領まで

司式者は十字架を見上げ[36]、両手を広げて上げ、次いで見おろし、両手を合わせ、低いお辞儀をし、合わせた両手を祭壇の上に置き、そうして *Te igitur* を始める。*supplices rogamus ac petimus* を唱えた時、両手を祭壇の上でコルポラーレの外の両側に置いて、祭壇にキスをして、その後、まっすぐに立ち、両手を合わせ、左手を祭壇の上に置き、*haec + dona, haec + munera, haec + sancta sacrificia illibata* を唱える際に、右手でカリスとホスチアの上に3回十字の印をする。3回目の十字の後で両手を合わせずに、両手を胸の前で広げて上げたままでいる。これがカノンの間中の両手の通常の姿勢である。

una cum famulo tuo Papa nostra N. の言葉の箇所で現教皇の名を奪格で加え[37]、ミサ典書に向かってお辞儀をする。その時に聖座が空位である場合、この節全体を省く。*et antistite nostro N.* の言葉の箇所でミサを唱えている場所の裁治権者の名を加える。これが空位である場合、この節を省く。

Memento Domine famulorum famularumque tuarum を唱える際、両手を合わせる。その後、ここで祈りたい人々を思い出す間、軽くお辞儀をしながら、少しの間この姿勢で立っている。*N. et N.* の言葉は実際には言い表さない。あるいはその代わりに、好きなだけ多くの人の名をあげる[38]。これは司式者自身の私的な祈祷文であるため、好きなようにどのような形にしても良いし、完全に心の中で唱えても良い。通常、ここで生贄を献げる特別な意向を新たにする。*Memento* の箇所で遅れすぎないようにするべきである[39]。

その後、両手を広げて再びまっすぐに立ち、*et omnium circumstantium* を続ける。*Communicantes* の祈祷文中、*Mariae* の名の箇所でミサ典書に向かっ

---

[36] 91 ページ、n. 31 参照。

[37] 教皇の数字はなしで。"Papa nostro Benedicto decimo quinto" ではなく "Papa nostro Benedicto"。

[38] これは教会の公の祈祷文ではないため、分離主義者や異端者、破門者、異教徒のためでさえも祈ることができる。Merati, Pars II, tit. viii, § 7 (vol. i, p. 160); De Herdt, i, p. 319.

[39] 生者の記念（及び後の死者の）も急ぎすぎないようにするべきである。Gavanti は "tu memento ne *Memento* in missa fiat in momento" と言っている（Pars II, tit. viii, n.3; *ed. cit.*, i, p.159）。

てお辞儀をする。*Iesu Christi* の言葉の箇所で十字架に向かって低いお辞儀をする。その日[40]に祝日が当たっている聖人の名がこのリストの中にある場合には、それを唱える際にミサ典書に向かって軽くお辞儀をする。*Per eundem* 等の言葉の箇所で両手を合わせる。次の祈祷文 *Hanc igitur oblationem* を始める際に、両手を離さずに両手を広げる。すなわち親指と人差し指を合わせて両手の下の部分を離し、右が左の上になるように親指を交差させ、両手が同じ水平面で広がるようにする。そうして生贄の上で両手を広げ、指先がパラの中央の上になるようにする。パラには触れない。祈祷文を唱える間この姿勢を保ち、結びの *Per Christum Dominum nostrum* の箇所で再び両手を合わせる。そうして次の祈祷文 *Quam oblationem* を続ける。*bene+dictam, ascri+ptam, ra+tam, rationabilem, acceptabilemque facere digneris* の言葉の箇所で、生贄の上に前のように3回十字の印をする。この最後の十字を少し延長して、これらの言葉を唱えるのと同じだけの時間がかかるようにすると都合が良いであろう。その後、*Cor+pus* を唱える際にホスチアのみの上で、*San+guis* を唱える際にカリスのみの上で、十字の印をする。*Iesu Christi* を唱える際に頭を下げてお辞儀をしながら、両手を合わせて続ける。聖体拝領で自分が拝領するホスチアに加えて、他のホスチアを聖変化させることになっている場合には、それを行う意向をここで新たにすることができる。コルポラーレの上にチボリウムがある場合、チボリウムの蓋をはずし、ホスチアの聖変化後に再び蓋をする。聖変化させることになっている全てのホスチアは、この時点でコルポラーレの上になければならない。

　必要であれば、両手の親指と人差し指をコルポラーレの前方の隅で拭く。どの場合でも両手の親指と人差し指を一緒に少しこすり、どんな細かいちりも払っておくようにする。

　Qui pridie quam pateretur を唱える際、両手の親指と人差し指の間でホスチアを取る。これをより容易に行うために、最初に左手の人差し指をホスチアの上の部分に置き、次に円の下端を右手の親指と人差し指で取り、次に同じように左手の親指と人差し指で取る。そうしてホスチアをコルポラーレから少し

---

[40] 聖人の記念の随意ミサの場合は除く。59 ページ、n.5 を参照。

持ち上げ、両手の他の指を合わせて伸ばしてホスチアの後方に置く。両手を祭壇の上に置く。まだまっすぐに立ったまま、*accepit panem* 等の言葉を続ける。*elevatis oculis in caelum* を唱える際、十字架を見上げ、すぐに見おろす。*gratias agens* を唱える際、お辞儀をする。*bene+dixit* の言葉の箇所で左手のみでホスチアを保持し、右手でホスチアの上に十字の印をする。これを行う時、親指と人差し指を合わせたままにせず、祝福の時のいつものやり方で手をまっすぐに保つ。その後、すぐに前のようにホスチアを両手で保持し、*fregit, deditque discipulis suis dicens: Accipite et manducate ex hoc omnes* を続ける。この時、前腕を祭壇にもたれかけながら、祭壇の上でお辞儀をする。ホスチアを自分の前に保持しながら、「ひそやかに、はっきりと、丁寧に[41]」聖変化の言葉 *HOC EST ENIM CORPVS MEVM* を唱える。

これらの言葉を低い、しかし司式者自身には聞こえるような声で唱える[42]。

司式者は聖変化させることになっている他のホスチアがあっても、それには触れない。

聖変化の言葉を唱える間、両手に保持したホスチアを見ているのが普通である。

この言葉が唱えられた時、速やかにまっすぐに立ち、次いで、前のように祭壇上の両手でホスチアをまだ保持しながら、片膝をつく。すぐに立ち、聖体を奉挙し、会衆から見えるようにする。聖体は後方から見えるように、司式者の前で、頭の上の高さまで、まっすぐ上に持ち上げる。常に聖体をコルポラーレの上に保持するように注意しながら、これをゆっくり行う。再び聖体を下げて、敬意を持ってコルポラーレの上で、前と同じ場所に置く。聖体をそこに残し、両手を祭壇の上に置き、再び片膝をつく[43]。

---

[41] ミサのルブリカ

[42] すなわちこの秘蹟の形は、見え、あるいは聞こえるしるしの一部である。

[43] 奉挙の儀式の間、司式者は典礼上の祈祷文を唱えない。従って、各奉挙の際に心の中で短い私的な祈祷文を唱えることができる。ソールズベリー典礼では適切な短い祈祷文がある（聖体拝領のすぐ前に唱えられる）。"Ave in aeternum sanctissima caro Christi [あるいはカリスの奉挙の際には 'caelestis potus']、mihi ante omnia et super omnia summa dulcedo." あるいは "Credo et confiteor usque ad ultimum spiritum hoc esse vivificum Corpus Emmanuelis Dei nostri, quod accepit a domina Dei genitrice sancta Maria pro nostra omniumque salute. Credo hoc in rei veritate ita esse. Amen."

　この時から終わりのすすぎまで、司式者は聖変化されたホスチアに触れる時を除き、どちらの手も親指と人差し指を合わせたままでいる。ページをめくる時やカリスを持つ時、他のそのような動作をする時には、親指と人差し指を離さないようなやり方で、他の指を使用するように注意しなければならない。

　この時から聖体拝領まで、両手を祭壇の上に置く時にはいつもコルポラーレの上に置く。

　2回目に片膝をついて立ったらカリスからパラを取り、書簡側に置く。その間、左手でカリスの脚に触れる[44]。その後、両手の親指と人差し指をカリスの上でこすり、そこのかけらがカリスの中に落ちるようする。司式者は聖体に触れた後には毎回これを行う。まっすぐに立ち、*Simili modo postquam coenatum est* を唱える。その後、ノブと幹部寄りの杯の間で保持して、両手でカリスを持つ。カリスを祭壇の上に少し持ち上げ、すぐに再び下に置く。まだ両手でカリスを保持しながら、言葉を続ける。*gratias agens* を唱える際、お辞儀をする。*bene+dixit* を唱える際に、右手でカリスの上に十字の印をし（親指と人差し指は常に合わせて保ちながら）、まだ同じやり方で、左手でカリスを保持する。その後、*deditque discipulis suis dicens: Accipite et bibite ex eo omnes* を唱える際、右手でノブを、左手で脚を保持する。司式者は前腕を祭壇の上にもたれかけさせて祭壇の上に身をかがめる。左手の中指・薬指・小指を合わせて脚の下に置き、左手の親指と人差し指を脚の上に置いて、カリスを祭壇から少し持ち上げる。司式者はカリスを自分に向けて斜めにすることなく、完全にまっすぐに保持する。そうして前と同じような低い、しかし聞こえる声で、カリスを少し持ち上げて保持しながら、「丁寧に、連続的に、密やかに」、カリスの上で聖変化の言葉を唱える。*HIC EST ENIM CALIX SANGVINIS MEI NOVI ET AETERNI TESTAMENTI MYSTERIVM FIDEI QVI PRO VOBIS ET PRO MVLTIS EFFVNDETVR IN*

" Credo et confiteor usque ad ultimum spiritum hunc esse pretiosum sanguinem Emmanuelis Dei nostri, quem effudit pro nobis omnibus in cruce. Credo hoc in rei veritate ita esse. Amen." （聖 Basil のアレクサンドリア典礼から。Renaudot, *Liturgiarum orientaliuMCollectio*, 2nd edition, Frankfurt, 1847, Tom. I, pp. 23, 79-80）
[44] これはカリスを覆ったり、覆いを取る時の毎回の規則である。すなわち、脚に他方の手を置くことによりカリスを安定させる。

REMISSIONEM PECCATORVM. カリスを祭壇の上に置き、まっすぐに立ち、唱える。*HAEC QVOTIESCVMQVE FECERITIS IN MEI MEMORIAM FACIETIS.*

　カリスから両手を離し、両手を祭壇の上の両側（コルポラーレの上）に置き、片膝をつく。立ち、前のように右手でノブを、左手で脚と部分的にその下を保持して両手でカリスを持つ。そうしてカリスを、ゆっくりとまっすぐ上に、常にコルポラーレの上にあるようにして、司式者の頭の上で会衆から見える高さに奉挙する。カリスをコルポラーレの上に置き、左手で脚を保持しながら、右手でカリスの上にパラをのせる。その後、前のように片膝をつく。

　まっすぐに立ち、両手を両側に広げ、しかしこの時は常に親指と人差し指を合わせたままに保ち、*Vnde et memores* の言葉の箇所でカノンを唱え続ける。*de tuis donis ac datis* を唱える際、胸の前で両手を合わせる。その後、*hostiam + puram, hostiam + sanctam, hostiam + immaculatam* を唱える際、左手をコルポラーレの上に置き、聖体とカリス両方の上に右手で3回十字の印をする。その後、*Panem + sanctum* を唱える際、聖体のみの上で十字の印をする。*calicem + salutis* の箇所でカリスのみの上で十字の印をする。

　前のように両手を広げ、*Supra quae* の祈祷文を唱える。

　深くお辞儀をして、合わせた両手を自分の前の祭壇の上に置き、そうして *Supplices te rogamus* を *quotquot* の言葉まで唱える。ここで両手をコルポラーレの上で両側に置き、中央で一度祭壇にキスをする。まっすぐに立ち、両手を合わせて *ex hac altaris participatione* 等を続ける。*Cor+pus* の言葉の箇所で聖体の上に十字の印をする。*San+guinem* の言葉の箇所で前のように、カリスの上に十字の印をする。*omni benedictione caelesti* を唱える際、左手を胸のところに保持し、しかし親指と人差し指がカズラに触れないようにしながら、自分自身に十字の印をする。その後、両手を合わせる。*Memento etiam Domine* を唱える際、再び両手を広げる。*N. et N.* の言葉は省かれる。*in somno pacis* を唱える際、両手を合わせ、軽くお辞儀をし、目の前の聖体を見て、記念したいと思う亡くなった信徒のために静かに祈る。その後、両手を広げて再びまっすぐに立ち、*Ipsis, Domine, et omnibus in Christo quiescentibus* の言葉の箇

所で祈祷文を続ける。*Per Christum Dominum nostrum* の結語の箇所で、両手を合わせてお辞儀をする。

Nobis quoque peccatoribus を唱える際、近くの誰にでも聞こえるように声をあげる[45]。同時に、左手をコルポラーレの上に置き、右手で胸を一度叩く。親指と人差し指でカズラに触れないように、伸ばした中指と薬指、小指でこれを行う。まっすぐに立ち、両手を広げて、*famulis tuis* 等を続ける。祝日や8日間が祝われている聖人の名がこの祈祷文に含まれている場合、その名を発音する際にミサ典書に向かって軽くお辞儀をする。*Per Christum Dominum nostrum* の結語で両手を合わせる。

ここで *Amen* は唱えない。両手を合わせて *Per quem haec omnia* を唱える。その後、*sancti+ficas, vivi+ficas, bene+dicis* の言葉の箇所で、左手をコルポラーレの上に置き、右手で聖体とカリス両方の上に十字の印をする。右手でパラをカリスから取り、右側に置く。両手をコルポラーレの上で両側に置き、片膝をつき、すぐに立ち上がる。右手の親指と人差し指の間で聖体を取る。左手でカリスをノブの所で保持する。*Per ip+sum, et cum ip+so, et in ip+so* を唱える際、カリスの上に聖体で3回十字の印をするが、十字がカリスの杯を越えないようにする。*est tibi Deo Patri + omnipotenti, in unitate Spiritus + sancti* を唱える際、まだ左手で同じようにカリスを保持し、コルポラーレの上で、自分自身とカリスの間に2回十字の印をする。その後、まだ右手の親指と人差し指の間で聖体の下縁を保持したまま、カリスの上で聖体を垂直に保持する。カリスの縁に右手の下の部分を置いても良い。左手でカリスをノブで保持し続ける。そうして、*omnis honor et gloria* を唱える際、両手で聖体とカリスを一緒に祭壇の上で少し持ち上げる。その後、カリスを祭壇の上に戻し、まだカリスを左手で保持したままで、聖体を前に置かれていた場所、カリスの前に置く。カリスの上で両手の指をこすり、右手でパラをカリスにのせる間、左手をカリスの脚の上に置く。その後、両手をいつものようにコルポラーレの上に置きながら片膝をつく。

---

[45] 86ページ参照。

　まっすぐに立ち、両手はまだコルポラーレの上に置いたまま、*per omnia saecula saeculorum* を声を出して唱える。侍者が *Amen* と答えた時、胸の前で両手を合わせ、聖体に向かってお辞儀をし、*Oremus* と唱える。まっすぐに立ち、両手を合わせて *Praeceptis salutaribus moniti* 等の主祷文への前置きを唱える。*Pater noster* を始める際に両手を広げ、聖体を見る。この姿勢で祈祷文を唱える。侍者が *Sed libera nos a malo* を答えた時、司式者は静かに *Amen* と答える。左手はコルポラーレの上に置き、右手でコルポラーレとプリフィカトリウムの下からパテナを取る。パテナをプリフィカトリウムで拭い、次いでプリフィカトリウムをコルポラーレの近くの書簡側に戻して置く。右手の一緒に合わせてある親指・人差し指と中指の間でパテナを保持する。パテナをコルポラーレの外の右側で垂直に保持し、内側の面が中央を向くようにする。そうして *Libera nos Domine* の embolism を静かに唱える。*et omnibus sanctis* を唱える際、左手を胸の上に置く。*da propitius pacem in diebus nostris* を唱える際、パテナで自分自身に十字の印をする。この十字の印をしたらすぐにパテナの中央ではなく上端にキスをする。その後、祈祷文を続ける間、左手の人差し指をその間聖体の遠い側の端に置きながら、パテナを聖体の下に滑らせる。

　いつものやり方でカリスからパラをはずし、両手をコルポラーレの上に置いて片膝をつく。立ち上がりながら、必要であれば左手で補助して、右手の親指と人差し指の間で下端を保持して聖体を取る。カリスの上に聖体を保持する。その後、両手で中央を下るまっすぐの線に沿い[46]、敬意を払いながら聖体を裂き、これを行うために両手を使い、両手の親指と人差し指の間にそれぞれの半分を保持するようにする。その間、*Per eundem Dominum nostrum* 等を続ける。まだカリスの上で左手に1つの断片を保持しながら、右手でもう一方の断片をパテナの上に置く。カリスの上で左手に保持している半分の聖体から、この時、右手で小さい部分を裂く。このかけらをカリスの上で右手に保持し、左手で残りの断片をパテナの上で既にそこにある半分の脇に置く。左手でカリスのノブを握る。カリスの上でかけらを右手に保持しながら、右手をカリスの縁

---

[46] 祭壇用ホスチアは一般的に、後面に、正中に下る線と、カリスの中に入れる断片の境界を示すもう一つの線があるようにつくられる。裂く際にはこれらの線に従うべきである。

101

に置く。そうして、*Per omnia saecula saeculorum* を声を出して唱える。*Pax + Domini sit + semper vobis+cum* を唱える際、右手に持つかけらで、杯の縁から縁まで杯を越えないように、カリスの上に3回十字の印をする。侍者が *Et cum spiritu tuo* を答えた時、司式者は *Haec commixtio* 等を静かに唱え、かけらをカリスの中に落とす。カリスの上で指をこすり、次いですぐに両手の親指と人差し指を合わせる。カリスをパラで覆い、片膝をつく。

　立ち上がり、聖体に向かって軽くお辞儀をしながら、両手を祭壇の上に置かずに胸の前で合わせて、*Agnus Dei* 等を唱える。左手をコルポラーレの上に置き、*miserere nobis* を唱える際、右手の中指・薬指・小指で胸を叩く。この後、両手は合わせず、*miserere nobis* を2回目に唱えるまで、左手はコルポラーレの上に右手は胸に置いた同じ姿勢を保つ。その後、再び胸を叩く。そうして *dona nobis pacem* を唱えるまでとその間、同じように行う。

　その後、両手を合わせて、両手をコルポラーレの上ではない祭壇の端に置く。お辞儀をしながら、聖体拝領前の3つの祈祷文 *Domine Iesu Christe qui dixisti* と *Domine Iesu Christe Fili Dei vivi* と *Perceptio Corporis tui* を唱える。その後、まっすぐに立ち、片膝をつき、*Panem caelestem accipiam* 等を唱える。

　今度は聖体を左手で取る。これを最も都合良く、かつ、敬意を払って行う方法は以下である。

　聖体はパテナの上で半分が2つ、並べて置かれており、司式者の左側の半分はカリスの中に入れた小さな断片の分が欠けている。左手の親指と人差し指をそれぞれの断片の上に置く。そうして、聖体の上端がパテナの上部から少し出るまでやさしく押し進める。ここで、右手の親指と人差し指の間で、2つの断片を上端のところで持つ。断片は並んでおり、聖体が正中で裂かれていないかのように円になっている。そうして、右手の親指と人差し指の間で、ちょうど裂かれた場所で一緒に、聖体を保持することができる。こうして右手に2つの断片を持ちながら、左手に置く。ちょうど裂かれた線の所を親指と人差し指の間で保持しながら、同じやり方で下縁のところを左手で受け取る。その後、右手でパテナの上部を持ち（親指と人差し指を離さずに）、左手の人差し指の下で、

人差し指と中指の間に置く。この時、聖体は左手の親指と人差し指の間で、パテナはその下で人差し指と中指の間で保持している。そうして、前腕を祭壇の上に置かずに、これらを自分の前で保持する。お辞儀をして、軽くお辞儀をしながら、*Domine non sum dignus* を唱える際、右手の中指・薬指・小指で胸を叩く。これらの言葉を唱える際、声を上げる[47]。その後、静かに *ut inters sub tectum meum* 等を続ける。同じやり方でこれを3回行う。

司式者はまっすぐに立つ。右手で右側の聖体の断片の上端を持ち、もう一方の上にちょうど重なるように置く。その後、1つがもう一方の上に置かれた2つの断片の下端を右手で持つ。左手はまだ前のようにパテナを保持している。この時、親指と人差し指はパテナの上で合わせる。*Corpus Domini nostri* 等を静かに唱える際、自身の正面のパテナの上で、パテナの縁を越えないように、聖体で十字の印をする。聖なる名の箇所でお辞儀をする。祭壇にもたれかかり、前腕を祭壇の上に置き、司式者の聖体拝領を行う。そうする時、舌を伸ばさない。聖体を口の上面でくだくのが都合が良い。しかし、歯で聖体に触れるべきではない。その後、パテナをコルポラーレの上に置き、パテナの上で指を軽くこすり、まっすぐに立ち、両手を体の前で合わせて「最も神聖な秘跡を黙想しながら少し静止する[48]」。ここで目を閉じるのが普通である。この休止の目的は聖体を飲み込む時間を取るためである[49]。これは引き延ばされるべきではない。その後、両手を離し、左手をカリスの脚に置き、右手でパラを取って書簡側に置き、片膝をつく。その間、静かに *Quid retribuam* 等を唱える。立ち上がり、右手にパテナを持ち、聖体が置かれていた場所のコルポラーレをこすり、できる限りのかけらを集める。これを行う間、左手でコルポラーレの端を持ち上げても良い。その後、パテナをカリスの上で保持し、左手の親指と人差し指で拭き、かけらがカリスの中に落ちるようにする。パテナの上にかけらを見つけた場合、コルポラーレをきれいにする前にカリスの中に落とすようにする。左手にパテナを渡し、体の前でコルポラーレの上に置いて保持する。人差し指と他の指の間でノブを保持しながら、右手でカリスを取る。*Sanguis Domini nostri*

---

[47] 中程度の調子に（86ページ参照）。
[48] ミサのルブリカ
[49] ワインの形式での拝領の後でこのような休止がないのはこのためである。

等を唱え、聖なる名の箇所で再びお辞儀をしながら、カリスで自分の前に十字の印をする。左手で顎の下にカリスを保持する。カリスを持ち上げて、聖変化されたワインを中のかけらとともに、その間、カリスを口から離さず頭を戻さずに、一口か多くても二口で全て飲む。

御血の拝領の後で私的な祈祷文を唱えるために休止するとする権威はいない。

他に誰も聖体拝領を行わない場合、司式者は次の節の全てを省き、すぐに§6に指示されているように続ける。

§5　聖体の配布

もし誰かがミサで聖体拝領を行う場合[50]、司式者が自身の聖体拝領を終える前に侍者は *Confiteor* を唱え始め、この合図により司式者にわかるようにするべきである。

司式者は最初にカリスをパテナで覆い、コルポラーレの上で福音書側に置く。

その後、ミサで聖変化させた聖体で聖体の配布を行う場合には片膝をつく。聖体はコルポラーレの上にあるであろう。もし聖体がチボリウムの中にある場合、チボリウムの蓋をとる。聖体がコルポラーレの上に直接置かれている場合、親指と人差し指のみを使い聖体をパテナの上に置く。再び片膝をつく。

聖櫃から聖体を取り出すことになっている場合、カリスをパテナで覆ったらすぐに聖櫃の前から祭壇カードをどけて、聖櫃のベールを脇に引き、鍵を持ち（鍵は祭壇の上あるいは壇の上にあるべきである）、聖櫃を開け、片膝をつき、右手でチボリウムを取り出し、コルポラーレの中央に置く。聖櫃のドアを閉じ、鍵はかけずに、チボリウムの蓋を取り、再び片膝をつく。

侍者が *Confiteor* を終えた時、司祭は会衆の方を向くが、福音書側で、しかし教会をまっすぐに見下ろすように向き、聖体に背を向けないようにする。両手を合わせて *Misereatur*、次いで *Indulgentiam* の祈祷文を唱える。この2番目の祈祷文を始める際、親指と人差し指を離さずに右手で会衆の上に十字の印

---

[50] 聖体拝領のための規則は *Cod., c.* 845-869。拝領する会衆は祭壇が見える場所にいなければならない。*Cod., c.* 868。

をする。聖体を拝領する者がたとえ１人であったとしても、これらの両方の祈祷文は常に複数形で唱えられる。

　司祭は祭壇の方に回って戻り、片膝をつき、左手でチボリウムのノブのところを持つか、あるいは人差し指と中指の間で（この時間中いつものように、親指と人差し指を合わせたままで保ち）パテナの端を持つ。右手の人差し指と親指で聖体を１つ取り、チボリウムあるいはパテナの上でまっすぐに立てて保持し、右手側から会衆の方に回り、背を祭壇の中央に向けて立つ。

　聖体を見ながら、声を出して *Ecce Agnus Dei* 等と *Domine non sum dignus*（これは３回続く）を唱える。これを３回目に唱えた時、それ以前ではなく、チボリウムかパテナの上で聖体を１つ保持しながら、聖体拝領台か聖体を拝領する者が跪く場所に歩いて行く。多くの会衆がいる場合、最初に書簡側の端にいる者のところに行く。ここで、右手に保持した聖体でこの者の正面に十字の印をしながら *Corpus Domini nostri* 等の執行の式文を唱える。この十字の印をする際、聖体をチボリウムあるいはパテナの端を越えて移動させてはならない。その後、聖体を拝領する者の舌の上に置く。どんなに多くの人がいたとしても、十字の印と執行の式文をそれぞれの者に対して繰り返す。全員が聖体を拝領した時、司式者は片膝をつかず、何も唱えずに、祭壇の中央にまっすぐに戻る。パテナあるいはチボリウムをコルポラーレの上に置く。その中に聖体が残っている場合、司式者は片膝をつく。

　拝領すべき聖体がある場合、司式者はこの時に拝領する。何も唱えずに、敬意を払って聖体を拝領する。聖体降福式のためのルヌラの中の聖体を交換することになっている場合、ここで聖櫃から取り出して拝領し、このミサで聖変化させた他の聖体をルヌラの中に入れる[51]。

　チボリウムを聖櫃に戻さなければならない場合、チボリウムに蓋をして聖櫃に戻し、片膝をつき、その後聖櫃を閉めて鍵をかける。

---

[51] どのような状況であっても、司式者がミサで１つの聖体を聖変化させ、それを取っておいて、自分の聖体拝領で他の聖体を拝領することがあってはならない。司式者は常に、自分が唱えるミサで聖変化された聖体を裂いて拝領しなければならない。ルヌラの中の聖体を新しくする場合には、司式者は２つの聖体を聖変化させなければならない。その後、もう１つの聖体は、聖体拝領後にルヌラに入れられる時まで、コルポラーレの上に置かれる。

その後、再びカリスをコルポラーレの中央に移動させ、カリスからパラをはずし、書簡側で近づいてくる侍者に向かって右手でカリスを保持する。

§6　すすぎからミサの終わりまで

司式者以外に誰も聖体を拝領しなかった場合、聖変化されたワインを飲んだらすぐに、カリスを書簡側の侍者に向かって差し出す。その間、左手はまだパテナを保持したままでコルポラーレの上に置く。侍者はすすぎのためにワインをカリスの中に注ぐ。その間、司式者は *Quod ore sumpsimus* 等の祈祷文を唱える。十分な量のワインが注がれた時、司式者はカリスを持ち上げて侍者に合図をしても良い。このすすぎでのワインの量は聖変化された量とほぼ同じであるべきである。司祭はカリスをやさしく回し、すすぎのワインがカリスの中に残っている聖変化されたワインのしずくを全て集めるようにする。その後、左手で顎の下にパテナを保持し、カリスで十字の印をせず何も唱えずに、カリスの御血を拝領したのと同じ側を使用してすすぎを飲む。パテナをコルポラーレの上の福音書側で祭壇の上に置き、カリスを中央に置く。この時、両手の親指と人差し指をカリスの杯の上に置き、他の指で杯をつかむ。司式者は書簡側に行き、そこでまだ前のように保持したままでカリスを祭壇の上に置く。侍者は最初にワインを、次いで水を司式者の指の上からカリスの中に注ぐ。ワインよりも多い量の水が注がれるべきである。その間、司式者は *Corpus tuum Domine* 等の祈祷文を唱える。他の指が聖体に触れた場合、その指もワインと水を注いできれいにしなければならない。司式者はカリスをコルポラーレの上ではなくコルポラーレの近くの書簡側で祭壇の上に置き、カリスの上で指を少しこすり、その後プリフィカトリウムを取って指を拭く。この時から、もはや親指と人差し指を合わせて保持しない。プリフィカトリウムを左手で顎の下に保持し、右手にカリスを持ち、何も唱えずにすすぎを飲む。その後、カリスを福音書側でコルポラーレの外の祭壇上に保持し、左手で幹部を握り[52]、右手でプリフィカトリウムを使用して完全に中を拭く。

---

[52] これを最も都合よく行うやり方は、杯のすぐ下の幹部を薬指と小指の間に通し、他の全ての指を杯の外側のまわりで閉じることである。

　カリスをコルポラーレの近くの福音書側に置き、ミサの始めの時のようにプリフィカトリウムをカリスの上に置き、パテナをその上にのせる。コルポラーレを取り、折り畳み、ブルサの中に戻す。カリスをカリスベールで覆い、祭壇の中央に置き、次いで全ての上にブルサを置く。そうしてブルサとカリスベールで覆われたカリスを祭壇の中央に残し、カリスベールがカリスの正面を完全に覆うようにする。カリスベールに十字あるいは飾りがある場合、これが正面になるであろう。

　両手を合わせて書簡側に行き、そこでまだ両手を合わせたままで聖体拝領の交唱を読む。

　自身でミサ典書を移動させる必要がある場合、カリスを整えた後でミサ典書を取り、書簡側へ移動させる。

　聖体拝領の交唱の後で中央に来て、祭壇にキスをして、回り、いつものやり方で *Dominus vobiscum* を唱える。再び書簡側に行き、十字架に向かってお辞儀をしながら *Oremus* を唱え、集祷文を唱えたのと全く同様に両手を広げて、88〜88 ページに記載された全てを遵守して、聖体拝領後の祈祷文を唱える。

　最後の福音書が第4の福音書の序文である場合、最後の聖体拝領後の祈祷文の結語を終えた時にミサ典書を閉じ、ページの端が祭壇の中央を向くようにする。固有の最後の福音書がある場合、ミサ典書をこの福音書が印刷されている箇所で開いたままにしておく。

　司式者は中央に来て、祭壇にキスをして、回り、再びいつものように *Dominus vobiscum* を唱える。祭壇に向かって戻らずに、会衆の方を向いたままで、両手を合わせて *Ite missa est* を唱える。

　しかし、*Benedicamus Domino* を唱える場合、最初に祭壇を向くように回って戻り、その位置でこの節を唱える。

　司式者が常に書簡側から回ることに再度留意する。

　祭壇に向かい、低くではないお辞儀をし、両手を合わせて前方の祭壇に置き、*Placeat tibi sancta Trinitas* の祈祷文を静かに唱える。その後、両手を掌を下にして祭壇の両側に置き、祭壇にキスをして、まっすぐに立ち、十字架を見上げ、両手を広げて、伸ばし、合わせ、*Benedicat vos omnipotens Deus* を唱え

る。この最後の言葉を唱える際、お辞儀をして書簡側から回り、左手を胸に置き、*Pater et Filius* + *et Spiritus Sactus* を唱えながら右手で会衆の上に十字の印をする。この十字の印をする際、右手をまっすぐに立てて保持し、指は合わせて、小指を会衆に向ける。両手を合わせて、この時は福音書側から円を完成するように回り、まっすぐ福音書側の祭壇カードの所に行き、そこでカードの方を向いて、すなわち最初の福音書の時のように半ば会衆の方を向いて、*Dominus vobiscum* を唱える。

　固有の最後の福音書があり、自身がミサ典書を移動させる場合には、祝福を与えた後にこれを行う。

　Dominus vobiscum を唱えた後、左手を祭壇の上に置き、右手の親指で祭壇の上に、その後自身の額と唇、胸に十字の印をする。自身に十字の印をする間、左手は胸の上に置く。その間、*Initium sancti evangelii secundum Ioannem* を唱える。*Et verbum caro factum est* の言葉を唱える際、両手を祭壇の上に置いて、立っている場所で片膝をつく。

　最後の福音書が固有のものである場合、左手をミサ典書の上に置き、福音書の始まりで、ミサ典書中で十字の印がある箇所に十字の印をする。終わりの際、ミサ典書の最後の箇所にキスはせず、右手でミサ典書を閉じる。

　その後、祭壇の階段の床へまっすぐに行くか、中央に行きお辞儀をしてから書簡側から回り下りて行っても良い[53]。どちらの場合でも両手を合わせて行う。

　現行の法規によれば、各読誦ミサの後に司式者は会衆とともに 1884 年と 1886 年に教皇レオ 13 世により規定され、1903 年にピオ 10 世により更新された祈祷文を唱えなければならない。

　これらを唱えるために、司式者は最下段に跪き、記憶を頼りに唱えるか、用意されたカードから読む。イングランドにおいてはこれらは一般的に国語で唱えられる。これらの祈祷文はミサの一部ではないため、厳密な原則によれば司式者はこれらを唱える前にマニプルをはずすべきである。そうする場合、祭壇

---

[53] Martinucci（I, i, p.367）と Le Vavasseur（i, 315）はどちらの方法も許容している。S.R.C., no. 3637, ad VIII では司式者は中央に行き、下りる前にそこでお辞儀をしても良いと述べられている。

の中央でマニプルをはずしてそこに残す。しかし、一般的な慣習ではマニプルをはずさないように思われる。

　これらの祈祷文が終わった時[54]、祭壇に上り、左手でノブを保持し右手を上に置いてカリスを持つ（マニプルをはずしていた場合、マニプルをブルサの上に置いても良い）。再び階段の床に来て、祭壇に向かって深くお辞儀をするか[55]、あるいは聖体がそこに納められている場合には片膝をつき、侍者からビレッタを受け取ってかぶり、香部屋まで侍者の後に続く。

　いくつかの教会では、司式者は最後の福音書の後ですぐに祭壇からカリスを取り、レオ13世の祈祷文を唱えるためにカリスを両手に持ちながら跪く[56]。この場合、祈祷文を唱えた後で再び祭壇に上らないであろう。

　香部屋への途中では、ミサ典書中でミサ後に唱えるよう定められているように、*Trium puerorum* の交唱（復唱の祝日には復唱して、また復活節には *Alleluia* を終わりに加えて）や賛歌 *Benedicite*、詩篇 *Laudate Dominum in sanctis eius* 等を静かに唱える[57]。

　香部屋では最初に十字架に向かってお辞儀をし[58]、その後カリスを着衣机の上に置き、ビレッタを脱ぎ、着衣の逆の順に脱衣する。通常、侍者が手伝う。司祭はマニプルとストラをはずす時には、着衣の時のように、中央の十字にキスをする。

　いくつかの教会では、ミサ後に侍者に祝福を与えるのが普通である。

　脱衣したら、司式者は都合の良い場所で自分の感謝を行う。「神を崇め、神に全てを感謝した後に、立ち去る。」"Having adored and thanked God for

---

[54] ミサ後に他の祈祷文を唱える場合、レオ13世の命による祈祷文を最初に唱えなければならない（S.R.C., no. 3682, 23 November 1887）。

[55] *Rit. cel.*, xii, 6, "caput inclinat." De Herdt (i, p. 396) と Van der Stappen (iii, p. 392) はこのお辞儀をミサの始まりの時のものと区別し、より深くないととしている。しかし、Merati (Pars II, tit. xii, § 10; sc. tom. i, p. 192) と Le Vavasseur (i, p. 316) は始まりの時と同じ表敬を求めている。Martinucci (I, i, p. 367) は "reverentiaMCapitis profundam." と述べている。

[56] しかし、レオ13世の法令によれば、これらの祈祷文は両手を合わせて唱えることになっている。

[57] *Praeparatio ad missam* の後の *Gratiarum actio post missam*。

[58] Martinucci (I, i, p. 367), "reverentiaMCapitis profundam"; Le Vavasseur (i, p. 316), "une inclination médiocre."

everything, he goes away.[59]"

§7　同じ司祭が同じ日に1回を超えるミサを祝う時の規則

　御降誕、及び現在では死者の日には、どの司祭も3回ミサを行って良い。さらに、必要のある場合、裁治権者は司祭に日曜日と守るべき祝日に2回ミサを行う許可を与えても良い[60]。

　どのミサも、準備の階段祈祷を含めて、完全に唱えなければならない。守るべき唯一の違いは、カリスの清めに関してである。司式者が同じ日に再びミサを唱えることになっている場合、断食を破ることになるため[61]、カリスをいつものやり方で清めることができない。すぐに同じ祭壇で再びミサを唱える予定の場合、奉献の時にワインの瓶の中身を全てカリスの中に注ぐ方が良い。これは後に誤ってすすぎを飲むことを防ぐであろう。聖体拝領後に司式者は祭壇上に清めていないカリスを残す。すすぎは飲まない。祭壇の中央で両手を合わせて *Quod ore sumpsimus* の祈祷文を唱える。その後、*Corpus tuum Domine* を唱えながら、壇あるいは祭壇の上に置かれている（53ページ）水の入った小さなガラスの器の中で指を清める[62]。その後、清めていないカリスをプリフィカトリウム（カリスの内側を拭かずに）及びパテナ、パラ、カリスベールで覆う。しかし、ブルサの中にコルポラーレを入れない。カリスはコルポラーレの上に、ブルサは脇に置いておく。

　次のミサの前、あるいは次のミサの奉献の時に、聖変化させることになっている祭壇用ホスティアをパテナの上に置かなければならない。次のミサの際には奉献の際にカリスの内側を拭かず、その時、カリスを祭壇上でコルポラーレの外にも置かない。

---

[59] 聖金口イオアンのビザンチン典礼の最後の箇所のルブリカ

[60] 同じ日にミサを2回唱えることは *binatio* と呼ばれる。重大な理由、すなわち2つの教会を受け持つ司祭に対してや、そうしなければ極めて大勢の会衆が守るべき日のミサに参列することができない時、のためにのみ与えられる裁治権者からの特別な権能なしには行ってはならない。

[61] 自身の聖体拝領の際に聖変化されたワインとともに飲む少量の水は断食の違反とは見なされない。

[62] この器の中の水はやがてはサクラリウムの中に注がれる（53ページ、n. 7）。

　司式者が次のミサを別の祭壇で唱える場合、あるいは司式者が再び同じ祭壇でミサを行う前に別の司祭が同じ祭壇でミサを行う場合、カリスは清められる[63]。しかし司式者はこの清めを飲まない。最後の福音書の後で侍者は水のみを司式者の指の上からカリスの中に注ぐ[64]。司式者はカリスを優しく回し、水が聖変化されたワインのしずくを集めるようにし、指をプリフィカトリウムの上で拭き、水をこの目的のために準備された器に注ぐ。その後、水はサクラリウムの中に注ぐか、あるいは保存して、最後のミサのすすぎの際に飲んでも良い。こうしてカリスは清められ、いつものやり方で脇に置いても良い。司式者が行う次のミサのために同じカリスを使う必要はない。

§8　顕示された聖体の前でのミサ

　一般的な規則として、聖体が顕示されている祭壇でミサを唱えるべきではない。しかしながら、裁治権者により承認された、これを行うための十分な理由がありえる。聖体顕示の祭壇で聖体を配布することは決して合法ではない。

　顕示された聖体の前で唱えられるミサの際、これらの違いがなされなければならない[65]。

　祭壇に到着する際、司式者は祭壇が視界に入ったらすぐにビレッタを取る。祭壇から離れるまでビレッタは再びかぶらない。ミサの前後に、階段ではなく床で平伏を行う（57ページ）。ミサ中には平伏を行わない。カリスを祭壇に置いた時、両手を祭壇の上に置いて片膝をつく。ミサ典書の所に行き、ページを探す。戻って来て、祭壇の階段を下りる前に中央で再び片膝をつく。司式者は祭壇の中央へ上る時、祭壇の中央から下りる時、祭壇の中央を通る時には毎回このやり方で片膝をつく。下る時には背を聖体に向けないよう注意を払わなければならない[66]。祭壇の最下段で再び片膝をつき、十字の印をして、ミサを始

---

[63] あるいは清められていないカリスは聖櫃の中に入れても良い。この場合には司祭は前のように指を器の中で清める。

[64] S.R.C., 12 September 1857.

[65] Gavanti-Merati, i, pp. 199-200; Martinucci-Menghini, I, i, pp. 368-370; Le Vavasseur, i, pp. 328-331; De Herdt, ii, pp. 69-75; Van der Stappen, iii, pp. 455-468; Waperhorst, pp. 111-112.

[66] そのために中央ではなく、福音書側で下りて来る。

める。

　一般的な規則はこれである。司式者が祭壇の中央から両側に行く時、および中央に来る時には毎回片膝をつく。この片膝をつくのを、中央を去る前には最後の、中央に到着したときには最初の事にする。*Dominus vobiscum* や他の節のために会衆の方に回らなければならない時にはいつも、回る前後に片膝をつく。既に中央にいる場合には、片膝をつくのは回る直前の最後に行う（従って、祭壇にキスをする、あるいは他のそのような儀式を行った後で）。しかし、会衆の方に回るために中央に来る時には、上の規則を守り、中央に来たらすぐに片膝をつく。

　回る時にはいつも、完全に中央ではなく、少し福音書側に向かい、背を聖体に向けないようにする。*Orate fratres* と祝福の際には、福音書側から円を完成するように祭壇に回って戻らず、*Dominus vobiscum* の際のように書簡側から回る。

　福音書の聖なる名の箇所と最後の福音書の *et verbum caro factum est* の箇所では、聖体に向かって回りお辞儀をするか、片膝をつく。*Lavabo* で両手を洗う時には、foot-pace から下りて会衆の方に回り、祭壇を右手の方にして背を聖体に向けないようにする。

　終わりのすすぎの際には、書簡側に行かない。中央に立ちながら、カリスを侍者に向かって保持する。その後、カリスをコルポラーレのすぐ外の祭壇の上に置き、そこでワインと水を指の上からカリスの中に受ける。

　平日のミサでの *Flectamus genua* の節の箇所では、ミサ典書に向かって片膝をつく。

第7章　　死者のための読誦ミサ

死者ミサでは以下の点を守らなければならない[1]。

祭服は常に黒である。祭壇の frontal と聖櫃ベールの色については、37 ページを参照。

準備の祈祷文では詩篇 *Iudica* は省かれる。*Introibo ad altare Dei* の交唱がいつものように唱えられ、その後、すぐに *Adiutorium nostrum in nomine Domini* の節とこれに続く全てが唱えられる。

入際文で司式者は自身に十字の印をしない。左手を祭壇の上に置き、右手でミサ典書の上に十字の印をする。

Gloria in excelsis もクレドも唱えない。

福音書の前には、*Munda cor meum* の祈祷文の後で、祝福の形式 *Iube Domine benedicere* と *Dominus sit in corde meo* は省かれる。

福音書の後で司式者はミサ典書にキスをせず、*Per evangelica dicta* 等も唱えない。

水をカリスに注ぐ前には *Deus qui humanae substantiae* の祈祷文はいつものように唱えられる。しかし司祭は瓶の上で十字の印をしない。

詩篇 *Lavabo* の終わりの箇所で、*Gloria Patri* と *Sicut erat in principio* の節を省く。

Agnus Dei の文章は変わる。最後の節は *dona eis requiem* を 2 回、その後 3 回目は *dona eis requiem sempiternam* である。これを唱える間、司祭は胸を叩かない。両手は祭壇上に置かずに、自分の前で合わせる。

終わりの箇所で *Ite missa est* の節の代わりに *Requiescant in pace* を唱える。これは、ミサが 1 人のために捧げられた場合であっても、常に複数形である。この節の前の *Dominus vobiscum* の後で、祭壇に向かって回り、両手を胸の前で合わせて中央で祭壇に向かいながら、これを唱える。ミサの終わりに祝福は

---

[1] Gavanti-Merati, Pars II, tit. xiii（tom. i, pp 193-199）；Martinucci-Menghini, I, i, pp. 370-372; Le Vavasseur, i, pp. 231-241, 335-336; De Herdt, i, pp. 54-80; ii, pp. 164-166; Van der Stappen, ii, pp. 297-383; iii, pp. 450-452; Waperhorst, p. 107.

与えられない。司式者は *Placeat tibi* の祈祷文をいつものように唱え、祭壇に
キスをして、その後すぐに福音書側の端に行き、最後の福音書を始める。

第8章　　上級の高位聖職者の面前での
司祭によるミサ

　司祭がミサを上級の高位聖職者（71 ページ）[1]の面前で行う場合、以下の規則が守られる[2]。

　祭壇の前に司教用床几か跪き台が準備され[3]、40 ページに述べられているように飾られる。

　祭器卓に pax-brede（instrumentum pacis, 53 ページ）がその日の色のベールとともに準備される[4]。可能であれば、司式者は高位聖職者よりも先に祭壇に到着しているべきである。ここで司式者はカリスとミサ典書を整え、その後福音書側から床に下り、そこで内陣の反対側の書簡側を向きながら立つ。

　高位聖職者が司教用床几か跪き台が準備されている所定の位置に到着した時、司式者は高位聖職者に低いお辞儀をする。高位聖職者はミサを始めて良い合図をする。司式者は再び高位聖職者にお辞儀をし、その後、十字架に深くお辞儀をするか、聖体がそこに納められている場合は片膝をついて祭壇にいつもの表敬を行う。侍者は司式者の左側で片膝をつく。司祭はいつものようにミサを始めるが、福音書側で立ち、わずかに祭壇の方を向く。

　Confiteor の中で、*vobis fratres* と *vos fratres* の代わりに、高位聖職者の方を向いてお辞儀をしながら *tibi Pater* と *te Pater* を唱える。

　祭壇に上る前に司式者は高位聖職者に再びお辞儀をする。

---

[1] これは高位聖職者がローブを着て公式に列席していることを想定している。118 ページ参照。

[2] この規則は *Rit. cel.*, iii, 2, 8, 11; xii, 3, 5; *Caer. Ep.*, Lib. I, cap. xxx. にある。以下を参照。Martinucci-Menghini, I, i, pp. 375-377; Le Vavasseur, i, pp. 332-335; De Herdt, ii, pp. 78-82; Van der Stappen, iii, pp. 469-470; Wapelhorst, pp. 112-114.

[3] その方が都合が良い場合には、書簡側あるいは内陣の他の部分でも良い（*Caer. Ep.*, Lib. I, cap. xxx, § 1）。この場合、司式者が司教に背を向けない限り、司式者はいつものように祭壇の正面で準備の祈祷文を唱える。

[4] 53 ページ、n. 6 参照。

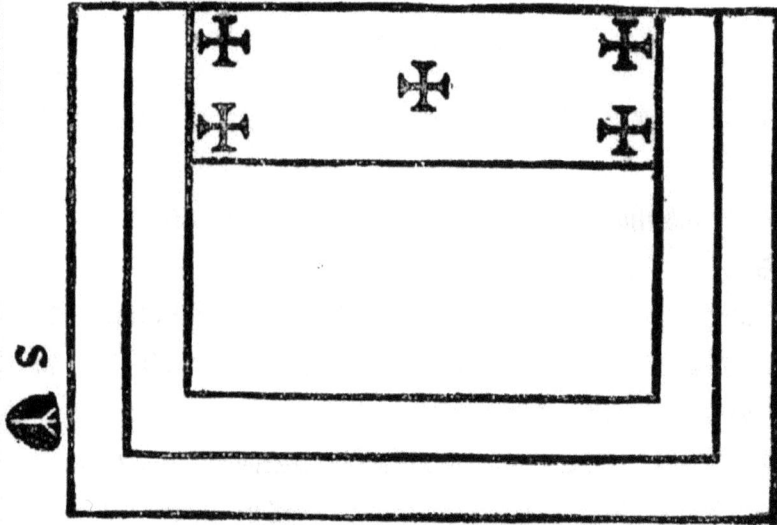

司教用床几

図 3　上級の高位聖職者の面前での読誦ミサ：　CONFITEOR

　ミサはいつものように進むが、以下が異なる。福音書の後に司式者はミサ典書にキスをせず、*Per evangelica dicta* 等の節も唱えない。代わりに侍者は高位聖職者にミサ典書を持って行く。高位聖職者はミサ典書にキスをして、*Per evangelica dicta* 等の節を唱える。侍者が高位聖職者にミサ典書を持って行く時、侍者は高位聖職者に表敬を行わない。侍者は福音書の箇所で開いてミサ典書を持って行く。高位聖職者がミサ典書にキスをした時、侍者は高位聖職者に片膝をつく。司式者は侍者がミサ典書を持ち帰り、書見台に置くまでミサを続けるのを待つべきである。高位聖職者は奉献の際に水を祝別しない[5]。

　Agnus Dei の後、司式者は自身の聖体拝領前の3つの祈祷文の最初を唱える。その間、侍者は pax-brede をベールとともに祭器卓から持って来る。侍者は司式者の右側で跪き、pax-brede を司式者に向かって保持する。司式者は中央で祭壇にキスをし、その後、両手を合わせて *Pax tecum* を唱えながら pax-brede にキスをする。侍者は *Et cum spiritu tuo* を答える。司式者はすぐにミサを続ける。侍者は pax-brede を拭いてベールで覆ってから、高位聖職者のところに持って行く。侍者は *Pax tecum* を唱えながら覆いを外した pax-brede を高位聖職者に差し出す。高位聖職者は *Et cum spiritu tuo* を唱えながら、pax-brede にキスをする。侍者は高位聖職者に低いお辞儀をし、pax-brede を拭いて覆い、祭器卓へ戻しに行く。祝福の際、司式者は *Benedicat vos omnipotens Deus* を唱えた時に、高位聖職者の方を向いて低いお辞儀をする[6]。その後、高位聖職者の上ではなく会衆に祝福を与える。すなわち、司式者は自分の右側に向かって回りこれを行う。

　ミサの終わりで、最後の福音書が終わった時、司式者は祭壇の中央に行かない。司式者は福音書側の端で回り、内陣の反対側を向き跪く。ここで司式者はミサ後の祈祷文を唱える。その後、そこで立ち、高位聖職者にお辞儀をし、高位聖職者が行くまで待つ。高位聖職者が祭壇前に残る場合、司式者はいつものように中央でカリスを持ち、祭壇の正面に下りて来て、祭壇にいつもの表敬を

---

[5] これは特に留意する（*Caer. Ep.*, Lib. I. cap. xxx, § 3）。
[6] "Quasi licentiam benedicendi petens"（*Rit. cel.*, xii, 3）.

行い、高位聖職者に低いお辞儀をし、ビレッタを受け取って自身でかぶり、立ち去る。

自身の司教区以外での司教が列席する場合、司教は上記のように pax-brede を受けるが、ミサ典書にはキスをしない。司式者はミサの始まりと終わりに司教にお辞儀をする。その他の点では、ミサはあたかも司教が列席していないかのように唱えられる。

この場合には跪き台あるいは司教用床几のクッションは緑である。残りの全てについては、ミサはあたかも彼が列席していないかのように唱えられる[7]。

死者ミサではミサ典書と pax-brede にキスをする全ての儀式は省かれる。

高位聖職者は私服で非公式にミサに列席しても良い（46 ページ）。この場合には、司式者がミサの前後に高位聖職者にお辞儀をするべきであることを除き、ミサはあたかも高位聖職者がそこにいないかのように唱えられる。

---

[7] Merati 他は、私的な礼拝堂で自身の司教の列席のもとで、司教の随行員のみが列席しているミサを祝う司祭は、司教区の外であっても、あたかもその司教の司教区内にいるかのように全ての規則を守るべきであると述べている（Pars II, tit. iii, §4; ed. cit., vol. i, p. 111）。教皇の列席のもとでミサを祝うための規則はそこで見出される（同）。この状況はイングランドにおいては起こりそうにない。

第9章　司教による読誦ミサ[1]

　可能であれば、司教による読誦ミサの際には2人あるいは3人の侍者がいるべきである[2]。これらは必ずしも司祭とは限らない。侍者はカソックとスルプリのみで、ストラは身につけない。祭壇カードは取り除かれる。祭服、すなわち司祭によって使用される祭服が、祭壇の上に置かれるべきである[3]。祭器卓の上にはいつものように覆われたカリス、マニプル、司教により使用される水のための大きな器・皿・タオル、ズケットのための銀色の皿が置かれる。司教用床几あるいは跪き台が祭壇の前に準備され、この上にCanon episcopalis（56ページ）とハンドキャンドル（51ページ）が置かれる。

　司式者が自身の司教区での司教の場合、mozzettaとビレッタを身につけて教会に来る。自身の司教区外での司教の場合には、mantellettumとビレッタを身につける。大祝日には4本のろうそくが祭壇上に灯されるべきであるが、そうでなければ2本で十分である。

　司教は司教区の裁治権者である場合にはmozzattaを、そうでない場合にはmantellettumを着て、司教用床几でミサの準備を行う。司教が祈祷文を読む間、Canon episcopalisが跪き台の上に置かれ、1人のチャプレンが司教の横で火のついたハンドキャンドルを保持する。

　ミサが始まる時間が来た時、司教は胸十字架及びmozzettaあるいはmantellettumを脱ぐ。カソックの上にロチェットを着て、ビレッタをかぶり、両手を洗う。司教が両手を洗う時にはいつも、チャプレンではなく従者が水を注ぎ皿を保持する。チャプレンはタオルを保持する[4]。司教はビレッタを脱ぎ、チャプレンに手渡し[5]、その後祭壇に行き、チャプレンに手伝われながら着衣する。ストラを身につけるすぐ前にアルバの上に胸十字架を身につけるのを除き、

---

[1] *Caer. Ep.*, Lib. I, cap. xxix; Martinucci-Menghini, II, i, pp. 38-48; De Herdt, ii, pp. 93-96; Wapelhorst, pp. 120-126; Le Vavasseur, *Fonct. Pont.*, i, pp. 1-18.

[2] *Caer. Ep.*; "valde conveniens esset" (ib., §2)。これらの侍者は *Caer. Ep.* では "capellani" と呼ばれる。侍者が3人いる場合は122ページを参照。

[3] 聖体が顕示されている場合、司教は香部屋で着衣を行う。

[4] *Caer. Ep.*, Lib. I, cap. xxix, §10, "semper in lotione familiaris aliquis ministrat aquam et pelvim capellani vero mantile."

[5] 司教は祭服とともにビレッタを身につけることはない（Martinucci, II, i, p.42, §9）。

司教は司祭と同じ祭服を使用する。また、司教はズケットと指輪を身につける。指輪は両手を洗うたびにはずし、その後再びつける。司教が着衣を終えた時、チャプレンは祭壇の上、中央の祭壇カードを立てるべき場所に Canon episcopalis を開いて置く。

　司教は（死者ミサの時を除き）ミサ前にマニプルを身につけず、祭壇の床で *Indulgentiam* の祈祷文を唱える時にマニプルを身につける[6]。そのため、マニプルはこれらの祈祷文を唱える間、*Indulgentiam* まで福音書側に跪くチャプレンが持っている。その後、チャプレンはマニプルの十字でなく側面にキスをして、マニプルを司教に手渡し、司教はマニプルの十字にキスをする。チャプレンはマニプルを司教の左腕につける。

　チャプレン2人がミサでの祈祷文に答え、ミサ典書を祭壇の反対側に移動させ、奉献の際にカリスを持ってきて[7]、カリスの覆いをはずす。彼らはワインと水の奉仕を行う。奉献の際にワインと水をカリスの中に注ぐが、その際1人が水の瓶を司教に持ち上げて保持して *Benedicite Pater reverendissime* と唱える。彼らは solita oscula でカリスを司教に手渡す。またパテナを司教に手渡すが、司教が受け取る時にいつものようにパテナと司教の手にキスをする。すすぎの後にチャプレンの1人は、荘厳ミサで副助祭が行うように、カリスに覆いをして、祭器卓へ持って行く。

　ミサ中、少なくとも司教が祭壇の中央に立っている時には、チャプレンは1人づつ司教の両脇に立っている。司教が脇にいる時には、彼らは同じように司教の両脇に1人づつ立っても良いし、何人かの著者によれば、司教の方が祭壇の中央に近くなるように司教の遠い側の脇に一緒に立つべきである[8]。司教が読んでいる間はいつも、奉挙の時を除き、近い側のチャプレンがハンドキャンド

---

[6] Merati は "peracta confessione, seu post *Indulgentiam*" (Pars II, tit. iii, §23; vol. i, p.115)と述べている。実際には司教は "Indulgentiam" の箇所で十字の印をしたらすぐにマニプルを身につける。

[7] 何人かの著者は「ミサの始まりの際に」と述べている。

[8] たいていの著者はこれらの両方のやり方に言及しているが、選択は未決のまま残している。De Herdt, i, p.95 参照。

ルを保持する[9]。ミサの間ずっと、ミサ典書に最も近いチャプレンの1人がミサ典書のページをめくる。

　チャプレンはミサの始まりの際に、司教が祭壇に上るまで跪いている。彼らは司教が跪く時と十字架に向かってお辞儀をする時にはいつも、司教に合わせて片膝をつく。彼らは奉挙及び聖体拝領、ミサの終わりの祝福の間は跪く。

　チャプレンが参事会会員である場合、準備の祈祷文の箇所と司教がお辞儀をする時、祝福の箇所では、跪かずにお辞儀をする。

　現在は、全司教はミサを唱える間、序唱からすすぎまでを除き、ズケットをかぶっても良い[10]。第2チャプレンは序唱の始まりの箇所で司教からズケットを外し、すすぎの後で再び司教にかぶらせる。司教がミサ中にズケットをかぶらない場合には（聖体が顕示されている場合のように）、チャプレンはミサの前にズケットを外し、終わりに脱衣する前にかぶらせる。司教がズケットをかぶらない間、ズケットは祭器卓の上の銀色の皿の上に置かれる（119ページ）。

　密唱の終わりの箇所でミサ典書は閉じられ、書見台からはずされ、祭壇上で脇に置かれる[11]。Canon episcopalis が祭壇の中央から持ち出され、書見台の上に置かれる。すすぎの後に Canon episcopalis とミサ典書は前と同じそれぞれの位置に戻される。

　司教儀式書（Lib. I, cap. xxix, § 6）では司教のミサで鈴が鳴らされるのは「聖体が奉挙される間に3回、御血が奉挙される間にも同じ回数、これ以上はない」と述べられている。これは "Sanctus" の際に鈴を鳴らすのを除外しているように思われる。

　司教が聖体を配布する時、拝領する者は聖体を受けるために口を開ける前に司教の指輪にキスをする[12]。

---

[9] ハンドキャンドルを保持するチャプレンは跪かないし、片膝をつくこともない。"Qui pridie" の祈祷文の箇所でハンドキャンドルを祭壇上に置き、もう1人のチャプレンの横のそばで foot-pace の端に跪きに行く。奉挙が終わったらすぐにミサ典書のところの司教の脇に戻り、片膝をつき、再びハンドキャンドルを保持する。

[10] *S. Congr. Consistorialis*, 2 maii 1910. また司教は、聖体が顕示されている時にはいつでも、ズケットを脱がなければならない。

[11] Martinucci, II, i, p. 45, n. 33; Le Vavasseur, *Fonct. Pont.*, i, p. 11, n. 44.

[12] この司教の指輪にキスをすることは、荘厳司教ミサで助祭・副助祭が平和の接吻を受ける前に司教の頬にキスをするという、聖体拝領前の古い平和の接吻の名残である。

　聖体拝領の後で司教は再び前のように両手を洗う。

　ミサの終わりの箇所で司教は司教の形式で祝福をする。司教は祭壇に向かって *Sit nomen Domini benedictum.* の小句を唱える。*R. Ex hoc nunc et usque in saeculum. V. Adiutorium nostrum in nomine Domini. R. Qui fecit caelum et terram.*　その後司教は回り、会衆の上に３回十字の印をしながら *Benedicat vos omnipotens Deus* 等を唱える。*R. Amen.*

　読誦ミサでは、叙階の場合を除き、司教は司教冠を使用せず、大司教も大司教十字架を使用しない。

　ミサが終わった時、司教は祭壇前の階段の床で脱衣する。祭服はチャプレンにより祭壇に運ばれそこに置かれる。司教は mozzetta あるいは mantellettum を身につけ、再び胸十字架とビレッタを身につける。その後、司教は跪き台あるいは司教用床几でミサ後の祈祷文を唱え、Canon episcopalis は跪き台の上に置かれる。チャプレンは司教の右側でハンドキャンドルを保持する。

　３人のチャプレンがいる場合、その内の２人は奉挙の間、すなわち Sanctus からカリスの奉挙の後まで、祭壇の前で跪きながらろうそくかたいまつを保持しても良い。その時、３人目は司教を補佐し、鈴を鳴らすであろう。２人しかいない場合には、他の侍者かあるいは司教の従者が[13]これらのろうそくを保持して良い。あるいは、祭壇前の床に自立する２本の燭台上の大きなろうそくに、この時、点火しても良いが、その後に消火しなければならない。

　死者ミサでは、司教は、司祭が着衣の際に行うように、他の祭服とともにマニプルを身につける。何にもキスをしない。

　枢機卿、君主（prince）、あるいは司式する司教よりも高い位階の高位聖職者が列席する場合、この者のために、祭壇前に別の司教用床几あるいは跪き台が準備される。司教のミサでは、他のどの高位聖職者も司教が福音書を読んだミサ典書にキスをせず、常に司式者自身が行う。しかし、福音書の後で別のミサ

---

[13]　*Caer. Ep.* (Lib, I, cap. xxix, §7) は "Si vero non adsint tres capellani, poterunt ad cereos supplere duo scutiferi aut alii familiares, arbitrio episcopi, decenter vestiti." と述べている。scutiferi は現在ではイングランドの司教の従者の中では滅多にいない。実際にはこれらの "decenter vestiti" の者は、カソックとスルプリを着た侍者を意味するであろう。

典書あるいは福音書の本がミサを聞いている高位聖職者のもとに運ばれ、高位聖職者はこれにキスをする。これを運ぶ侍者は上記 115 ページで述べられていることを遵守する。

同じ場合、上記 117 ページの記述のように、pax-brede が補佐をする高位聖職者のもとに運ばれる。

これらの特権は司教でない大修道院長や参事会会員、あるいは他の高位聖職者には使用されない。彼らは他のどの司祭とも同じように読誦ミサを唱える。しかし、ある高位聖職者はハンドキャンドルが、またある高位聖職者は Canon の本さえも許されている。

上記に加えて以下の規則がある。*第1チャプレン*は剃髪していることのみが必要とされる（聖体拝領の際にパテナを保持するため）。この者は常にハンドキャンドルを保持する。*第2チャプレン*は助祭であるべきである。この者はワインと水を注ぎ、他の全てを行う。しかし、決してろうそくには触らない[14]。

---

[14] 全てを説明するこの簡単な規則は Ernest O'Hea 氏に負っている。

第10章　読誦ミサの奉仕の仕方

§1　　　　一般的な説明[1]

侍者は両手で何もしていない時には、本を保持しているのでなければ、胸の前で両手を合わせている。

侍者は何かを司式者に手渡す時にはいつも、最初は物に、次いで司式者の手にキスをする。何かを受け取る時には、侍者は最初に司式者の手に、次いで物にキスをする。これらがいわゆる "solita oscula" である。これは死者のためのミサ及び聖体が顕示されている時には省かれる[2]。侍者は1つのミサに奉仕している間は、近くの祭壇での奉挙等、別のミサで行われていることに注意を向けてはならない。主祭壇で荘厳ミサや歌ミサが祝われている間に、脇祭壇で読誦ミサに奉仕する場合、Sanctus の鈴は全く鳴らさない。また聖体が教会内に顕示されている時も Sanctus の鈴は鳴らさない。

侍者の通常の位置は、ミサ典書がある場所と反対側の祭壇の最下段であり、ここで跪いている。

ミサの始まりと終わりの際、及び祭壇前を通る時には、聖体が祭壇に納められているかどうかに関わらず片膝をつく[3]。聖体が顕示されている場合には、両膝をつき、低いお辞儀をする。司式者が自身に十字の印をする時には、侍者もまた同じように行うべきである。

§2　　　準備

ミサの前に侍者はカソックとスルプリを着て[4]、（必要であれば）祭壇で全て

---

[1] Martinucci-Menghini, I, i, pp. 331-342; Menghini, *Manuale novissimo di ss. Ceremonie*, i, pp. 93-121; Le Vavasseur, i, pp. 362-379; De Herdt, i, pp. 398-404; Wapelhorst, pp. 115-120.

[2] 慣習により、平信徒によるこれらのキスは現在では一般的に全て省かれている。

[3] S.R.C., 16 November 1906; Martinucci, I, i, p. 336, n. 1; Le Vavasseur, i, p. 363, n. 336.

[4] ミサ典書のルブリカ（*Rit. cel.*, tit. ii, §1）及び S.R.C.（23 November 1906, No. 1）はともに、ミサにおいて侍者が、剃髪した聖職者であろうとなかろうと、スルプリを着ることを命じている。しかしイングランドを含めた多くの国では、侍者が平信徒の服装

を準備するために行く⁵。

　侍者は２つの瓶を、１つにはワインを１つには水を入れて、両手を洗うための皿とタオルとともに祭器卓に持っていく。祭壇では塵よけの布が外されて祭壇布で覆われ、祭壇カードがそれぞれの位置に置かれ、書見台が書簡側に置かれているのを確認する。ミサの始まりの際に侍者がミサ典書を運ばない場合には⁶、ミサ典書が閉じられて既に書見台の上に置かれているのを確認するであろう⁷。読誦ミサで使用される２本の小さなろうそくに、書簡側のものから始めながら点火する。

　香部屋で侍者は司式者が着衣するのを手伝う。ミサ典書が既に祭壇の上にある場合を除き、侍者は閉じたミサ典書を持ち、司式者とともに（司式者の後方に立ち）香部屋内の十字架に向かってお辞儀をし、ミサを唱える祭壇まで司式者を先導する。多くの教会では、会衆にミサが始まることの注意を与えるために、侍者が通る際に香部屋のドアの近くの鈴を鳴らすのが普通である。侍者は香部屋のドアで聖水を取るであろう。聖体が納められている祭壇を通り過ぎる場合、侍者は司式者とともに片膝をつく。侍者は教会の主祭壇を通り過ぎる場合、そこに聖体がなければお辞儀をする。ミサを唱える祭壇で侍者は書簡側に行き、司式者のビレッタを通常のキスをして受け取り、司式者が片膝をつくかお辞儀をするのに合わせて片膝をつく。ビレッタを祭器卓の上か他の都合の良い場所に置く。ミサ典書を持ってきた場合、侍者は foot-pace の上に立たずにfoot-pace の周りを行きながら、書簡側で書見台かクッションの上に置く。

　侍者は戻って来て、福音書側で段ではなく床の上に跪く。

で奉仕するのが一般的な慣習である。必要な場合、内陣の外で女性が跪き、答えても良い（*Cod., c.* 813）。司祭自身が本の移動等を行う。
⁵ これらの準備の全てあるいは一部は、聖具保管係が行っても良い。
⁶ 読誦ミサでは侍者は決してミサ典書を開いてはならず、ページもめくらない。これは司式者自身によって行われる（S.R.C. no. 3448, XIV）。
⁷ ミサ典書のルブリカは、司祭がミサを始めるために出て来る時に侍者がミサ典書を持ってきて、後で侍者がミサ典書を香部屋も持ちかえるよう想定している（*Rit. cel.,* ii, 1 and xii, 6 "eo modo quo venerat"）。多くの国では、そして一般的にイングランドでは、ミサ典書はミサが始まる前に祭壇の上にあり、終わりの際もそこに残される。

§3　ミサの始まりから序唱まで

　ここで跪いて、侍者は準備の祈祷文に答える。司式者が *Confiteor* を唱える間、侍者はお辞儀をしない。侍者自身が *Misereatur tui omnipotens Deus* の祈祷文を唱える間、司式者に向かって軽くお辞儀をする。侍者は *Confiteor* を唱える間、祭壇に向かって低いお辞儀をし、司式者が *Misereatur vestri* を唱える間そのままでいる。*Confiteor* 中の *tibi pater* と *te pater* の言葉の箇所で、侍者は司祭の方へ向きを変える。侍者は *mea culpa, mea culpa, mea maxima culpa* の箇所で3回胸を叩く。*Deus tu conversus* の小句で再び軽くお辞儀をし、司式者が祭壇に上がるまでお辞儀をしたままでいる。侍者は司祭に合わせて毎回十字の印をする

　司式者が祭壇に上ったらすぐに侍者も立ち上がる。侍者はアルバの裾を持ち上げて司式者を手伝っても良い。その後、侍者は再び、今度は祭壇の最下段に跪く。この後、侍者は常にこの最下段に跪く。

　入祭文の箇所で、司式者が十字の印をする全ての場合（司式者が他の何かで十字の印をする時ではなく）のように、侍者は司祭とともに十字の印をする。侍者は *Kyrie eleison* に答え、*Per Dominum nostrum* 等の結語のある最初と最後の集祷文の後で *Amen* を唱える。侍者は書簡の後で *Deo gratias* を唱え[8]、その後すぐに祭壇の書簡側の隅に行く。侍者は foot-pace の周りを、そこに足を踏み入れずに行き、司祭の近くで幾分後ろの右側に立つ。

　一定の日、特に四旬節と四季の斎日には、いくつかの朗読がある。この場合、これらの朗読の内、最後のものが終わるまで、侍者は書簡側に行かない。侍者はそれぞれの朗読に *Deo gratias* と答え、司祭が *Flectamus genua* を唱える場合には *Levate* と答える（立ち上がらずに）。最後の集祷文の合図は *Dominus vobiscum* である。*Kyrie eleison* の後で司式者が書簡側に行き、最初に *Dominus vobiscum* を唱えずに集祷文を始める時、これに続く朗読は最後のものではないであろう。そのようないくつかの集祷文と朗読があり得る。最後に司式者は中央に来て、回り、*Dominus vobiscum* を唱え、その後ミサ典書のところに戻

---

[8] 司祭は通常書簡の終わりの箇所で、侍者の方を向くか左手を上げることで合図をする（88ページ）。

るであろう。その後は全ていつものように続く。*Dominus vobiscum* の前に侍者は定位置にとどまり、各祈祷文の後に *Amen* と答え、各朗読の後に *Deo gratias* と答えなければならない。

　侍者は昇階唱あるいは詠唱、続唱の間、書簡側の隅で待つ。司式者が中央に行く時、侍者はミサ典書を反対の福音書側に持って行き、祭壇の福音書側の隅に斜めに置き、ページが半分祭壇の中央を向くようにする。侍者はミサ典書のそばに立つ。司祭は福音書を読むために来る。侍者は始まりの箇所で小句を答え、司祭に合わせて親指で額と唇、胸の上で十字の印をする。その後、侍者は書簡側に行き、福音書が読まれる間、司祭の方を向いてその隅で立っている。福音書の間、司祭が片膝をつく場合には侍者もそうする。終わりに侍者は *Laus tibi Christe* と答える。クレドが唱えられる場合、侍者はその間跪き[9]、*Et incarnatus est* 等の節で低いお辞儀をする。奉献で司祭が *Dominus vobiscum* と *Oremus* を唱えた時、侍者は祭器卓に行き[10]、瓶をのせた皿とタオルを取る。ローマでの慣習は、侍者がタオルを書簡側の隅の祭壇の上に広げ、皿と瓶をそのままの状態でタオルの上に置き、その後ワインの瓶を右手で水の瓶を左手で取り、祭壇の端のところに立ち、司式者が来るまでそこで待つというものである[11]。侍者はお辞儀をして司祭にワインの瓶を手渡し、水の瓶を右手に持つ。侍者はワインの瓶を左手で受け取る。侍者はワインの瓶と水の瓶を司式者に手渡す前と受け取る時に両方にキスをするが、この時には、司式者の手にはキスはしない。その後、侍者はワインの瓶を祭壇の上か祭器卓の上のどちらかに置き、タオルを祭壇上に置くか左腕に掛け、皿を左手に水の瓶を右手に持つ。司祭が両手を洗うために来る。侍者は司式者の両手の下に皿を保持し、瓶から少量の水を司式者の指の上に注ぐ。侍者は皿を司祭の両手の下に注意して保持し、

---

[9] 会衆はクレドの箇所で一般的に立つので、これは変則的に思える。しかしながら、これは疑う余地のない規則である（S.R.C., no. 2915, ad VI; cfr. Martinucci, I, i, p. 338; Le Vavasseur, i, p. 368）。ミサ典書のルブリカ（*Rubr. gen.*, tit. xvii, §2）は「読誦ミサで補佐する者は福音書が読まれる間を除き、復活節中でさえも、常に跪く。」と述べている。原則は、この規則が一定の自然的自由を享受する教会組織の平信徒の場合には厳密に主張されないとするもののように思われる。しかし、より公式に補佐する侍者や聖職者、聖歌隊席の他の者等の場合には、この規則は主張される。

[10] 侍者は祭壇上でカリスベールを折り畳んでも良い（91ページ、n. 30）。

[11] Martinucci, I, i, p. 338.

指の上に注いだ水が皿の中に流れこむようにしなければならない。司祭の両手を洗う前後に侍者は司祭にお辞儀をする。

　侍者は全てを祭器卓の上に戻し、書簡側の最下段の定位置に行き、そこで跪く。

　司祭が *Orate fratres* を唱える時、侍者は司祭が再び祭壇の方を向くまで待つべきである。その後、侍者はお辞儀をしながら *Suscipiat Dominus* 等を答える。侍者は序唱前の小句を答える。司式者が *Sanctus* を唱える際、侍者は鈴を3回鳴らす。その後、書簡側に行き、そこで3本目のろうそくに点火する。これは聖体拝領の後まで点火したままでいる[12]。侍者は定位置に戻って来る。

§4　　カノンからミサの終わりまで

　司祭がホスチアとワインの上で両手を伸ばした後で十字の印をする時、侍者は書簡側で、しかし中央近くで、foot-pace の上に跪くために来る。侍者は Sanctus の鈴を持って来る。各奉挙の際に侍者はカズラの端を左手で軽く持ち上げ[13]、右手で連続的か3回のどちらかで鈴を鳴らす。侍者はこれを司式者が片膝をつく時に1回、奉挙する時に1回、再び片膝をつく時に1回鳴らすよう配置させても良い。奉挙は2回あるので、鈴は合計6回鳴らされるであろう[14]。

　ミサ典書のルブリカでは、Sanctus の鈴は Sanctus の際と各奉挙の際に鳴らされるべきであると述べられている[15]。*Hanc igitur* の祈祷文の箇所、あるいは *Domine non sum dignus* の箇所で鳴らすとする根拠はミサ典書中にはない[16]。カリスの奉挙とこれに続く司祭の片膝をつく動作の後で、侍者は前にいた書簡

---

[12] 奉挙の際に点火される3本目のろうそくは、ミサ典書のルブリカでは明確に命じられている（*Rubr. gen.*, xx; *Rit. cel.*, viii, 6）。しかしながら、S.R.C.（9 iun. 1899, no. 4029, ad II）はこれの省略が慣習である所では、この省略を容認している。この問題は Van der Stappen, tom. iii, pp. 100-102. によって検討されている。

[13] 司祭が奉挙を行う際のみであって、司祭が片膝をつく際は行わない。

[14] ルブリカは侍者が"ter ad unamquamque elevationem, vel continuate"（*Rit. cel.*, viii, 6）のように鈴を鳴らすと述べている。たいていの著者は各奉挙の際に3回に分けて鈴を鳴らすことを推奨している。これはまた、現在では一般的な慣習である。

[15] *Rit. cel.*, vii, 8 and viii, 6.

[16] しかしながら、S.R.C.は、慣習のある所では、*Domine non sum dignus* の箇所での鈴を許容している（14 maii 1856, no. 5224, ad IX）。Van der Stappen は、イングランドで通常行われている、*Quam oblationem*（v, p. 45）の箇所での鈴も許容している。

側の端の最下段に戻り、そこで跪く。侍者は始めに Sanctus の鈴を祭器卓に置いても良い。

　司祭が *Agnus Dei* で胸を叩く時に、侍者は同じようにする。侍者は司祭が自身の聖体拝領を行う間、低いお辞儀をする。誰かが聖体拝領台に来る場合、あるいは侍者自身が聖体を拝領するつもりである場合には、司祭がパテナでコルポラーレから破片を集める時に侍者は立ち上がり、書簡側の最下段で横向きで、内陣の反対側の福音書側を向き跪く。ここで侍者は跪いて低いお辞儀をしながら、司祭が聖変化されたワインを飲む時に *Confiteor* を唱え始める。侍者は *Confiteor* を十分速やかに始め、司祭が聖櫃を開け、チボリウムを祭壇の上に置き、*Misereatur* の祈祷文を始める準備ができた時に司祭が待つ必要がないようにする。侍者はこれと次の *Indulgentiam* の祈祷文の後で *Amen* を答える。侍者自身が聖体を拝領する場合には、司祭あるいは助祭がいてストラを身に着けて聖体を拝領するのでなければ、侍者が最初に聖体を拝領する。侍者は、いる場所か祭壇の正面やや書簡側寄りの foot-pace の端に跪いて聖体を拝領して良い。侍者は聖体拝領布あるいは亜麻布で覆われたカードを祭器卓から持ってきて顎の下に保持しなければならない。福音書側を向いて脇で跪く場合、祭壇布の端を聖体拝領布として使用しても良い。

　聖体拝領台に常置の聖体拝領布がない場合、侍者は聖体拝領布を祭器卓から持って来て、そこで会衆に手渡さなければならない。それが小さな布あるいはカードである場合、侍者は最初に書簡側の端にいる者に手渡す。その後、全員が聖体を拝領した後で、侍者はそれを受け取り、祭器卓に戻す。

　何らかの理由で聖櫃が開かれた場合、常に侍者は聖櫃が閉じられるまで跪いている。聖体拝領の後で侍者はすすぎのために瓶を持つであろう。

　司式者の他には誰も聖体拝領を受けない場合、司祭がワインの形式で聖体を拝領しコルポラーレをパテナできれいにし始める時、侍者はすぐに瓶を取る。侍者は祭器卓から、ワインを右手に水を左手にして瓶を取る。侍者は祭壇の階段で跪き、奉献の際に司祭に瓶を手渡した書簡側の隅で、foot-pace の外の最上段に立つ。司式者がカリスを侍者に向かって保持する時、侍者は foot-pace に上がり近づく。侍者は司祭が合図をするまでカリスの中にワインをいくらか

注ぐ。その後、侍者は前にいた場所に戻る。司祭はワインを飲んだ時に、侍者のところに来る。侍者はカリスの中にワインを注ぎ（一般的に瓶の中に残っている全量）、その後水を注ぐが、両方とも司祭の指の上に注ぐ。司祭は通常、十分な量が
注がれた時に合図をするであろう。侍者はその後司祭に向かって再びお辞儀をし、瓶を祭器卓の上に戻し、Sanctus の後に点火した三本目のろうそくの火を消す。すすぎの際、侍者は瓶にも司式者の手にもキスをしない。

　侍者はその後、いつも通り中央を通る際に片膝をつきながら福音書側に行き、ミサ典書を持ち、中央を通る際に再び片膝をつきながら、祭壇の書簡側の端に持って行く。可能であれば侍者は foot-pace の上を踏まずにこれを行うべきである。侍者はミサ典書を祭壇上に、入祭文の時のように会衆の方に向けてまっすぐに置く。いくつかの教会では、次に侍者は書簡側でカリスベールを取り、同じように中央を通る際に片膝をついて、福音書側の中央寄りに置く[17]。その後、侍者は福音書側の最下段に行き跪く。侍者は聖体拝領後の祈祷文や Dominus vobiscum、Ite missa est あるいはこれに代わる小句に答える。復活の祝日 8 日間には司祭は Ite missa est に Alleluia を 2 回加え、侍者も Deo gratias の応唱の後に Alleluia を 2 回加える。侍者は祝福の際に十字の印をして、その後立つ。

　固有の最後の福音書がある場合、司式者は聖体拝領後の祈祷文の後でミサ典書を開いたままにしておく。これは侍者のための合図である。この場合、Ite missa est に答えたらすぐに侍者はミサ典書を再び福音書側に持っていく。ミサ典書を持って中央を通る際に片膝をつくのが祝福の際の跪きと一致するように合わせても良い。この場合、侍者は中央で両膝で跪くであろう。あるいは、侍者はミサ典書を決められた場所に持って行き、その後福音書側で祝福のために跪いても良い。

---

[17] Le Vavasseur, i, p. 372, と Martinucci, I, i, pp. 339-340, はこのカリスベールの一方の側から他方の側への移動について何も言及していない。これは荘厳ミサの際に行われることをまねしたものである（149 ページ）。読誦ミサではこれについて本気で取り組む権威はおらず、実際の文献もない。司式者はカリスを覆う時、左側からと同様かより容易に、右側からカリスベールを取ることができる。侍者は、ミサ典書を移動させた時、すぐに祭壇の段の定位置に行く方が良い。。

　侍者は最後の福音書の始まりの箇所で応唱をする間、前にいた福音書側で立ったままでいる。その後、書簡側へ行き、そこで司祭の方を向いて立つ。侍者は *Et verbum caro factum est* の節で司祭に合わせて片膝をつき、終わりで *Deo gratias* と答える。

　ミサ典書を祭壇の上に残すことになっているのでなければ、侍者はこの時ミサ典書を取り、左腕の上に載せる。侍者は書簡側で司式者を待つ。必要であればミサ後の祈祷文を唱えるためのカードを司式者に手渡す。ミサ後の祈祷文の間、侍者は書簡側の最下段で跪く。

　侍者は solita oscula を行いながら右手で司式者にビレッタを手渡し、司式者とともに片膝をつき、その後司式者の前で香部屋に行く。侍者はこれを行う前に祭壇のろうそくの火を消しても良い[18]。

　香部屋で侍者は、司祭とともに十字架に向かってお辞儀をし、ミサ典書を運んでいる場合にはミサ典書を置き、司式者が脱衣するのを手伝い、司式者にお辞儀をする[19]。

　その後、侍者そうすることになっている場合、祭壇に戻ってろうそくの火を消し、瓶を香部屋に持って来る。

　最後に侍者はスルプリとカソックを脱ぐ。

§5　死者ミサで

　死者ミサでは侍者はキスを全て省く。続唱 *Dies irae* が唱えられる場合にはその終わりまで、ミサ典書を移動するために立ち上がらない。ミサの終わりに司式者は *Ite missa est* の代わりに *Requiescant in pace* を唱える。これに対する答えは *Amen* である。祝福はないので、侍者は祝福のために跪かない。

§6　読誦ミサでの2人の侍者

　大祝日には2人の侍者がいても良い。この場合、2人の内の1人は第1侍者であり、上記のほぼ全てを行う。もう1人は第1侍者とともに答える。第1侍

---

[18] ミサ典書は司祭が祭壇を離れる前にろうそくが消されることを想定している（*Rit. cel.,* xii, 6)。しかしながら、現在、これはイングランドでは普通の慣習ではない。
[19] いくつかの教会では、この時に司式者が侍者にミサ後の祝福を与えるのが慣習である。

者とともにお辞儀をし、片膝をつくように注意しなければならない。常に反対側で跪くか立ちながら、第1侍者とともに場所を移る。

　奉献とLavaboの箇所で2人の侍者は書簡側ですべきことを分担する。奉献では第1侍者がワインの瓶を、第2侍者が水の瓶を持ち、そうして司式者に手渡す。

　Lavaboでは第1侍者は右手にタオルを持ち、第2侍者は瓶と皿を持つ。第1侍者が何かをどこからか別の場所に運ぶ間、第2侍者は立っている。彼らは奉挙の際にともに上り、カズラの端を保持する。彼らは聖職者あるいは会衆が祭壇に来て聖体拝領を受ける場合には、2人の間に布を広げて保持する。

　聖体拝領後に第1侍者がミサ典書を書簡側に持っていく時、他方はカリスベールを持ち福音書側に運び、そこで広げてカリスの近くに置く。彼らはこれを合わせて行わなければならず、第1侍者が第2侍者の前になって、中央で合わせて片膝をつく。

　すすぎの箇所では、第1侍者のみが祭器卓に行き、司式者に奉仕し、他方は定位置で立っている。

第11章　荘厳ミサ

　司祭により歌われる荘厳ミサの場合、それぞれの補佐者の役割を別々に述べるのが都合良いであろう[1]。荘厳ミサのいろいろな場面での各人の位置を示す図は185〜188ページにある。

§1　荘厳ミサでの聖歌隊

　全ての典礼儀式での聖歌隊のための一般的な指示については第5章、65〜68ページを参照のこと。

　聖歌隊は司式者と助祭・副助祭とともに入堂するか、あるいは聖務日課の1つ（一般的には三時課）がミサの直前に歌われる時のように既に祭壇前の自分の場所にいても良い。

　聖歌隊が司式者とともに入堂する場合、65ページで述べられているように2人づつ祭壇に向かって片膝をつき、自分の場所に行く。

　司式者が助祭・副助祭及び侍者とともに入堂する時に既に自分の場所にいる場合、聖歌隊は入堂の間立ち、司式者が聖歌隊にお辞儀をする時に返礼としてお辞儀をする。

　侍者と助祭・副助祭が祭壇の前で片膝をつく時、聖歌隊は片膝をつかない。灌水式の間、聖歌隊は立ち、聖水を振りかけられる際に十字の印をする[2]。司式者が祭壇の階段で準備の祈祷文を唱える間、聖歌隊は跪く[3]。司式者と助祭・副助祭が *Confiteor* を唱える間、聖歌隊のメンバーもまた2人づつになってこれを唱える。司式者が *Kyrie eleison* を唱える間、聖歌隊は2人づつになって同じように唱えるべきである。司式者が *Kyrie eleison* が歌われている間に座る場合には、聖歌隊も座る。司式者が *Gloria in excelsis* を唱える間、聖歌隊は

---

[1] Gavanti-Merati（i, pp. 89-103）はミサ典書のルブリカに従って、全儀式を一緒に記述している。Le Vavasseur（i, pp. 438-476）と De Herdt（i, pp. 413-486）もそうしている。Martinucci-Menghini（I, i, pp. 113-311）及び Van der Stappen（v, pp. 1-364）、Wapelhorst（pp. 131-166）は別々に各人のための指示をしている。また Le Vavasseur（ii, pp. 240-457）及び Martinucci（I, ii, pp. 31-85）も参照のこと。

[2] この時、全員が頭にかぶり物をしないで立つ。ズケットをかぶっている者は脱ぐ（60ページ）。

[3] 参事会会員及び高位聖職者は跪かない。

立ち、その後司式者が座る時に聖歌隊も座る。*Gloria* の終わりに司式者が立ち
あがる際、聖歌隊も立ち上がり、*Dominus vobiscum* と集祷文の間は立ち、書
簡とそれに続く歌（昇階唱、詠唱、続唱あるいはアレルヤ唱）の間は座る。福
音書が歌われる間は立ち、助祭が片膝をつく場合に片膝をつき、司式者がクレ
ドを唱える間は立つ。*Et incarnatus est* 等の節の箇所では、司式者がこれを唱
える際に、司式者とともに片膝をつく。司式者が座ったらすぐに彼らも座る。
Et incarnatus est が歌われる間、跪かずにお辞儀をする[4]。クレドの歌の終わ
りで司式者が立ちあがる時、聖歌隊は立つ。奉献で司式者が *Oremus* を歌った
時、聖歌隊は再び座る。司式者が献香を受ける間、聖歌隊は立ち、聖歌隊と助
祭が献香を受けるまで立ったままでいる。献香を受ける間、聖歌隊はお辞儀を
する。その後、司式者が密唱を終えるまで座っている。司式者が序唱の前に *Per
omnia saecula saeculorum* を歌う時、聖歌隊は立つ。聖歌隊は司式者とともに
Sanctus を唱える。聖歌隊はカリスの奉挙の後まで跪き、その後司式者の聖体
拝領の終わりまで立つ（平日のミサと斎日を除く、下記参照）。聖歌隊は司式者
とともに *Agnus Dei* を唱える。聖歌隊は聖体拝領後に座る。聖歌隊は司式者が
聖体拝領後の祈祷文の前に *Dominus vobiscum* を歌う時から祝福まで、再び立
つ。高位聖職者及び参事会での参事会会員が立つのを除き、聖歌隊はミサの終
わりで祝福のために跪く。祝福の時に全員十字の印をする。聖歌隊は最後の福
音書の間は立ち[5]、ミサの終わりまでそうしている。司式者と侍者の行列が退堂
する際、聖歌隊は行列に加わらない場合には立つ。

　待降節及び四旬節、四季の斎日、断食を守る前日の平日のミサ及び死者ミサ
では、聖歌隊のメンバーは集祷文及び聖体拝領後の祈祷文、*Oratio super
populum* の間と *Sanctus* から *Pax domini sit semper vobiscum* の応唱の終わ
りまで跪く。この規則の例外となるのは、御降誕・御公現・御復活・聖霊降臨
の前日、聖霊降臨の週の四季の斎日である。

---

[4] S.R.C. 1594, no. 3860, ad II. Cf. *Caer. Ep.*, Lib. II, cap. viii, n. 53.
[5] Le Vavasseur（I, p. 442）は聖歌隊のメンバーが最後の福音書の "Et verbum caro
factum est" の言葉の箇所で片膝をつくと言及している。Martinucci（I, i, p. 24）及び
Van der Stappen（v, pp. 4-5）はそうしないとほのめかしている。最後の福音書は本当は
司式者のミサ後の私的な感謝の部分であるので、多分これの方が自然であろう。しかし、
Martinucci は I, ii, p. 63, n. 221, で全員が片膝をつくとしている。

聖歌隊のメンバーは 59 ページに記された全ての場面でお辞儀をする。さらに荘厳ミサでは *Gloria in excelsis* 中、*Adoramus te, Gratias agimus tibi, Iesu Christe, Suscipe deprecationem* の言葉の箇所でお辞儀をする。クレドが歌われる間、聖なる名の箇所と *Et incarnatus est . . . homo factus est, Simul adoratur* の言葉の箇所でお辞儀をする。序唱の前で *Gratias agamus Domino Deo nostro* の箇所でお辞儀をする。ズケットをかぶっている者の場合にこれを脱ぐ規則については 60 ページを参照のこと。平和の接吻を与え、受けるやり方については 64 ページを参照のこと。

御降誕の全てのミサと聖母マリアのお告げの祝日のミサ[6]では聖歌隊はクレドの際に *Et incarnatus . . . homo factus est* の節の間跪く。齊日には聖歌隊は *Flectamus genua* の言葉で片膝をつき、*Levate* が歌われた時に立ちあがる。聖歌隊は、四旬節の詠唱中に *Adiuva nos, Deus salutaris noster* の節が歌われる際[7]及び聖霊降臨の主日とその 8 日間の昇階唱の *Veni sancte Spiritus*、御公現の福音書中の *Et procidentes adoraverunt eum* の言葉の箇所、イエズスの御名の祝日の書簡の *In nomine Iesu . . . infernorum* の言葉の間、ミサ典書のルブリカで *Hic genuflectitur* と指示のある他の全ての場面で跪く。聖歌隊がこれらの言葉で片膝をつくのは司式者が唱える時ではなく、歌われる時のみである。聖歌隊のメンバーが聖体を拝領する順番については 189～191 ページを参照のこと。

§2　祭壇への行列、行列用十字架

司祭が荘厳ミサを歌う時、祭壇への行列の前方で行列用十字架を担うことは、ローマでは慣習ではない。そのため、ローマでの儀式の本はこれについて通常言及していない。Gavanti が述べているように[8]、ミサ典書のルブリカは荘厳ミサのための準備の記述が不十分である。司教が祝う時には、司教儀式書はトゥ

---

[6] 聖母マリアのお告げのミサが唱えられる日。

[7] これらの言葉が出てくる詠唱 "Domine non secundum peccata," は四旬節の月曜日及び水曜日、金曜日の平日のミサで歌われる。

[8] Gavanti-Merati, Pars II, tit, ii, ad rubric V (*ed. cit.*, vol. i, p. 106)

ニチェラを着た副助祭が行列の前方で、香炉係の後ろで参事会の十字架を担うよう指示している[9]。

　司祭が祝う時に行列の前で十字架を運ぶことに反対する規則はない。多くの教会ではこれは慣習である。十字架が運ばれる場合、十字架持ちがいるであろう。司祭により歌われるミサでは、十字架持ちはカソックとスルプリを着る。十字架持ちは祭壇に来る時、及び再びミサの終わりに行列が教会を去る時に、行進で十字架を担わなければならないのみである。司祭が祝う時、十字架は我らの主の像を前に向けて運ばれる。十字架持ちはアコライトの間で歩く。十字架持ちは他の役目はない。行列が祭壇に到着した時、行列用十字架を内陣の都合の良い場所に立て[10]、一般に聖歌隊席の正面にある指定された場所に行き、そこでミサに列席し、聖歌隊のメンバーが行うように立ち、跪き、お辞儀をする。最後の福音書の間、退堂のための行列を組む時に十字架を持ち、祭壇前でアコライトの間にいて、他の者が片膝をつく時にも立っていて、回り、来た時のように退堂する。

　十字架持ちが十字架を運ぶ間は決して片膝をつかないことに留意すること。十字架持ちの両脇にいるアコライトについては 58 ページを参照のこと。一般的な規則に従い、香炉係は香炉を持っているかどうかに関わらず、常に行列の先頭を行く。十字架持ちとアコライトが香炉係に続く。

　香炉係が香炉を持ち行列を先導するのが教会の慣習である場合、行列が出発する前に香部屋で、助祭の補佐で司式者が香を香炉に入れていつものように祝別する[11]。

　行列用十字架があり、たいまつ持ちと聖歌隊のメンバーがいる場合、祭壇への行列の順番は次のようになるであろう。

---

[9] *Caer. Ep.*, Lib. I, cap. xv, §8.
[10] 書簡側に十字架のための台があるべきである。
[11] Martinucci はこれを許していない。I, ii, p. 34, n. 2.

荘厳ミサ

（聖堂番あるいは矛持ち）

（香舟持ち）、香炉係

第2アコライト、十字架持ち、第1アコライト

たいまつ持ちが2列で（たいまつなしで）

聖歌隊が2列で

式典係（MC）

副助祭

助祭

司式者

　この順番は行列に参加する者に従って変えられる。最も単純な順番は以下の通り。

香炉係

第2アコライト、第1アコライト

式典係（MC）

副助祭

助祭

司式者

　しかし、司式者がコープを着ている場合には助祭・副助祭は司式者の両脇を歩き、助祭が右側、副助祭が左側でコープの端を保持する。

　MCは助祭・副助祭の前ではなく、横で歩いても良い。

　Meratiはさらに、MCが行列の全員の前方を歩き、門を開ける等、途中で何か障害がないか確認するべきだとする著者を引用している[12]。これは現在では一般的ではない。

---

[12] Gavanti-Merati, Pars II, tit. ii,　§ 22 (vol. i, p. 108)

§3 灌水式

普遍的な教会法によれば、全ての司教座聖堂及び参事会管理の教会では、日曜日の主たるミサの前に聖水を聖職者及び会衆に振りかける儀式が行われなければならない[13]。イングランドでは司教団が全ての教区教会でこれを指示している[14]。

荘厳ミサの儀式の前に、この儀式をここで述べるのが都合が良いであろう。イングランドの教会では荘厳ミサは一般的に灌水式で始まる。

この儀式は決してミサの一部ではない。従って、司式者はこれのためにカズラではなくコープを着る。マニプルも身につけない。灌水式がミサの前に行われる場合、司式者のためのカズラは司式者及び助祭、副助祭のためのマニプルとともに sedilia に置かれる。行列が教会に入る時、司式者はマニプルとカズラを除く全てのミサの祭服を着ている。代わりに司式者にはその日の色のコープがある。助祭・副助祭はマニプルを除くミサの祭服を着ている。助祭・副助祭は折ったカズラを着る日には、一般的に灌水式の間これらを着ている。あるいはミサの前にこれらを着ても良い。

聖水はミサ前に香部屋で司式者、あるいは他の司祭によって祝別されるべきである[15]。これをコープを着る前に、ミサ典書及びローマ儀式書中の形式に従って行う。

祭壇に向かう際、香炉係が灌水器と灌水棒を持って先頭を歩く[16]。助祭・副助祭はコープの端を保持しながら、司式者の両脇を歩く。この場合、香部屋のドアのところで誰も聖水を取らない。祭壇前に到着した時、全員は通常の表敬を行う[17]。すなわち、全員片膝をつく。聖体がそこに納められていなければ司祭はお辞儀をし、聖体がそこで納められている場合は司祭もまた片膝をつく。アコライトはアコライトキャンドルを祭器卓に持っていって、祭器卓の上に立

---

[13] S.R.C., no. 4051, ad I; Martinucci, I, ii, p. 65

[14] *Ordo admin. sacr.* (ed. 1915), p. 240; *Rit. serv.* (ed. 1913), p. 56.

[15] ミサ典書のルブリカ、"Ordo ad faciendam aquam benedictam." の始まりの箇所。

[16] 香炉が行列の先頭で運ばれる場合、聖水は他の侍者かMCによって運ばれる。

[17] 典礼上の聖歌隊がいる場合、祭壇に向かって片膝をつく前に、全員はより高い位階の側から聖歌隊に向かってお辞儀をする。

て、その後祭器卓の近くで内陣の方を向いて横に並んで跪く。香炉係は祭壇の書簡側で、助祭の右側に行く。復活節であっても全員跪く[18]。助祭は香炉係から灌水棒を受け取り、聖水に浸し、通常のキスをして司式者に手渡す。司式者は灌水棒を取り、*Asperge me Domine* の交唱の先唱をする。聖歌隊がこれと詩篇 *Miserere* の最初の節、*Gloria Patri* と *Sicut erat* の節を続け、交唱を繰り返す。受難節では *Gloria Patri* と *Sicut erat* は省かれる。復活節では *Asperges me* の代わりに司式者は *Vidi aquam* を始める。これはミサ典書とミサ聖歌集の歌詞に従って続けられる。

司式者は最初の言葉を先唱する際、最初に中央、次に福音書側、次に書簡側で、祭壇に 3 回聖水を振りかける。聖水で自身の額に十字の印をして[19]、立ち上がり、最初にお辞儀をしている助祭、次いでお辞儀をしている副助祭に振りかける。跪いていた助祭・副助祭及び侍者、全員はその後立ち上がる。司式者は灌水棒を助祭に返し、助祭はいつものように solita oscula で受け取る。助祭は灌水棒を香炉係に渡す。

司式者及び助祭・副助祭、香炉係は片膝をつき、より高い位階の側（普通は福音書側、77 ページ参照）の聖歌隊に行き向かい合う。助祭は前のように再び灌水棒を香炉係から受け取り、司式者に手渡す。彼らは聖歌隊にお辞儀をし、聖歌隊は返礼としてお辞儀をする。司式者は聖歌隊に振りかける。聖歌隊席に数人しかいない場合、各人に振りかけても良い。大勢がいる場合、まとめて全員に3回、中央に1回、左側に1回、最後に右側に1回、振りかけるべきである。司式者と助祭・副助祭は再びお辞儀をして、他方の側の聖歌隊席に行き、前と同じ様に行う。

参事会会員が参事会で列席している場合、各人が別々に振りかけられ、司式者と助祭・副助祭は振りかける前後に各人にお辞儀をする。。

聖歌隊の後、司式者は祭器卓あるいは祭壇のそばに立つ侍者に振りかける。

その後、司式者は会衆に振りかけるために行く。これを行う際には様々な慣習がある。いくつかの教会では司式者は助祭・副助祭とともに内陣の入り口で

---

[18] ミサ典書のルブリカ
[19] 灌水棒で額に触れるか、あるいは灌水棒で親指に触れて、親指で十字の印をする。

会衆に向かって立ち、3回、最初に中央、次に書簡側と福音書側に振りかける。別の教会では、そしてイングランドではこの方が普通であるが、司式者は助祭・副助祭、香炉係（灌水器を持つ）とともに教会に下って歩き回り、通り過ぎる際に会衆に振りかける[20]。

香炉係は助祭のそばを歩き、司式者が歩きながら灌水棒を灌水器に容易に浸すことができるようにする。教会に下る際、司式者は最初に書簡側の会衆に振りかけ、その後祭壇に戻って来ながら福音書側の会衆に振りかける。

この儀式の間、司式者は助祭・副助祭とともに低い声で交唱を続け、*Miserere* の詩篇を唱える（復活節には *Confitemini*）[21]。全員に振りかけた時、司式者は灌水棒を助祭に手渡し、助祭は香炉係に渡す。香炉係は灌水器を祭器卓に持って行く。一行は祭壇に戻って来た時、祭壇に向かって通常の表敬を行い、その後祭壇の前で立つ。MC は続く小句と祈祷文が載った本を手渡す。助祭・副助祭はこの本を外側の手で司式者の前に保持する。司式者はミサ典書中の文章に従い、平日の調子で小節と祈祷文を歌う。復活節では *Alleluia* が最初の小句と応唱に加えられる。聖歌隊が答える。

祈祷文の後で *Amen* が歌われた時、助祭は本を MC に手渡し、MC は祭器卓の上に置く。司式者と助祭・副助祭は祭壇にいつもの表敬を行い（片膝をつく者は最下段で行う）、sedilia に行く。聖歌隊は座り、これが教会の慣習である場合、侍者は座る。

香炉係はこの時、香部屋に行き、ミサの始まりのために香炉の中に炭が準備できていることを確認する。

sedilia で司式者は侍者に手伝われて、コープを脱ぎ、カズラとマニプルを身につける。助祭・副助祭はマニプルを身につける。

司式者と助祭・副助祭が祭壇に来る時に、全員は立つ。

ここで一行は再び通常の表敬を行い、ミサを始める。

---

[20] Martinucci は両方の方法を許容している（I, ii, p. 68）。

[21] ミサ典書のルブリカでは司式者が詩篇全部を唱えるよう暗に示しているように思われる（" dicens submissa voce cum ministris psalmum Miserere mei Deus, " *loc. cit.*）。Menghini は司式者が祭壇に戻って来るまで、できるかぎり多くの節を唱えることで十分と考えている（I, ii, p. 68, note）。司式者はこれらの詩篇の両方（50 及び 117）を暗記しているべきである。

聖体が祭壇に顕示されている場合、祭壇には振りかけない。

洗礼盤のある教会では、御復活の主日と聖霊降臨の主日にはミサ前に会衆に水を振りかける儀式が行われるが、いつもの聖水ではなく、前日に洗礼盤が祝別される時に聖油を入れる前に洗礼盤から分けておいた水で行う。

司式者は会衆に振りかける儀式を自身で行わなければならない。他の司祭が行うことは許されていない[22]。

典礼上の聖歌隊がいない場所では、司式者は助祭・副助祭、次いで侍者、次いで会衆に振りかける。

歌ミサでは、当然助祭と副助祭がいないのを除き、全てが上記のように行われる。MC が司式者に灌水棒を手渡し荘厳ミサで助祭が行う全てのことを行いながら司祭の左側を歩き灌水器を保持するか、あるいは MC が司祭の右側でコープの端を持つ間に香炉係がこれを行う。教区での主たるミサが読誦ミサである時であっても、灌水式は行われなければならない。歌う聖歌隊がいない場合、司式者が交唱と残りを聞こえる声で唱え、侍者が小句を答える。

§4　荘厳ミサでの香炉係

香炉係は[23]ミサが始まる前の適切な時間に香部屋に来て、カソックとスルプリを着るべきである。通常、香炉係はその後、司式者の着衣を手伝う。

香舟持ちがいる場合、香舟持ちは単に、香舟を持って香炉係の左側について行き、必要な場合に香舟を MC に手渡さなければならない。香舟持ちは香炉係とともに片膝をつき、お辞儀をし、香炉を伴う全ての儀式で脇に立っている。ルブリカでは香舟持ちがいることを想定していない。司教儀式書は常に香炉係が自身で香舟を持つと想定している[24]（62 ページ、n. 10 参照）。しかし、Meratiは香舟持ちを考慮に入れている[25]。

---

[22] Martinucci, I, ii, 69, §267.

[23] 香炉係は実際にはアコライトの1人（第1）である。司教儀式書ではいつもそのように呼ばれている。例えば、Lib. I, cap. xxiii, §2, "ipse acolythus thuribulum deferens,"等。

[24] 例えば *Caer. Ep.*, Lib. I, cap. xxiii, §1.

[25] Gavanti-Merati, Pars II, tit. ii, §21 (*ed. cit.*, vol. i, p. 107)

　ミサ前に灌水式が行われる場合、香炉係は灌水器を持って教会への行列の先頭を行く。香炉係は祭壇前で助祭の右側に立ち、他の者に合わせて毎回片膝をつき、灌水棒を助祭に手渡し、上記のように（140 ページ）助祭の右側について教会に下る。灌水器を祭器卓に戻し、司式者と助祭・副助祭がカズラとマニプルを身につけるために sedilia に行ったらすぐに、香炉係は祭壇の前を通る際にいつものように片膝をついて香部屋に行き、そこで香炉の準備をするべきである。香炉係は炭に火をつけて香炉の中に入れ、香舟を右手に持ち、左手で香炉を教会に持って来なければならない。香炉係は Confiteor の終わりの前に内陣に到着しなければならない。香炉係は祭壇を通る際に片膝をつき、内陣の書簡側に行って立つ。

　灌水式が無い場合、香炉係は両手を合わせて教会への行列の先頭を行き、内陣の書簡側に立ち、Confiteor の間に香炉を持ち出すのに間に合うよう香部屋に戻るか、あるいは、より普通には、ミサが始まる前に香炉を準備し、香炉を保持して行列の先頭を行き、内陣の書簡側に立つ。

　香炉を扱い、香が祝別される間に香炉を保持する方法については 61〜64 ページを参照のこと。

　司式者が祭壇に上がったらすぐに、香炉係は書簡側の foot-pace の上で祭壇に上がって来る。ここで香舟を MC に手渡し、香を入れて祝別する間司式者の前で香炉を保持し、香炉を助祭に手渡し、MC から香舟を受け取り、foot-pace から教会の床に下りる。祭壇への献香が行われている間、香炉係はミサ典書を移動させなければならないかもしれない（154 ページ、n. 44 参照）。助祭が司式者への献香を行う時、香炉係は助祭の近くでいくぶん後ろの右側に立ち、助祭とともにお辞儀をする（図6、185 ページを参照）。香炉係は助祭から香炉を受け取り、香部屋に戻しに行く。その後、香炉係は聖歌隊席の正面の指定された場所か、アコライトとともに祭器卓の近くに来る。香炉係は待ちながら、集祷文あるいは書簡の終わりまでここで立つ[26]。

---

[26] 香炉係は、司式者が昇階唱あるいは詠唱、アレルヤ、続唱を読み終えたらすぐに香炉を手にしていられるように、香炉を取りに行かなければならない。香炉係が取りに行く時機はこれらの長さ次第である。短い昇階唱のみしかない場合、最後の書簡が歌われたらすぐに行くべきである。長い詠唱や続唱がある場合、副助祭が書簡を読み終わるまで

その後、香炉係は香部屋に戻り、香炉の中で炭が燃えているのを確認し、必要があれば炭を新しくし、福音書の前の祝別に間に合うように香炉を持って香部屋を出て来る。司式者が福音書を読み終えた時、香炉係は祭器卓から香舟を持ってきて前のように祭壇の書簡側に上がってくる。司式者はいつものように香を入れ、祝別する。香炉係は右手に香炉を持ち[27]、左手に香舟を持つ。香炉係はアコライトとともにアコライトの前で祭壇から下り、祭壇の階段前の内陣の中央に行き、階段からいくらか距離を置いてそこで待つ。

助祭と副助祭が来て香炉係とアコライトの正面に立つ[28]。MC が合図をする時、香炉係は他の者とともに片膝をつき、聖歌隊席に向かってお辞儀をする。その後、香炉係は行列の先頭に立って福音書が歌われる場所に行く。香炉係はここで助祭の左側に立ち、アコライトが香炉係の前を通れるようにする。福音書の際の一団については 187 ページの図 12 を参照のこと。

助祭が福音書のタイトルを読み上げる時、香炉係は香炉を閉じ、MC に手渡し、MC は本に献香するために香炉を助祭に渡す。MC は香炉を香炉係に返す。香炉係は香炉の蓋を少し上げて、前と同じ場所に立つ。香炉係は福音書が歌われる間、香炉を振るべきではない[29]。福音書が終わった時、アコライトと副助祭は立ち去る。助祭は司式者への献香を行うために残る。香炉係は助祭に香炉を手渡し、助祭の右側に立ち、献香の前後に助祭とともに司式者にお辞儀をする。献香が終わった時、香炉係は香炉を受け取る。

説教がある場合、香炉係は最初に中央で片膝をついて、すぐに香部屋に行く。クレドが歌われる場合、香炉係は中央に行き、そこで立ち、司式者が Deum の言葉を歌う際にお辞儀をし、その後、片膝をついて香部屋へ行く。クレドも説教もない場合、香炉係は出て行かず、内陣の書簡側で立っている。

香炉係は出て行った場合、香炉を持たずにすぐに戻って来て、いつもの場所に行く。クレドの歌の終わり近くに香炉係は再び香炉を香部屋から持って来る。

待っても良い。いずれの場合でも、いつものようにここで MC が香炉係に合図をするべきである。
[27] なぜならば、この時、香炉には祝別された香が入っているから。一般的な規則、61 ページ参照。
[28] 187 ページの図 11 を参照。
[29] Martinucci, I, i, p. 117, § 31.

香炉係は香炉を持ち出して内陣の書簡側で待つ。副助祭が祭壇から下りてきたらすぐに、香炉係は最初に香舟を祭器卓から持ってきて、祭壇に上り、いつものように香を入れて祝別するのを手伝う。助祭から香舟を受け取った時、香炉係は香舟を祭器卓に持って行く。司式者が祭壇への献香を行う間、香炉係はミサ典書を移動させる必要がなければ、両手を合わせてここの書簡側の床で立つ。（154ページ、n. 44）。

　助祭が香炉を司式者から受け取り司式者への献香のために下りて来る時、香炉係は助祭の左側、やや後方に行く。司式者及び聖歌隊、副助祭が献香を受ける間、毎回助祭とともにお辞儀をし片膝をつきながら、香炉係はこのように助祭について行く。

　助祭は副助祭への献香を行った後、香炉を香炉係に渡す。その後、香炉係は助祭（助祭は司式者の後方の自分の場所に行き、回って向く）に二振りを2回で献香を行い（64ページ参照）、その後、香炉係は立っている場所で各人の方を向いて、前後にお辞儀をしながら、MC及びアコライト、他の侍者にそれぞれ二振り1回で献香を行う。香炉係は内陣の入り口に来て、片膝をつき、会衆の方へ回り、二振り3回で、最初に中央、次いで書簡側、最後に福音書側で会衆への献香を行う。その後、香炉係は回り、再び片膝をつき、香炉を香部屋へ持って行く。通常、香炉係が出て行く時にはたいまつ持ちが後に続く（151ページ）。その場合、たいまつ持ちは香炉係の前で列になり、全員一緒に片膝をつき、聖歌隊にお辞儀をし、香炉係の後に続いて香部屋へ行く。

　香部屋で香炉係は、必要であれば香炉の火を新しくする。香炉係は奉挙の少し前に香炉を持って内陣に戻って来る。

　たいていの教会では、香炉係は聖歌隊がSanctusを始める際にたいまつ持ちを引き連れて戻って来る。香炉係を正面にして中央で全員が一緒に片膝をつく。その後、香炉係は書簡側に行き、そこで内陣の反対側を向いて立つ。聖変化のすぐ前に香炉係あるいはMCが香炉に香を入れる。その後、香炉係は香炉をMCに手渡し、MCは奉挙の際に跪いて聖体と御血に献香を行い、MCは香炉係の右側で跪く（図13、188ページ）か、あるいは香炉係自身が聖体と御血に

献香を行う[30]。献香を行うのが誰であれ、奉挙毎に香炉を二振り3回させ（実際には鈴が鳴らされる毎に1回づつ）、1回目の前と3回目の後にお辞儀をする。MCが献香を行う場合、香炉係はMCの横でともにお辞儀をする。

　奉挙の際の聖体と御血の献香の後で、香炉係は香炉を香部屋に持って行き、所定の場所に戻す。たいまつ持ちが残る時を除き[31]、香炉係はたいまつ持ちとともに片膝をつき、たいまつ持ちを連れて出る。香炉は再び使用しない。

　ここでミサにおける香炉係の役目は終わる。しかしながら、香炉係は他の侍者の役割を補わなければならないかもしれない。香炉を片付けた後、香炉係は内陣の自分の場所に戻って来て、ミサの終わりまでそこにいる。しかし、たいまつ持ちが聖体拝領の後まで残る日にアコライトがたいまつ持ちの代わりをする場合、香炉係とMCは他の日にアコライトが行う一定の務めを行わなければならない。

　この場合、次に香炉係は主祷文の *Dimitte nobis* の言葉の箇所で副助祭からフメラーレをはずすであろう。香炉係はフメラーレを畳んで祭器卓に持って行く。また、MCあるいは香炉係の隣に立っている者から平和の接吻を受けた時に、香炉係はカリスベールを回って祭壇の福音書側に持って行く。その後、香炉係はすすぎのための瓶を祭壇に持って行き、すすぎが終わったら瓶を祭器卓に戻し、自分の場所に戻る。

　聖職者が聖体拝領に行く場合（§11、189ページ参照）、香炉係はフメラーレを脇に置いた時に聖体拝領布を持って福音書側まで行きそこで床に跪く。*Indulgentiam* の祈祷文の後で、香炉係は中央に来てMCと合流する。香炉係とMCは一緒に片膝をつき、それぞれが聖体拝領布の端を持ち、聖体拝領布を2人の間に広げながら、分かれて祭壇の両端に行く（香炉係は福音書側に戻る）。香炉係とMCは向かい合って foot-pace の両端で跪き、聖体拝領布を2人の間に保持する。聖職者は聖体拝領布のところに来て聖体拝領布の上で聖体を拝領する。その後、MCと香炉係は再び中央に来て、そこで聖体拝領布を畳む。香

炉係は聖体拝領布を祭器卓に持って行き、その後、すすぎのための瓶を祭壇に持って行く。

行列が教会を離れる時、香炉係は両手を合わせてアコライトの前を行く。

§5　アコライト

２人のアコライトは可能な限り同じ背丈であるべきである[32]。ミサ前の適切な時間に香部屋に来て、カソックとスルプリを着る。他の誰かの務めでなければ、アコライトはそれぞれが一方の側の点火を行いながら、祭壇上のろうそくに点火する。祭壇十字架に最も近いろうそくから点火を始める。１人のアコライトが全てのろうそくに点火する場合、書簡側から始める[33]。香部屋でアコライトキャンドルに点火するか、あるいはこれらが点火されていることを確認する。その後、第１アコライトは助祭の着衣を手伝い、第２アコライトは副助祭の着衣を手伝う。司式者が着衣した時、アコライト２人はマニプルを助祭と副助祭にキスをして手渡し、各人の左腕につける。

ミサ前に灌水式がある場合、マニプルは香部屋では身につけない。

アコライトは香炉係に続き、行列の先頭を行く。行列用十字架が運ばれる場合、アコライトは行列用十字架の両脇を行く。第１アコライトは第２アコライトの右側を歩く。第１アコライトは右手でノブの下を保持し、左手を脚の下に置いて、アコライトキャンドルを運ぶ。第２アコライトは左手をろうそくのノブの下に保持し、右手を脚の下に置く。アコライトキャンドルをちょうど同じ高さに保持することが重要である。アコライトはこれを、見上げることなく、燭台の脚が同じ高さであることを見て確かめることができる。

祭壇の正面に到着する時、アコライトは片膝をつかず、すぐに両側の祭壇の階段の隅に行く。ここで回って向き合う。聖体が納められているかどうかに関わらず、アコライトは祭壇を通る時には常に片膝をつく。

司式者と助祭・副助祭が祭壇に到着したらすぐに、アコライトは彼らの後ろで合流し、ともに片膝をつく。その後、アコライトは司式者の後方で中央に行

---

[32] "In statura, quantum fieri potest, aequales" (*Caer. Ep.*, Lib. I, cap. xi, §8)
[33] S.R.C., 1 Feb. 1907.

き、再び片膝をつき、アコライトキャンドルを祭器卓に持って行く。アコライトはアコライトキャンドルを祭器卓に置き、その後、祭器卓の正面で祭壇を向いて並んで跪く。

ミサ前に灌水式が行われる場合、助祭と副助祭が立ち上がる時に、アコライトは同じ場所で立つ。司式者と助祭・副助祭が sedilia に行くまでそこで立ったままでいる。その後、彼らを手伝いに行く。MC が司式者を手伝う間、第1アコライトはマニプルを助祭に手渡し、第2アコライトはマニプルを副助祭に手渡す（140 ページ）。アコライトの1人がコープを香部屋に持って行く必要があるかもしれない。その後、アコライトは祭器卓の前の自分の場所に戻る。アコライトは準備の祈祷文の間ここで跪き、司式者が祭壇に上る時に立つ。務めを行っていない時には、普通、ここで福音書側を向いて立つであろう。

司式者と助祭・副助祭が坐りに行く時にはいつも、従って *Gloria*、クレドの箇所、おそらく *Kyrie eleison* あるいは続唱の歌の間では、アコライトは座席で彼らを補佐する。アコライトは、第1アコライトが助祭の坐る祭壇に近い方の側、第2アコライトが副助祭の場所で、sedilia に行く。第1アコライトは司式者と助祭のビレッタを持ち、第2アコライトは副助祭のビレッタを持つ。司式者が坐るとすぐに第1アコライトは司式者のビレッタを助祭に手渡し、助祭はこれを司式者に渡す。その後、アコライト2人はビレッタを助祭と副助祭に手渡す。アコライトは座席でダルマチカとトゥニチェラを整える。アコライトは司式者の前を通る場合、司式者にお辞儀をする。

助祭・副助祭が折ったカズラを着る日には、最後の集祷文が歌われる間、第2アコライトは副助祭のところに行き、折ったカズラの脱衣を手伝い、折ったカズラを祭器卓に持って行く。書簡の朗読の後で副助祭が司式者の手にキスをした時、第2アコライトは副助祭が再び折ったカズラを着るのを手伝う。同じ方法で、司式者が福音書を読む間、第2アコライトは折ったカズラを助祭からぬがせる。第1アコライトは助祭がいわゆる "broad stole" を着るのを手伝う[34]。ミサの終わりに助祭が聖体拝領後の祈祷文のためにミサ典書を移動させた時、

---

[34] 231 ページ参照。

第1アコライトは助祭が broad stole を脱ぐのを手伝い、それを祭器卓に持って行き、折ったカズラを持って来て助祭が着るのを手伝う。

　福音書が歌われる前に、司式者が香炉に香を入れる間、アコライトは祭器卓からアコライトキャンドルを持って来る。香炉係は祭壇の正面中央に下りて来て、そこでアコライトは香炉係の両脇に合流する（図11、187ページ）。その後、助祭と副助祭が彼らの正面に来て立った時、MCは合図をする。全員一緒に片膝をつき、左右の聖歌隊にお辞儀をする。その後、福音書が歌われる場所に行く。香炉係が最初に行き、次いで2人のアコライトが並んで行き、次いで助祭と副助祭が行く。アコライトは向きをかえ、第1アコライトが副助祭の右側になり、本を保持する副助祭の両脇で、助祭の方を向いて立つ（図12、187ページ）。福音書が歌われる間、アコライトは立ち、助祭が片膝をついたりお辞儀をする場合でも、アコライトはそうしない。

　福音書が終わった時、アコライトは中央に行って片膝をつき、アコライトキャンドルを祭器卓に戻す。司式者がクレドを唱える間、彼らはここのいつもの場所で立つ。アコライトは司式者とともに片膝をつく。彼らは *Gloria* の際のように助祭・副助祭のために準備をするために座席に行く。しかし、この時は助祭が祭壇の上にコルポラーレを広げてから戻って来るまでそこにとどまる。アコライトは聖歌隊が *Et incarnatus est* 等を歌う間、跪く[35]。第1アコライトは助祭が座る時に手伝い、その後、最初に司式者にお辞儀をして、自分の場所に戻る。

　副助祭が祭器卓でカリスを持つ時、第2アコライトはカリスベールを折り畳む。第1アコライトはタオルと皿、瓶を持ち、副助祭に続き祭壇に向かう。ここで第1アコライトはタオルを書簡側の端に広げてその上に皿と瓶を置く。第1アコライトは瓶を副助祭に手渡す[36]。カリスが満たされた時、第1アコライトはタオルと皿、瓶を祭器卓へ戻す。

　助祭が司式者への献香を行う間、第1アコライトはタオルを持ち、第2アコ

---

[35] Martinucci, I, i, p. 141, §48.
[36] 荘厳ミサでは第1アコライトは瓶を副助祭に手渡すため、瓶にはキスをしない。

ライトは右手に水の瓶を左手に皿を持つ[37]。司式者が献香を受けたらすぐに、アコライトは、第1アコライトが第2アコライトの右側になるように、書簡側の端で司式者の所に来て、お辞儀をする。第2アコライトは司式者の指の上から皿の中に水を注ぎ、第1アコライトは司式者にタオルを手渡す。司式者がタオルを返す時、アコライトは再びお辞儀をし、瓶等を祭器卓に戻し、祭器卓の前のいつもの自分の場所で立つ。アコライトは献香を受ける時、献香の前後に香炉係にお辞儀をする。

アコライトがたいまつ持ちとして務める場合は、以下の§6を参照のこと（151～153ページ）。そうでない場合、アコライトはカノンの間、祭器卓のそばにとどまる（図13、188ページ）。聖歌隊と同様にカノンの始まりから奉挙の後まで跪き、その後立つ。しかし聖歌隊が平和の接吻まで跪いたままでいる日には（134ページ参照）、アコライトも同じようにする。

司式者が主祷文で *Dimitte nobis debita nostra* の言葉を歌う時、第1アコライトは副助祭のところに行き、フメラーレを副助祭からはずして祭器卓の上に置く。

アコライトは司式者の聖体拝領の際にお辞儀をする。

聖職者の聖体拝領があり、アコライトがたいまつを持たない場合、アコライトは190～191ページの記述のように聖体拝領布を保持する。

司式者が祭壇上でかけらを集める時、第1アコライトはワインと水の瓶を祭壇に持って行き、副助祭に手渡す。途中で聖体に向かって片膝をつく。第2アコライトはその間に、祭壇の中央を通る際に片膝をつきながら、カリスベールを福音書側に持って行く。第2アコライトは再び片膝をつきながら、自分の場所に戻って来る。

アコライトはミサの終わりの祝福で自分の場所で跪き、最後の福音書の間は立ち、最後の福音書の始まりの際に司式者とともに十字の印をする。

---

[37] Martinucci, I, i, p. 141, §51; Le Vavasseur, i, p. 466. Van der Stappen は瓶と皿を第1アコライト、タオルを第2アコライトとしている（v, p. 21）。De Herdt は大きな問題とは考えていないように思われる（ii, p. 37, §4）。

　最後の福音書の終わりの頃に、アコライトはアコライトキャンドルを持ち、中央に来て、片膝をつき、香炉係に続いて香部屋へ戻る行列を先導する。聖歌隊が残る場合、アコライトは他の者とともに聖歌隊にお辞儀をする。

　香部屋でアコライトは十字架に向かってお辞儀をし、アコライトキャンドルの火を消して片付け、助祭と副助祭からマニプルを受け取る。司式者が祭服を脱いだ時、アコライトは助祭・副助祭の脱衣を手伝う。最後にアコライトは祭壇上のろうそくを消火するために戻る。アコライトは点火と逆の順序で消火を行う（146 ページ参照）。

　手があいている時のアコライトのための場所は祭器卓の前である。しかしながら、荘厳ミサでは、司式者と助祭・副助祭が座る時にはアコライトや香炉係、他の侍者も座っても良い。礼部聖省は彼らが聖職者席（presbytery）の段に座っても良いと述べている[38]。しばしば彼らには特別な場所、聖歌隊席の前の長椅子か椅子、が指定されている。手があいている時には、両手を胸の上で合わせる。しかし、司式者が歌うか読む時にはいつも両手を合わせている。座っている時には両手を両膝の上に置く。

　アコライトキャンドルは外側の手で、すなわち右側の第1アコライトは右手で、左側の第2アコライトは左手で保持する。アコライトは何かを片手のみで保持する場合にはいつも、他方の手は胸の上に置く。

　アコライトは司式者に何かを手渡す時には、最初に渡す物に、次いで司式者の手にキスをする。司式者から何かを受け取る時には、それが祝別されたものでなければ（祝別されたろうそくや枝の場合のように）、最初に司式者の手に、次いで受け取る物にキスをする。祝別された物を受け取る場合、最初に受け取る物にキスをする。司式者以外に物を手渡す時には、物にも手にもキスをしない。死者ミサではそのようなキスは全て省略される。

　アコライトは祭壇の前を通る時にはいつも中央で一緒に片膝をつく。アコライトがミサで聖体を拝領する場合、聖体を拝領する助祭及び副助祭、全ての司祭の後に行う。この場合、アコライトがたいまつを持つ場合には、最初にたい

---

[38] S.R.C., 18 Dec. 1779, no. 2515, ad V.

まつを他の侍者に手渡さなければならない。アコライトは聖体を拝領する前後に片膝をつく。

§6　　たいまつ持ち

ミサ典書のルブリカは、アコライト自身が奉挙の際にたいまつを持つことを想定しているように思われる[39]。多くの著者はそうであるべきだと述べている。いくつかの教会では2人のアコライトがたいまつを持ちに行くのが慣習である。しかし、他の侍者がたいまつ持ちに指名されるのがより普通である[40]。そういう訳で、他の侍者がたいまつ持ちである場合とアコライトがミサでこの務めを行う場合の2つの場合がある。

他の侍者がたいまつ持ちである場合、ミサの荘厳さに従い、2人、4人あるいは6人であって良い。たいまつ持ちはアコライトの後で、両手を合わせて、行列で教会に来る。たいまつ持ちは普通に片膝をついた後で、内陣で準備された場所、一般的には聖歌隊の前の席、に行く。ここで、序唱まで特別な役目はなく、聖歌隊のメンバーとしてふるまいながらミサに列席する。

その後、たいまつ持ちは内陣の中央に来て、一緒に片膝をつき、両手を合わせて2人づつ香部屋に行く。これは香炉係が奉献での献香の後で香部屋に行く時に合わせるのが普通である（151ページ）[41]。この場合、たいまつ持ちは中央で香炉係の前に立ち、香炉係とともに片膝をつき、香炉係に続いて出る。

香部屋でたいまつ持ちは点火したたいまつを持つ。香炉係に続いて、2人づつで内陣に戻り、香炉係とともに片膝をつき、両側の聖歌隊にお辞儀をし、互いに別れて列になって跪く（図13、188ページ）。

---

[39] *Rit. cel.*, viii, 8.　しかし、ここでの "acolythi" がミサに奉仕する2人のアコライトとはならない。ミサ典書及び司教儀式書では、全ての侍者は香炉係でさえもしばしばアコライトと呼ばれる（例、*Caer. Ep.*, Lib. I, cap. xxiii, §1）。司教ミサでは司教儀式書（Lib. II, cap. viii, §68）は "quatuor, sex, aut ad summum octo ministri." と言及している。

[40] Merati はたいまつ持ちがミサでの2人のアコライトではないと想定している（Pars II, tit. viii, §28; vol. i, p. 165）。たいていの最近の著者は両方の場合を考慮に入れている（Martinucci, I, i, p. 141, §53; Le Vavasseur, i, pp. 467-468; ii, p. 267; Van der Stappen, v, pp. 12, 21, etc.）。

[41] Merati（Pars II, tit, viii, §28; vol. i, p. 165）とたいていの著者はたいまつ持ちが香炉係とともに出て行き、香炉係とともに来ることを想定している。

　たいていのミサでは、カリスの奉挙が終わったらすぐにたいまつ持ちは再び出て行く。たいまつ持ちは立ち上がり、一緒に来て、先導して出る香炉係とともに全員が一緒に片膝をつき（145 ページ）、しかしこの時は、聖歌隊にお辞儀をしない。そうしてたいまつ持ちは2人づつ出て行き、たいまつを香部屋に戻し、戻って来て、片膝をつき、前のように自分の場所に行く。彼らにはこれ以上の役割はない。ミサの最後にたいまつ持ちは両手を合わせて中央に来て、他の者とともに片膝をつき、香部屋に戻る行列中で自分の位置につく。

　しかし、一定の場面ではルブリカはたいまつが聖体拝領の後まで残るように指示している。これらは齊日、及び待降節と四旬節に平日のミサが唱えられる時、平日のミサでの四季の斎日、前日のミサ、死者ミサ、司式者に加えて他の者が聖体を拝領する時である。

　しかしながら、御降誕・御公現・御昇天・聖霊降臨の前日、祈願祭、聖霊降臨の週の四季の斎日は除く。

　たいまつが残る日には、たいまつ持ちは1回目のすすぎの後まで内陣で跪いたままでいる。その後立ち上がり、片膝をつき、聖歌隊にお辞儀をし、2人づつ出て行く。

　たいまつ持ちが聖体を拝領する場合、その間はたいまつを他の誰かに手渡して聖体を拝領する間、保持していてもらう。

　ミサのアコライトがたいまつ持ちである他の場合には、アコライトは序唱の箇所で香炉係とともに出て行き、述べられているようにこの役目を行い、その後戻って来て、祭器卓のところの自分の場所に行く。

　アコライトがたいまつを持ち、たいまつが聖体拝領まで残る日である場合には、聖変化と聖体拝領の間に通常のアコライトの務めをすることができないことになる。この場合、アコライトの役目は他の侍者、普通はMCと香炉係によって代わって行われる（190 ページ）。

§7 式典係

　式典係 Master of Ceremonies（MC）[42]は自身が行わなければならないことばかりでなく、他の全員の役割も知っていなければならない。儀式が参加者全員により正しく行われることを確かめることは MC の役割である[43]。MC は必要があれば、なるべく目立たない合図で他の侍者を指導しなければならない。間違いが重要でなければ、その場はそのままにして後で指摘する方が賢明である。

　ミサが始める前の適切な時間に香部屋に来て（約 15 分前）、カソックとスルプリを着る。必要である場合には、MC はカリスとパテナ、またチボリウムを準備し、祭器卓の上に置く。MC はミサ典書中の場所を探して印をする。MC は祭器卓の上に、書簡と福音書の箇所に印をした朗読の本を準備する。MC はアコライトとともに Lavabo のための瓶とタオル、皿が祭器卓の上にあり、Sanctus の鈴が適切な場所にあり、香炉とたいまつ、他の必要となる全てのものが準備できていることを確かめる。ミサ典書は、ミサの入祭文の箇所で開いて、祭壇上で書見台かクッションの上に置くべきである。MC は司式者と助祭・副助祭に着衣する時間が来た時にこれを告げ、着衣が適切に行われることを確かめる。司式者が完全に着衣するまで、助祭・副助祭はマニプル（あるいは、使用される時には、折ったカズラ）を身に着けてはならない。

　MC は適切な時間に、行列が内陣へ行くための合図をする。それぞれの人が適切な場所で歩いていることを確かめる。MC 自身は助祭・副助祭とともに、副助祭のすぐ前か助祭・副助祭の右側を行く（137 ページ）。全ての務めの間、MC は何もかぶらない。

　内陣への途中で司式者が段を上がらなければならない場合、MC は司式者のアルバを持ち上げるであろう。司式者と助祭・副助祭がビレッタを脱ぐ時、MC は助祭と副助祭からキスをせずにビレッタを受け取る。MC は片膝をつき、ビ

---

[42] "Magister caerimoniarum" "caerimoniarius" 司教儀式書（Lib. I, cap. v, § 1）によれば、司教には 2 人の MC がいて、1 人目は司祭、2 人目は少なくとも副助祭であり、全員が行う役割を知っていなかればならない。

[43] "Si quid erroris accidat, aut incaute fiat, ipsi uni Caerimoniario imputari solet"（*Caer. Ep.*, Lib. I, cap. v, § 2）.

レッタを sedilia の上に置く。その後、助祭の右側、後方で祭壇を向いて跪く。MC は階段祈祷の間、低い声で司式者に答え、いつもの十字の印とお辞儀をする。

司式者が祭壇に上る時、MC も上る。ここで香炉係の左側に立ち、香炉係から香舟を受け取り、香舟を助祭に手渡す。香が祝別された時、MC は書簡側の最下段に下りる。司式者が祭壇の献香を行いながら、書簡側に来た時、MC はミサ典書を持つ。祭壇の書簡側の献香が行われたらすぐにミサ典書を戻す[44]。どの場合も MC は片膝をつかない。助祭が司式者への献香を行っている間、MC は書簡側の隅に立つ（図6、185 ページ）。MC は務めの間中、必要とされるあらゆる方法で司式者を補佐することができるように、普通いる場所が司式者の脇であることを忘れてはならない。司式者がミサの入祭文を始めたらすぐに、MC は司式者の右側に立ち、助祭・副助祭と半円を作る。MC はここで、右手の開いた掌で入祭文の箇所を指し示しても良い。MC が司式者の脇にいて、助祭がそこにいない時にはいつも、司式者が読むか歌う間、MC は箇所を指し示しページをめくりながらミサ典書のところで奉仕するであろう。

聖歌隊が Kyrie を歌うのに時間がかかり、聖歌隊が歌を終える間司式者と助祭・副助祭が座る場合、司式者が Kyrie を唱えたらすぐに MC は司式者について座席に行くであろう。

司式者と助祭・副助祭が座る時にはいつも、MC は教会を見下ろし両手を合わせながら、助祭の右側で、彼らの近くに立つ（図8、186 ページ）。その後、聖歌隊が Kyrie eleison の最後の祈りを歌う時、MC は司式者が祭壇に戻る合図

166[44] いくつかの教会では、この時と奉献の際の献香の両方で香炉係がミサ典書を持つ。Merati はこの問題を未決のままにしている（Pars II, tit. iv, § 24; vol. i, p. 120）："Caerimoniarius vel ipse Thuriferarius"（cfr. Pars II, tit. vii, § 68; vol, i, p. 154）. De Herdt（vol. ii, pp. 22, 25）と Le Vavasseur（i, pp. 452, 466）は MC が本を移動させると述べている。Van der Stappen も "si non adesset caerimoniarius"（v, p. 15; cfr. pp. 54, 58）と香炉係がこれを行う可能性を考慮しているものの、同様である。Martinucci は香炉係が無条件にこれを行うと述べている（I, i, p. 116, § 25; p. 117, § 37. しかし、I, ii, p. 39, § 48 を参照）。司教儀式書は祭壇の献香の詳述で（Lib. I, cap. xxiii）、本の移動について全く言及していない。
祭壇の献香の時に、MC あるいは香炉係のどちらがミサ典書を移動させるべきかという問題は未決のまま残されているに相違ない。しかし、権威の大勢は MC がそうすべきとしている。

として、聖歌隊と司式者にお辞儀をする。MC 自身は書簡側に行く。

 Kyrie の間に司式者と助祭・副助祭が座りに行かない場合には、最後の祈りが歌われる間、MC は助祭と副助祭に司式者の後ろで列になって立つよう合図をする。司式者が *Gloria in excelsis* の最初の節を先唱した時、MC は助祭・副助祭に、司式者の両脇に上って司式者とともに *Gloria* を唱えるよう合図をする。彼らが唱え終えた時、MC は短い方の経路で座席に行くよう合図をする。MC は彼らがお辞儀をするべき節が歌われる間に行くことのないよう注意を払わなければならない（135 ページ）。必要であれば、これらの節が終わるまで待たなければならない。しかし、出発してしまった場合は進む。MC は彼らが座る間、既に説明したように、彼らの脇に立ち、司式者がビレッタを脱ぐことになっている節の時の合図として、司式者にお辞儀をする。その後、その節が歌われる間、MC 自身は祭壇に向かってお辞儀をする。

 Gloria in excelsis の歌の終わりで、聖歌隊が最後の節 *Cum sancto Spiritu* を歌う間、MC は司式者が祭壇に行く合図として、聖歌隊と司式者にお辞儀をする。MC 自身は書簡側のミサ典書の所に行き、再び集祷文の箇所を指し示し、ページをめくる（図9、186 ページ）。

 司式者が最後の集祷文を始めたらすぐに、MC は祭器卓に行く。ここで MC は朗読の本をページの開く方が右側になるように両手に持つ。そうして MC は渡す前に 1 回お辞儀をして、副助祭に本を手渡す。その後、MC は副助祭の左側でやや後方に立つ。最後の集祷文が終わった時、MC は副助祭について中央に行き、副助祭とともに片膝をつき、書簡が朗読される場所に行く。書簡が朗読される間、MC は副助祭の左側に立ち、聖歌隊がお辞儀をするか片膝をつく場所がある場合には、聖歌隊に合図をする（聖歌隊にお辞儀をすることで）。そのような箇所では、MC は副助祭とともにお辞儀をするか、片膝をつく。

 長い続唱あるいは詠唱がある場合、MC は *Kyrie* の間のように助祭・副助祭に座るよう合図をするだろう。これは司式者が福音書を読んだ後であるべきである。しかしながら、しばしば助祭・副助祭はそれより前に行く。司式者は中央で *Munda cor meum* を唱え、副助祭はミサ典書を福音書側に運び、助祭は以下に述べられるように朗読の本を持つ。

　副助祭が書簡を読んだらすぐに、MC は副助祭とともに、片膝をつき聖歌隊にお辞儀をする。彼らは書簡側に行き、そこで副助祭は司式者により祝福される。その後、MC は朗読の本を持ち、お辞儀をし、最初にお辞儀をしながら本を助祭に手渡す。MC は司式者が福音書を読み終えるまで書簡側で待つ。その後、MC は foot-pace に上り、香が香炉に入れられて祝別される間、前のように補佐する。

　四旬節の一定の平日には（135 ページ、n. 7）、聖歌隊が *Adiuva nos Deus* の節を歌う間、司式者と助祭・副助祭は foot-pace の端に跪く。この場合、この節が歌われた後で香が祝別される。その後、助祭は *Munda cor meum* を唱える。

　助祭が *Munda cor meum* を唱える間、MC は香炉係とアコライトが中央に来てそこで待つのを確かめるであろう。助祭が司式者の祝福を受ける間、MC は助祭のすぐ後ろに立つ。その後、MC は助祭とともに中央に来る。ここで MC は副助祭の左側、あるいはアコライトの後方に立つ（図 11、187 ページ）。

　全員一緒に片膝をつき、左右の聖歌隊にお辞儀をし、福音書が歌われることになっている場所に行列で行く。彼らはこの順序で行く。最初に MC、次いで香炉係、次いで一緒になったアコライト 2 人、副助祭、助祭。

　この一団は福音書が読まれる場所で、図 12、187 ページのように整列する。

　助祭が *Sequentia*（あるいは *Initium*）　*s. evangelii* 等を歌う際、MC は額と唇、胸の上に十字の印をする。

　その後、MC は香炉係から香炉を受け取り、助祭に手渡す。本の献香が行われた時、MC は香炉を香炉係に返す。福音書の間、MC は助祭の右側に立ち、ページをめくる。助祭がどの節の箇所であっても片膝をつく場合、MC もそうする。この場合と、MC が始まりの箇所で十字の印をする時、司式者もまたそうするよう合図するために、MC は祭壇にいる司式者の方を少し向くようにした方が良い。

　福音書が終わったらすぐに MC はアコライトを率いて書簡側に行く。中央を通る際には全員片膝をつく。MC は副助祭の近くに立ち、朗読の本を副助祭から受け取る。MC は本を祭器卓の上に置く。

　ここで説教が続く場合、MC は説教者について説教壇に行っても良い。その後、MC は用意された場所に行って座る[45]。

　説教がない場合（あるいは説教が終わった時）、MC は書簡側に行って、そこで内陣の反対側を向いて立つ。MC は司式者とともに、お辞儀をし、十字の印をし、*Et incarnatus est* 等の言葉の箇所で司式者とともに片膝をつく。司式者がクレドを唱え終わった時、MC は司式者と助祭・副助祭に座席に行くよう合図をする。MC は彼らが座る際、必要となる全てのことを準備し、*Gloria* の間のように MC 自身は彼らの近くに立つ。聖歌隊が *Et incarnatus est* を歌う時、MC は司式者にお辞儀をし（司式者がビレッタを脱ぐ合図として）、その後、内陣の反対側を向いて跪く。MC は助祭にブルサを持って来る[46]。

　御降誕の 3 回のミサと聖母マリアのお告げの祝日のミサの際には、司式者と助祭・副助祭はこの節の箇所で書簡側の最下段で跪く（135 ページ）。高位聖職者のためにはクッションが置かれる。これらの場面で MC は合図をして必要とされる全てを準備し、その後、彼らの後ろで跪くであろう。

　Et incarnatus est の節が歌われたらすぐに、MC は助祭に合図をする（お辞儀をして）。MC は祭器卓に行き、前後にお辞儀をしながら助祭に持ってきたブルサを手渡し、その後、座席の近くで MC が立つ場所に戻る。聖歌隊が *Et vitam venturi saeculi. Amen* を歌う間、MC は司式者と助祭・副助祭に祭壇に行くよう合図をする。彼らは長い方の経路で行き、聖歌隊にお辞儀をし、祭壇の段のところで片膝をつく。MC は彼らとともに、お辞儀をし、片膝をつき、祭壇の書簡側の隅の自分の場所に行く。

　司式者が奉献で *Oremus* を歌った時、MC は副助祭に合図をし、その後、副助祭は祭器卓のところに来るであろう。ここで MC はフメラーレを副助祭の肩の上にかける[47]。フメラーレは右側が左側よりもやや下がっている方が都合が良い。副助祭はカリスを持ち祭壇まで運ぶ。

　ミサでクレドがない場合、福音書が助祭によって歌われたらすぐに MC は祭

---

[45] これは荘厳ミサの間 MC が座る唯一の機会である。

[46] あるいは助祭は祭器卓のところで受け取る（*Rit. cel.*, vi, 7）

[47] 数人の著者はアコライトの 1 人が副助祭にフメラーレを渡すことを提案している（Martinucci, I, i, p. 141, § 49; Le Vavasseur, i, p. 464）。

器卓のところに行く。ここで、副助祭がブルサとともにカリスを持つ前に、フメラーレを副助祭の肩の上にかける。

MC はカリスの覆いを取る際に補佐しても良い。MC は香の祝別でいつものように手伝う。祭壇の献香が行われる間、MC は最初、書簡側で待つ。しかし司式者が献香を行いながら書簡側に来る時、MC は福音書側まで行き、ミサ典書を持ち、司式者がミサ典書が置かれていた場所の献香に来る時、後方に下がり、そしてミサ典書を持ち去り、ミサ典書を持って床の上に立つ（in plano）。その後、祭壇の福音書側の端の献香が行われた時、上って来て、ミサ典書を決められた場所に戻して置く[48]。MCは司式者の近くでミサ典書のところに立ち、ページをめくる。司式者が両手を洗う間、MC はミサ典書の近くにとどまる。香炉係が MC への献香を行う時、MC は向きを変え、前後にお辞儀をする。司式者が序唱を始める準備ができた時、MC は回ってお辞儀をして、オルガニストにオルガン演奏を止めるよう合図をしても良い。

序唱が終わった時、MC は助祭に *Sanctus* のために司式者の右側に来るように合図をする。これが慣習であるところでは、副助祭もまた上がってきて司式者の左側につくであろう[49]。この場合、MC は後ろで立っていなければならない。カノンの始まりのところで、助祭はミサ典書のところの MC と交替する。MC は書簡側に行く。MC は書簡側の隅に立つ（図 13、188 ページ）。*Qui pridie quam pateretur* の言葉の箇所で、MC あるいは香炉係が[50]香炉に香を入れる。その後、MC は香炉係とともに書簡側で跪く。

MC は香炉を持ち、それぞれの奉挙（聖体とカリス）の際に二振り 3 回で献香を行い、1 回目の前と 3 回目の後に低いお辞儀をする。これは香炉の二振り 1 回が司式者が片膝をつく 2 回の動作及び片膝をつく間の奉挙と一致するように行われるべきである（鈴がある場合、鈴が鳴らされる時に）。しかし、いくつかの教会では香炉係自身が奉挙の際に献香を行う[51]。この場合、鈴を鳴らすこ

---

[48] 香炉係がミサ典書をどけるのでなければ（154 ページ、n. 44 参照。）
[49] 166 ページ、n. 65 参照。
[50] 次の注釈を参照。
[51] 司教儀式書（Lib. II, cap. viii, § 70）は MC「あるいは、あるアコライト」が献香を行うと述べている。この本によれば香炉係は「アコライトの内の 1 人」である。たいて

とになっている場合には、MC が鈴を鳴らしても良い。

　荘厳ミサでは Sanctus の鈴は全く鳴らす必要はない。明白な儀式はこの注意を不必要なものとする[52]。しかしながら、鈴を鳴らすことが慣習である場合には、Sanctus の際は第 1 アコライトが、奉挙の際は MC あるいは香炉係が鈴を鳴らす[53]。いずれにせよ、他の時には鈴は鳴らすべきではない。

　奉挙の後で MC は立ち上がり、*Per quem haec omnia* の言葉まで書簡側に立つ。その後、MC は副助祭の後ろを通り、中央で片膝をつきながら、ミサ典書の所に周って行く。この時 MC は再び司式者の左側でミサ典書の近くに立ち、ミサ典書のページをめくる。MC は毎回司式者とともに片膝をつく。*Pater noster* の前で司式者が *audemus dicere* の言葉を歌う時、MC は助祭に司式者の後ろに行って立つよう合図をする。*Pater* の終わりで（*dimitte nobis* の言葉で）MC は再び、助祭・副助祭に両方とも祭壇の書簡側に行くように合図をする。MC は *Agnus Dei* のために副助祭が司式者の左側に行くように再び合図をする。その後、MC は副助祭のための場所をあけるために後ろに下がる。助祭が平和の接吻を受ける間、MC は内陣の床に下り、副助祭の右側で立つ。助祭が平和の接吻を副助祭に与えた時、MC は聖歌隊に平和の接吻を与える副助祭について行く。これが行われた時、MC は副助祭とともに祭壇の段の前の中央に戻って来て、副助祭とともにそこで片膝をつき、副助祭から平和の接吻を受け、香炉係が祭器卓のところにいる場合はそうして香炉係に平和の接吻を与える。香炉係が祭器卓のところにいない場合、MC は平和の接吻を第 1 アコライトに与える。その後、MC は書簡側に行きそこで待つ。MC はすすぎで補佐しても良い。

いの著者はこの選択を未決にしている。Merati, Pars II, tit. viii, § 83. (tom. i, p. 165); Martinucci, I, i, p. 118, § 42; Le Vavasseur, i, p. 469, § 83. を参照。*Rit. cel.*, viii, 8, 及び De Herdt は香炉係が漸香を行うと述べている (ii, pp. 32-33)。Van der Stappen は MC が香を香炉に入れ、香炉係が漸香を行うと述べている (v, pp. 22, 59)。

[52] 司教儀式書は全てを正確に記述している (Lib. II, cap. viii)。しかし、鈴については何も記載がない。ローマでは荘厳ミサで鈴は鳴らさない。

[53] 漸香を行わないどちらかの者が。あるいは、奉挙の際にはアコライトが鈴を鳴らしても良い。

聖体拝領の交唱と聖体拝領後の祈祷文の朗読で、MCはミサ典書のページをめくり、場所を指し示す。その日固有の最後の福音書がある場合、MCはミサ典書を開いたままにして、この福音書の箇所を探して、*Ite missa est*が歌われた時にミサ典書を副助祭に手渡す。そうでなければ最後の聖体拝領後の祈祷文の後で、MCはミサ典書を閉じる。祝福の間、MCは書簡側で跪く。最後の福音書の終わり頃に、MCは退堂の行列を整える。MCはアコライトにアコライトキャンドルを持ち祭壇の段の前の中央に行くよう合図をする[54]。MCはsediliaからビレッタを持ってきて、助祭・副助祭に渡し（助祭には助祭自身と司式者のものを渡す）、助祭・副助祭とともに片膝をつき、聖歌隊にお辞儀をし、行列が入堂したように退堂する。

§8　副助祭

副助祭はミサが始まる前の適切な時間に香部屋に来て、両手を洗い、第2アコライトに手伝われながら着衣するであろう。副助祭は司式者が着衣するまではマニプルを身につけず、折ったカズラが使用される時には折ったカズラもその時まで身に着けない。司式者がビレッタを被った後で、副助祭はビレッタをかぶる。MCが合図をする時、副助祭はビレッタを脱ぎ[55]、十字架に次いで司式者にお辞儀をし、行列で助祭のすぐ前の自分の位置につく。灌水式がミサに先行する場合、あるいは何か他の理由で司式者がコープを着る場合には、副助祭は右手でコープの端を持ち左手は胸の上に置きながら、司式者の左側を歩く。教会に入る際にMCが副助祭に聖水を与える場合、副助祭は十字の印をするためにビレッタを脱ぐ[56]。聖歌隊席にさしかかった時に聖歌隊のメンバーにお辞儀をすることになっている場合には、助祭・副助祭は司式者の左右に立ち、司式者とともにお辞儀をする。この場合、聖歌隊席にさしかかったらビレッタを脱ぎ、ビレッタをMCに手渡す。そうでなければ、祭壇前で立つまで司式者と助祭・副助祭はビレッタをかぶり、位階の順を保つ。

---

[54] そして、十字架持ちがいる場合には、十字架持ちに対して。
[55] Martinucci, I, i, p. 179, § 8.
[56] これは灌水式の前には行わない。

　祭壇に到着したら、副助祭は左側に行く。副助祭は助祭とともに片膝をつく。灌水式については§3（138〜141ページ）を参照。

　祭壇の最下段の前に立ちながら、副助祭は助祭とともに祈祷文を答える。副助祭は司式者とともに十字の印をする。副助祭は司式者が *Confiteor* を唱える間、お辞儀をしない。副助祭は *Misereatur* を唱える時、中位のお辞儀をしながら司式者の方に少し向く。副助祭は *Confiteor* を唱える間、祭壇に向かって低いお辞儀をし、*tibi pater* と *te pater* の言葉の箇所で司式者の方を向く。副助祭は司式者が *Indulgentiam* の祈祷文を唱える間、まっすぐに立ち、*Deus tu conversus* 等の小句の間、軽くお辞儀をする。

　副助祭は何も持たずに立っている時にはいつも、両手を胸の前で合わせる。坐っている時、両手は膝の上に置く。何かを右手に持つ時、左手は胸の上に置く。

　司式者が祭壇に上る際、副助祭はついて行き、アルバの端を持つ。助祭・副助祭はミサの始まりの際に司式者が祭壇にキスをする時、片膝をつかない。

　司式者が香を祝別する間、副助祭は祭壇を向いて司式者の左側に立つ。副助祭にはこの儀式での役割はなく、行われているものを見回すべきではない。

　司式者が祭壇の献香を行う時にはいつも、副助祭は右手で司式者の肩の上でカズラの端を持つ。助祭とともに、祭壇の中央を通る時にはいつも片膝をつく。

　司式者が助祭に香炉を渡す時、副助祭はまっすぐ助祭の脇に行く。ここで、助祭の左側に立ち、司式者への献香の前後に助祭とともに司式者にお辞儀をする（図6、185ページ）。その後、助祭とともに書簡側の司式者の後方に行く。副助祭は助祭と司式者とで半円を作りながら、助祭よりも低い祭壇の段か、あるいは床の上に立つ（図7、185ページ）[57]。

　副助祭は、司式者と助祭とともに入祭文の始まりの箇所で十字の印をする。副助祭は *Kyrie* の祈りに助祭とともに答える。聖歌隊が *Kyrie eleison* を歌う間に司式者と助祭・副助祭が座る場合には、MC の合図で、祭壇に向かってお

---

[57] たいていの著者は彼らが半円を作ると述べている（Martinucci, I, i, p. 181, §23）。ミサ典書のルブリカは "diacono a dextris eius [sc. celebrantis], subdiacono a dextris diaconi stantibus in cornu epistolae"（*Rit. cel.*, iv, 7)とのみ述べている。Merati は "in recta linea"（Pars II, tit. iv, §32; tom. i, p. 123）と述べている。

辞儀をせずにまっすぐ座席に行く。彼らは祭壇の脇にいる時には、座席に行く前に中央に行かない。座席へ行く際には、副助祭が司式者の右側で助祭が司式者の左側になるように向きを変える。その後 sedilia で再び向きを変えると、彼らは正しい順になっている。sedilia で副助祭は最初に、司式者が座る時に司式者のカズラを座席の背もたれの後ろに掛かるようにする。助祭が司式者に司式者のビレッタを渡した時、助祭・副助祭の両方はアコライトから自分のビレッタを受け取り、司式者にではなくお互いに向かってお辞儀をし、坐ってビレッタをかぶる。助祭・副助祭は坐っている間、両手は両膝の上に置く。これは彼らが座席に座る時のいつもの規則である（図8、186 ページ）。MC の合図で助祭・副助祭は立ち上がり、長い方の経路で祭壇に行く。助祭・副助祭は最初にビレッタを脱いで、アコライトに手渡し、その後、立ち上がり、司式者が立ち上がるまで待ち、その後、司式者について祭壇に行く。列をなして聖歌隊にお辞儀をし、助祭・副助祭は片膝をつく。司式者が祭壇の段を上がる際には司式者のアルバの端を持つ。この全ては司式者と助祭・副助祭が座るたびに遵守されることになる。

　彼らが座席に行かなかった場合、聖歌隊が最後の *Kyrie eleison* を終えた時、助祭・副助祭は司式者の後ろで一直線になり、そのまま司式者とともに中央に行く。副助祭は床あるいは助祭より下の段の自分の位置を保つ。司式者が *Gloria in excelsis Deo* を先唱する間、副助祭は中央でこのようにして立つ。副助祭は *Deo* の言葉でお辞儀をし、その後、片膝をつかずに司式者の左側に行き、ともにお辞儀をし、終わりに十字の印をしながら、司式者と助祭とともに *Gloria* を唱える。彼らが *Gloria* を唱え終えた時、司式者と助祭・副助祭は上記の全てを遵守しながら、座席に行ってそこで座る。印のある節の箇所では、MC からの合図で副助祭は司式者と助祭とともにお辞儀をする[58]。お辞儀をする際、副助祭は常に最初にビレッタを脱ぎ、ビレッタを右手に持って膝の上に置き、左手は左膝の上に伸ばすであろう。司式者と助祭・副助祭は上記のように祭壇に戻る。副助祭は助祭の後ろで列をつくるように、司式者と助祭の後ろ

---

[58] 135 ページ参照

に立つ。司式者が *Dominus vobiscum* を歌う間、彼らはそうして立つ[59]。この位階を保ちながら、彼らは集祷文のために書簡側に行く。ここで彼らは列になって立つ（図9、186ページ）。彼らは司式者とともに毎回お辞儀をする。

　助祭によって *Flectamus genua* の節が歌われる場合、副助祭はその時に助祭とともに跪く。副助祭は "Levate" を歌い、最初に副助祭自身が立ち上がる。副助祭が折ったカズラを着ている場合、最後の集祷文が歌われている間にこれを脱ぐ。折ったカズラを第1アコライトに手渡し[60]、第1アコライトはこれを祭器卓の上に置く。副助祭は書簡の終わりに祝福された後に、再び折ったカズラを着る。

　最後の集祷文の始まりの時に、MCは朗読の本を自分の場所にいる副助祭のところに持って来る。副助祭はMCにお辞儀をして朗読の本を受け取る。副助祭は本を閉じて、胸のところで、ページの開く方が自分の左側になるようにして持つ。そうして、司式者が最後の集祷文の結語の *Iesum Christum* を歌うまで待つ。その後、副助祭は祭壇にお辞儀をして、段の前の中央に行き、片膝をつき、両側の聖歌隊にお辞儀をして、司式者の後ろの自分の場所に戻って来て、本を開き、書簡を読む[61]。ルブリカで跪くよう指示されている節がある場合、副助祭はそれを読む際に、最下段で祭壇を向きながら片膝をつく。副助祭は書簡を終えた時、本を閉じ、再び中央に行き、片膝をつき、前のように聖歌隊にお辞儀をする。副助祭は祭壇の書簡側の隅に回って行き、閉じた本を直立させて持ちながら、そこで foot-pace の端に跪く。司式者は右手を本の上部に置く。副助祭は司式者の右手にキスをして祝福を受ける。副助祭は本をMCに手渡し、中央を通る際に片膝をつきながら、ミサ典書を福音書側に持って行く。副助祭はミサ典書をここで決められた場所に置き、内陣の方を向いてミサ典書のそば

---

[59] "Gloria in excelsis" が歌われない場合、司式者と助祭・副助祭が祭壇の中央に来た時、"Kyrie eleison" の後すぐに "Dominus vobiscum" が上記のように続く。
[60] Martinucci は、第2アコライトに、と述べている（I, i, p. 191, § 96）。
[61] 書簡が聖書台で読まれるのが教会の慣習である場合、書簡の前に聖書台が祭壇の端で段の前に置かれるであろう（アコライトの内の1人によって）。副助祭は開いた本をその上に置き、書簡を読む間両手をページの端に置く。聖書台は後で片付けられる。この慣習は守られて良い（*Caer. Ep.*, Lib. II, cap. viii, §§ 40, 45; "ubi ita consuetum sit, in ambone." Cfr. S.R.C., 16 march 1591, no. 9, ad I）。

に立つ。そうして副助祭は司式者を待つ。司式者は福音書を読むために来る（図10、186 ページ）。副助祭は司式者の左側で小句に答え、十字の印をし、司式者とともにお辞儀をし、終わりに *Laus tibi Christe* を答える。副助祭はその後ミサ典書を祭壇の中央の方に移動させる。

聖歌隊が昇階唱の中で全員が跪く箇所の節を歌う場合、副助祭は司式者の左側で司式者とともに跪く。

副助祭は香が祝別される間、司式者の左側で待ち、その後、下りて、再び祭壇の最下段の前、やや左側で待つ。

助祭は朗読の本とともに来て、ここで副助祭と合流する（図11、187 ページ）。副助祭は助祭とともに、片膝をつき、聖歌隊にお辞儀をする。副助祭は助祭の左側、あるいはすぐ前で[62]、福音書が歌われる場所に行く。ここで副助祭はアコライトの間に立ちながら、助祭の方に向きを変える（図12、187 ページ）。助祭は朗読の本を副助祭に手渡す。副助祭は朗読の本を都合の良い高さで胸の前に開いて持ち、助祭が朗読の本を見て歌うことができるようにする。助祭が福音書を歌う間、副助祭はお辞儀も片膝をつくことも、他の合図もしない。

聖書台が使用される場合、最初に決められた位置に置かれ、その後片付けられる。副助祭は、両手を本の上端に置きながら聖書台の後ろに立つ。福音書が説教壇で歌われる場合、副助祭は助祭の右側に立ち、助祭に香炉を手渡し、ページをめくる[63]。

福音書が終わったらすぐに副助祭は本を司式者のところに持って行く。本を開いたまま持ちながら、聖体が顕示されている場合であっても途中で片膝をつかずに、副助祭は祭壇の書簡側にいる司式者のところにまっすぐに歩いて行く。司式者の前に着いたら、副助祭は福音書が始まる場所を開いた掌で示しながら、本を司式者の前で保持する。司式者が本にキスをした時、副助祭は一歩下がり、本を閉じ、司式者にお辞儀をし、祭壇の書簡側の階段を下り、前後にお辞儀を

---

[62] Martinucci（I, i, p. 184、§45）では「彼を先導する」。Le Vavasseur（i, p. 459）では「彼の左あるいは、もっと良いのは、彼を先導して」。Cfr. *Rit. cel.*, vi, 5 ("a sinistris") 及び *Caer. Ep.*, Lib. II, cap. viii, §44 "deinde subdiaconus manibus iunctis, ultimo diaconus."

[63] *Caer. Ep.*, Lib. II, cap. viii, §45. 両方の場合がここで規定されている。

しながら MC に本を渡す。助祭が司式者に献香をする間、副助祭はそこで助祭の方を向いて立つ。

　この時に説教が予定されている場合、副助祭は祭壇の中央にいる司式者の左側に行き、司式者の右側に上って来る助祭とともにそこで片膝をつく。そうして司式者と助祭・副助祭は座席に向かう。説教がない場合には、副助祭は助祭の後ろの自分の場所に行き、司式者がクレドの先唱をする前に、助祭とともに片膝をつく。副助祭は Deum の言葉の箇所でお辞儀をし、次いで片膝をつかずに司式者の左側に行き、司式者とともにクレドを唱える。司式者と助祭・副助祭は、クレドを唱え終えた時、Gloria in excelsis の際と全く同様に、座席のところに座りに行く。157 ページに書かれた日を除き、彼らは Et incarnatus est の言葉の箇所でビレッタをぬいでお辞儀をする。彼らは 135 ページに書かれた他の節でもお辞儀をする。クレドの間に助祭が祭壇の上にコルポラーレを置きに立ち上がる時、副助祭も最初にビレッタを脱いで右手に持ちながら、立ち上がる。副助祭は助祭が座席に戻って来るまでずっと立っているか、あるいは助祭が行ったらすぐに座り助祭が戻って来た時に再び立ち上がるであろう[64]。助祭が戻って来る時、副助祭は助祭にお辞儀をして、前のように座る。

　クレドの終わりの頃に、副助祭は司式者と助祭とともに、既に述べられた経路で祭壇に戻る（162 ページ）。クレドがない場合、福音書の後で司式者が献香を受けたらすぐに、助祭・副助祭は司式者の後ろで一列になって立つ。

　司式者が奉献で Dominus vobiscum と Oremus を歌う間、副助祭は助祭の後ろで立つ。副助祭は Oremus の言葉の箇所でお辞儀をし、次いで、片膝をつき、祭器卓に行く。ここで副助祭は MC から肩の上にフメラーレを受け取る。副助祭はカリスからカリスベールを取り、次いで、素手の左手でカリスのノブを持つ（フメラーレを通してではない）。カリスの上にプリフィカトリウムとパテナ、パラがある。副助祭はパラの上にフメラーレの右端を置き、そのように覆われたカリスの上に素手の右手を置き、片膝をつかずに最短の経路でまっすぐ祭壇に持って行く。ここで副助祭は祭壇の上にカリスを置く。助祭はパラと

---

[64] 両方の慣習が許されている。Caer. Ep., Lib. II, cap. viii, §54; Merati, Pars II, tit. vi, §41（vol. i, p. 139）; Martinucci, I, i, p. 186, n. 1.を参照。

165

パテナを取り除く。副助祭はフメラーレを身につけたまま、プリフィカトリウムでカリスの内側をきれいにし、次いで、カリスを助祭に渡す。副助祭はアコライトからワインと水の瓶を受け取り、ワインの瓶を助祭に手渡す。助祭がカリスの中にワインを注いだ時、副助祭は水の瓶を持ち上げ、司式者にお辞儀をし、司式者に *Benedicite pater reverende.* と唱える。司式者が水を祝別した時、副助祭はカリスの中に水を少量注ぎ、ワインと水の瓶をアコライトに返す。

ミサでクレドがない場合、副助祭はブルサをカリスの上で持って行く。助祭は最初にブルサを取り、コルポラーレを広げる（174ページ、n. 71）。その後、全ては上記のように進められる。助祭は副助祭にパテナを渡す。副助祭はパテナを素手の右手に取り、パテナをフメラーレの右端で覆い、そうしてパテナを胸の前に置く。副助祭は1つの場所から他の場所に歩く時、跪く時、献香を受ける間、*Orate fratres* に答えるか *Sanctus* で一緒になる時にはいつでも、副助祭はパテナをこのように持つ。そうして副助祭は、祭壇の最下段の前、中央の自分の場所にまっすぐに行き、段で片膝をつき、この時はパテナを目の高さまで上げて、右肘を左手で支え、フメラーレをパテナの上で前に垂れ下がるようにしながら、そこに立つ。何かの特別な務めのある時を除き、*Pater noster* の終わりまでこの時これが副助祭の普通の場所になる。

Orate fratres の箇所で、助祭が司式者の後ろの自分の場所にまだ戻ってきていない場合、副助祭が答えなければならない。その場合、副助祭はパテナを胸の高さまで下げ、お辞儀をし、そうして *Suscipiat Dominus* の応唱を唱える。その後、前のように、副助祭はまっすぐに立ち、パテナを高く上げる。

助祭が副助祭に献香をするために来る時（聖歌隊の後）、副助祭はパテナを下げ、右側にいる助祭の方を向き、献香の前後にお辞儀をし、次いで祭壇の方を向き、再びパテナを上げる。副助祭は片膝をつかない。

Sanctus の箇所で、助祭が司式者の右側に行く時、副助祭はパテナを下げながら司式者の左側に上って行く[65]。そうして助祭・副助祭は司式者とともに *Sanctus* を唱える。助祭が奉挙のために跪く時、副助祭もまたパテナを下げな

---

[65] いくつかの場所では、副助祭は "Sanctus" の箇所で上って行かない。S.R.C. (no. 2682, ad XXX) はこれを許容している。

がら、自分の場所で跪く（図 13、188 ページ）。副助祭はカリスの奉挙の後で立ち上がり、再び立っている。

　司式者が主祷文で *Et dimmite nobis debita nostra* の節を歌う時、副助祭は片膝をつき、祭壇の書簡側、助祭の右側に行く。副助祭はパテナを助祭に手渡す。次いで、アコライトあるいは香炉係が副助祭からフメラーレを受け取る。副助祭は片膝をつき、中央で段の前の自分の場所に戻る。ここで、再度片膝はつかずに、副助祭は両手を合わせて立つ。司式者が *Pax Domini* 等を歌う時、副助祭は片膝をつき、司式者の左側に行き、そこで司式者と助祭とともに再び片膝をつく。祭壇に向かってお辞儀をしながら、*Agnus Dei* 等を一緒に唱える。副助祭は *miserere nobis* と *dona nobis pacem* の言葉の箇所で胸を叩く。その後、副助祭は片膝をつき、元の自分の場所に戻る。この場所で助祭が平和の接吻を副助祭に与えるために来る。副助祭は書簡側の助祭の方を向き、前後にお辞儀をして、いつものやり方で平和の接吻を受ける。MC を伴い、副助祭は次いで、最初に片膝をつきながら、聖歌隊のメンバーに平和の接吻を与えに行く。副助祭は、最初に最も高位の者に平和の接吻を与える。そのような者が列席していない場合、副助祭は福音書側の祭壇から最も離れた列で、祭壇に最も近い者から始めるであろう。その後、書簡側で相当する者の所に行く。副助祭は福音書側の 2 番目の列で最も祭壇の近くに立つ者のところへ横切って来て、次いで書簡側の相当する者の所に行き、どんなに多くの列があっても各列について同じ様に行う。副助祭は祭壇を通り過ぎるたびに、中央で片膝をつく。平和の接吻を与える際、副助祭は最初に、平和の接吻を受ける者が副助祭にお辞儀をする間、この者の前に立つ。副助祭は返礼のお辞儀はしない。その後、副助祭は伸ばした両側の前腕と手を他者の両側の前腕と手の上に置き、他者の左の肩の上にお辞儀をしながら、*Pax tecum* と唱える。他者は *Et cum spiritu tuo* と答える。両者は次いで両手を合わせてお互いにお辞儀をする。しかし副助祭が高位の者に平和の接吻を与えなければならない場合、副助祭は両腕を平和の接吻を受ける者の両腕の下に置く。副助祭は聖歌隊の各列の先頭の者に平和の接吻を与えた時、MC とともに中央に戻って来る。ここで副助祭は片膝をつき、平和の接吻を MC に与え、司式者の右側に上り、再び片膝をつき、そこで立つ。

Domine non sum dignus の箇所で、副助祭は胸を叩かずに聖体にお辞儀をする。司式者の聖体拝領の間、副助祭は聖体に向かってお辞儀をする。司式者のワインの形式での聖体拝領の前に、副助祭はカリスの覆いを取る。副助祭がこれを行う通常の合図は、司式者がカリスの脚に触れることである。副助祭は毎回、司式者とともに片膝をつく。副助祭はすすぎのためにワインをカリスの中に注ぎ、次いでワインと水を司式者の指の上に注ぎ、司式者にプリフィカトリウムを手渡す。副助祭はワインと水の瓶をアコライトに返し、次いで助祭と場所を交替する。助祭はこの時、書簡側に来て、副助祭は福音書側に来る。助祭・副助祭は副助祭が助祭の後方で、中央で一緒に、一度だけ片膝をつく。福音書側で副助祭はカリスとプリフィカトリウム、パテナ、パラ、カリスベール、コルポラーレ、ブルサを、ミサの始めと同じ様に整える。副助祭は右手をブルサの上の置きながら、そうして整えられたカリスを左手に持ち、中央を通り過ぎる際に片膝をつきながらカリスを祭器卓まで運ぶ。

　副助祭は祭器卓から戻って来て、司式者と助祭の後ろで、祭壇の最下段の前の床の自分の場所につく。司式者がまだ祭壇の中央にいる場合、副助祭もまた中央の自分の場所に到着する時に片膝をつくが、そうでない場合には副助祭はすぐに書簡側に行かなければならない。副助祭は助祭の後ろで両手を合わせて立ち、助祭と司式者とともに中央に行き、書簡側に戻る。助祭が *Ite missa est* あるいは他の小句を歌う間、副助祭は祭壇を向いて立つ。その後、司式者が *Placeat tibi* の祈祷文を唱える間、副助祭は福音書側で助祭と同じ高さに上る。副助祭は助祭とともに跪き、祝福に対してお辞儀をする。その後、副助祭は立ち上がり、祭壇の福音書側の端に行き、最後の福音書で祭壇カードを持つかミサ典書のページをめくって司式者を補佐する。

　最後の福音書がその日固有のものである場合、*Ite missa est* の後で副助祭は書簡側に行き、ミサ典書を持ち、中央を通り過ぎる際に片膝をつきながらミサ典書を福音書側に移動させる。その後、副助祭は中央に戻って来て、前のように祝福のために助祭の横で跪く。最後の福音書の間、副助祭は応答をする。副助祭が祭壇カードを持っている場合、副助祭は十字の印もしないし *Et Verbum caro factum est* の節で片膝もつかない。最後の福音書が終わった時、副助祭は

祭壇カードを戻すか本を閉じて、foot-pace 上で司式者の左側に来て、司式者とともに十字架にお辞儀をして、司式者と助祭とともに教会の床に下りて来て、助祭とともに片膝をつき、ビレッタを受け取ってかぶり、助祭の前で香部屋に行く。聖歌隊へのお辞儀が行われることになっている場合には、入堂の際に行ったように、副助祭は司式者と助祭とともに聖歌隊にお辞儀をする。

香部屋で副助祭は司式者の左側に立ち、司式者とともに聖職者に、次いで十字架と司式者にお辞儀をする。副助祭は最初にマニプルと、折ったカズラが使用された場合には折ったカズラを脱ぐ。

ミサ後に君主のための祈祷文や他の祈祷文が祭壇前で唱えられることになっている場合、副助祭はそこで他の者とともに立ち、助祭とともに本を持って司式者を補佐する。副助祭はそのような祈祷文の前にマニプルを外すべきである。

必要のある場合には、副助祭は下級聖職者に代えられても良い[66]。この場合、マニプルは身につけず、奉献でカリスの中に水を注がずにこれを助祭に任せる。カリスに覆いをしたり覆いを取ったりしない。すすぎの後でカリスを清めることもしない。これは司式者によって行われる。その他の点では、この者は副助祭の全ての務めを行う。

§9　助祭

助祭はミサが始まる前の適切な時間に香部屋に来て、両手を洗い、着衣を行う。司式者が着衣を終えるまで、助祭はマニプルも折ったカズラ（これが使用されることになっている場合）も身につけない。助祭は司式者の右側に立つ。MC の合図で助祭はビレッタを脱いで、十字架にお辞儀をし、次いで司式者にお辞儀をする。そうして、助祭はビレッタをかぶり、副助祭の後ろで行列で内陣まで歩く。しかし、司式者がコープを着る場合には、助祭は左手でコープの端を持って司式者の右側を行く。助祭が MC あるいは副助祭から聖水を受ける場合、十字の印をするためにビレッタを脱ぐ。聖歌隊席を通る際に聖歌隊のメンバーにお辞儀をすることになっている場合、助祭は最初にビレッタを脱ぎ、

---

[66] S.R.C., 14 March 1906: "numquam nisi adsit rationabilis causa"　この者は少なくとも剃髪していなければならない（*ib.*）。

司式者を待って、司式者の手とビレッタにキスをしながら司式者のビレッタを受け取り、ビレッタを MC に手渡す。そうでなければ、助祭は祭壇前で司式者の右側に行き、ここで司式者のビレッタを同じやり方で受け取る。死者ミサではキスは省かれる。祭壇の最下段の前で助祭は司式者と副助祭とともに片膝をつき、次いでミサを始めるために立つ。ミサ前に灌水式が行われる場合は 138 ～141 ページを参照。

　助祭は副助祭とともに司式者に答えながら、階段祈祷に加わる。助祭は司式者とともに毎回十字の印をする。司式者が *Confiteor* を唱える間、助祭・副助祭はお辞儀をしない。助祭・副助祭は *Misereatur* の祈祷文を唱える間、司式者にお辞儀をする。助祭・副助祭は *Confiteor* を唱える間、祭壇に向かって低いお辞儀をして、*tibi pater* と *te pater* の言葉の箇所で司式者の方を向く。助祭・副助祭は司式者が *Misereatur* を唱える間、まだお辞儀をしている。*Indulgentiam* の祈祷文の箇所でまっすぐに立つ。彼らは *Deus tu conversus* 等の小句の箇所で再びお辞儀をする。務めの間中、何かを持たなければならないのでなければ、助祭は立つ時に両手を胸の前で合わせる。助祭は右手に何かを持つ時、伸ばした左手を胸の上に置く。助祭は座る時には両手を伸ばして両膝の上に置く。助祭は司式者の脇にいる時にはいつも司式者とともに片膝をつく。

　助祭は、階段を上る際に司式者のアルバの端を持ちながら、司式者とともに祭壇に上る。祭壇で助祭は MC から香舟を受け取り、香さじにキスをして司式者に手渡し、そうする時に司式者の手にキスをする。助祭は何かを司式者に手渡す時にはいつも、最初に物に、次いで司式者の手にキスをする。助祭は司式者から何かを受け取る時、最初に司式者の手に、次いで物にキスをする。これらは "solita oscula" であり、死者ミサの際には全て省かれる。

　助祭が香さじを司式者に手渡す際、助祭は *Benedicite pater reverende* と唱える。司式者が司教である場合のみ、助祭は *pater reverendissime* と唱える。助祭は述べられたやり方で司式者から香さじを受け取る。香が祝別された時、助祭は左手で鎖の下部を持ち、右手で上部の輪のすぐ下を持って、助祭は香炉

を受け取る。そうして助祭は、再び"solita oscula"で[67]、香炉を司式者に手渡す。

　司式者が祭壇の献香を行う間、助祭はカズラを肩のところで保持しながら、司式者の右側についていく。その後、助祭は司式者から"oscula"で香炉を受け取る。助祭は香炉を司式者に渡した時のように持ち、その後、手を持ちかえる。助祭は書簡側に下りて来て、ここで前後にお辞儀をしながら、二振り3回で司式者の献香を行う（図6、185ページ参照）。助祭は香炉を香炉係に手渡し、司式者の右側、foot-pace の下の最上段に行く。ここで助祭は入祭文の間、司式者のそばに立つであろう。MC は場所を指し示し、ページをめくる（図7、185ページ）。助祭は Kyrie eleison の受け答えをする。聖歌隊が Kyrie を終える間司式者と助祭・副助祭が座ることになっている場合、MC からの合図で助祭は他の者とともに祭壇にお辞儀をし、この時は司式者の左側になるように回り、司式者と副助祭とともに座席に行く。ここで助祭は司式者のビレッタをMCから受け取り、ビレッタを司式者に"solita oscula"で渡す。その後、助祭は自身のビレッタを受け取り、司式者が座るまで待ち、助祭にお辞儀をし、座ってビレッタをかぶる。彼らが立ち上がる時、助祭は最初にビレッタを脱ぎ、立ち、司式者のビレッタを oscula で受け取って MC に手渡し、両側の聖歌隊にお辞儀をし、階段を上がる前に中央で司式者とともに片膝をつきながら、司式者の右側で長い方の経路で祭壇に戻る。

　Kyrie の間彼らが座らない場合、助祭は司式者の後方の祭壇の中央、自分の段に行き、司式者が Gloria in excelsis Deo を先唱する間、中央で立つ。助祭は Deo の言葉の箇所でお辞儀をし、次いで、片膝をつかずに司式者の右側に上がる。ここで助祭は、司式者とともにお辞儀をし十字の印をしながら、司式者とともに Gloria を唱える。彼らが Gloria を唱え終えた時、助祭・副助祭は立っている中央で片膝をつき、上記を全て遵守しながら、司式者とともに座席に行き、そこで座る（162ページ）。他の者とともに、助祭は、指示された節でビレッタを脱ぎお辞儀をする（135ページ）。聖歌隊が Cum sancto Spiritu を歌う時、MC からの合図で、彼らは上記のように祭壇に戻って来る。祭壇の段を上

---

[67] 香炉は上部で鎖を固定している円盤のところにキスをする。

がる際、助祭は常に司式者のアルバの端を軽く持ち上げる。助祭は、*Dominus vobiscum* が歌われる間、司式者の後方で最上段に立ち、その後、書簡側で司式者の後方に行く。助祭は集祷文の間ここで立つ（図9、186ページ）。

Flectamus genua の節が歌われることになっている場合、助祭が片膝をつくと同時にこれを歌う。副助祭が *Levate* を唱えた時、助祭は再び立ち上がる。最後の集祷文が終わった時、助祭は司式者の右側に行き、書簡の際に司式者を補佐し、終わりに *Deo gartias* と答える。司式者が昇階唱を読む間、助祭はここで立ち、書簡の終わりに副助祭が祝福を受けるための場所をあけるために後ろに回る。司式者が福音書を始めたらすぐに、助祭はMCからの合図でMCから朗読の本を受け取る。助祭はこれを閉じたままで両手で胸の前に持ち、ページの開く方が左になるように、本の上部が目の高さ付近になるように本を持ち上げる。そうして助祭は祭壇の最下段の前で中央に行き、両側の聖歌隊にお辞儀をし、片膝をつき、階段を上がる。助祭は朗読の本を祭壇の中央に置き、そこで立つ（図10、186ページ）。

助祭は折ったカズラを着ている場合、MCから本を受け取る前に祭器卓に行き、アコライトの補佐で折ったカズラを脱ぎ、いわゆる "broad stole" を身につける（231ページ）。助祭はこれを、聖体拝領の交唱のためにミサ典書を祭壇の反対側の書簡側に移動させるまで、ミサを通して身につけている。その後、助祭は祭器卓に行き、broad stole を脱ぎ、再び折ったカズラを身につける。

福音書の前に香が祝別される時、助祭はいつものやり方で補佐する。その後、助祭はすぐに下り、foot-pace の端に跪き、低いお辞儀をし、*Munda cor meum* の祈祷文を唱える。その後、助祭は立ち上がり、朗読の本を祭壇から持ってきて、司式者を向いて foot-pace の上で跪き、*Iube domne benedicere* を唱える。司式者は助祭の方を向き、祝福を与え、閉じた本の上に手を置き、助祭は司式者の手にキスをする。

次いで助祭は立ち上がり、司式者にお辞儀をし、祭壇の段を下りて副助祭が待つ教会の床に行く。助祭は閉じてある朗読の本をまだ持ちながら、そこで副助祭の右側に立つ（図11、187ページ）。

助祭・副助祭は片膝をつき、聖歌隊にお辞儀をし、福音書が読まれることに

なっている場所に行く。この行列で、助祭は副助祭の脇か後方を歩く[68]。助祭・副助祭がその場所に到着した時（図 12、187 ページ）、副助祭は回って助祭の方を向き、助祭は本を副助祭の両手に委ね[69]、本を開き、両手を合わせて *Dominus vobiscum* を歌う。助祭は *Sequentia*［あるいは *Initium*］*sancti evangelii* を歌う時、左手を開いて本の上に置き、右手の親指で本中の福音書が始まる場所に十字の印をする。その後、助祭は左手を胸の上に置き、右手の親指で額と口、胸の上に十字の印をする。助祭は次いでMCから香炉を受け取り、本を二振り３回、中央・右・左で本に献香し、香炉をMCに戻し、両手を合わせ、そうして福音書を歌う。助祭はどの節でもそう指示されている場合には、本に向かいお辞儀をするか片膝をつく。

　福音書の終わりに、助祭は開いた右手の掌を福音書が始まる箇所に置いて、副助祭に示す。助祭はその場所で立ちながら、香炉を受け取り司式者の方へ向きを変える。司式者が本にキスをした時、助祭は前後にお辞儀をして、司式者を二振り３回で献香し、香炉をMCに返す。助祭は次いで司式者の方に行き合流する。説教がある場合、助祭は司式者の右側に行き、司式者とともに片膝をつき、そうして sedilia まで司式者に同行し、そこで司式者と助祭はいつものやり方で座る。

　説教がない場合、助祭は最上段で司式者の後ろの自分の場所に行き、この場所で片膝をつき、*Credo in unum Deum* が先唱される間立っている。助祭は *Deum* の言葉の箇所でお辞儀をし、片膝をつかずに司式者の右側に行き、そこで司式者と一緒にクレドを唱える。助祭は司式者とともに十字の印をし、お辞儀をし、片膝をつく。その後、クレドを唱え終えた時、司式者と助祭・副助祭はいつものやり方で座席に座りに行く。クレドがない場合、助祭は *Dominus vobiscum* と *Oremus* の際に司式者の後方に行って立ち、全てが下記のように続く（174 ページ）。聖歌隊が *Et homo factus est* の節を歌った後で、助祭は立ち上がり、ビレッタを自分の座席に残し、司式者にお辞儀をし、コルポラーレ

68　164 ページ、n. 62 参照。
69　助祭が本を聖書台あるいは説教壇に置かないのであれば（164 ページ）。

の入ったブルサを MC から受け取る[70]。助祭はブルサを両手で目の高さ付近に保持し、祭壇に持って行く。助祭は司式者の前を通り過ぎる場合、司式者にお辞儀をし、次いで聖歌隊にお辞儀をする。助祭は祭壇の最下段で片膝をつき、祭壇に上り、ブルサを祭壇の上に置く。次いで助祭はコルポラーレを取り出し、ブルサを福音書側の中央寄りで、燭台か壇に立て掛ける。助祭はコルポラーレを祭壇十字架の前に広げ、ミサ典書を都合の良いように配置し、祭壇の上に手を置かずに祭壇の前で片膝をつき、短い方の経路で座席に戻って来る。ここで助祭は自分のビレッタを取り、副助祭にお辞儀をし、座って自身でビレッタをかぶる。クレドの終わり頃に、MC の合図で助祭は他の者とともに、いつものやり方で、長い方の経路で祭壇に戻って行く。

Dominus vobiscum と *Oremus* が歌われる間、助祭は司式者の後方に立っている。*Oremus* の言葉の箇所で、助祭はお辞儀をし、すぐに司式者の右側に行く。副助祭はカリスとパテナを持って来る[71]。助祭はパラをはずし、コルポラーレの近くに置く。助祭は祭壇用ホスチアの載ったパテナを持ち、最初にパテナに次いで司式者の手にキスをしながら、パテナを司式者に手渡す。聖変化させることになっているホスチアの入ったチボリウムがある場合、助祭はチボリウムの蓋を開け、司式者がパテナを持っている場所の近くでチボリウムを持つ。奉献の祈祷文が終わった時、助祭はチボリウムの蓋をする。助祭はカリスを副助祭から左手で受け取り、プリフィカトリウムを左手の親指とカリスの幹部の間で保持して、ワインを注ぐ。通常、司式者はどの位の量のワインが注がれるべきかを示す合図をする。次いで副助祭が水を注ぐ。助祭はカリスの側面の分かれた水滴を拭き取り、左手で脚を保持しながら右手で幹部を持ち、最初にカリスの脚に次いで司式者の手にキスをしながら、カリスを司式者に手渡す。助祭はプリフィカトリウムを祭壇上でコルポラーレの近くに残す。司式者が奉献を行うためにカリスを持ち上げる時、助祭もまた右手をカリスの脚の上に置きながらカリスを保持する。助祭は左手を胸の上に置く。十字架を見上げながら、

---

[70] 157 ページ、n. 46 参照。
[71] クレドがなかった場合、副助祭はブルサをカリスの上にのせて持ってくる。次いで助祭は最初にコルポラーレを広げ、ブルサを燭台か壇に立て掛ける。助祭がこれを行う間、司式者は福音書側に少し離れて立つ。

助祭は奉献の祈祷文、*Offerimus tibi* を司式者とともに唱える。司式者がカリスをコルポラーレの上に置く時、助祭はカリスをパラで覆い、パテナを副助祭に手渡す。次いで助祭はいつものやり方で香の祝別を補佐する。祭壇が献香される間、左手でカズラの肩のあたりの端を持ちながら、助祭は司式者についていく。生贄の献香の後で、祭壇十字架が献香されている間、助祭はカリスを書簡側に、しかしコルポラーレの外側ではない位置に移動させる。その後、助祭はカリスを中央に戻す。助祭は毎回司式者とともに片膝をつく。献香の終わりに助祭はいつもの oscula で香炉を受け取り、祭壇から下りて、香炉係が助祭の左に立つ中をミサの始まりの時に行ったように司式者の献香を行う。香炉係を伴って、助祭は次いで聖歌隊の献香を行う。最初に助祭と香炉係は中央で片膝をつき、その後、助祭は福音書側の聖歌隊の献香を行う[72]。助祭は福音書側の全員に一度お辞儀をして、各人二振り1回で献香を行い、次いで再びお辞儀をする[73]。助祭は回り、中央で片膝をつき、同じやり方で書簡側の聖歌隊の献香に行く。助祭は毎回、副助祭の右脇のそばで片膝をつく。その後、助祭は副助祭の右側に来て、中央を通り過ぎる場合には片膝をつき、回り、副助祭に二振り2回で献香を行う。助祭は香炉を香炉係に手渡し、司式者の後方で最上段の自分の場所に上がり、片膝をつき、回り、前後に香炉係にお辞儀をして自身が献香を受ける。助祭は祭壇の方を向き、再度片膝はつかない。助祭は自分の場所に間に合った場合には、*Orate fratres* に答える。そうでなければ副助祭がそれを行う。序唱の間、助祭は司式者の後方で立つ。最後の言葉で（*supplici confessione dicentes*）、助祭は片膝をつかずに司式者の右側に行く。お辞儀をしながら、助祭は司式者とともに *Sanctus* を唱える。助祭は *Benedictus* の言葉の箇所で十字の印をする。その後助祭は、中央を通り過ぎる際に片膝をつきながら、司式者の左側に行く。

　カノンの間、助祭は司式者の左側でミサ典書のそばに立ち、位置を指し示し、ページをめくる。生者と死者の記念の箇所で、司式者によって話される名前を聞かないよう、一歩か二歩後ろに下がるのが普通である。*Quam oblationem* の

---

[72] あるいはより高位の側（77 ページ参照）。
[73] 高位聖職者あるいは参事会で参事会員が列席している場合、助祭は最初に彼らに献香を行い、献香の前後に各自別々にお辞儀をする。

言葉の箇所で、助祭は中央で片膝をついて、司式者の反対側に行く。コルポラーレの上にチボリウムがある場合、助祭はチボリウムの蓋を開ける。助祭はfoot-paceの端で跪き、聖体の奉挙の際にカズラの端を持ち上げる（図13、188ページ）。司式者がこの奉挙の終わりに片膝をついた後立ち上がる際、助祭はすぐに立ち上がり、チボリウムがあればチボリウムの蓋をして、カリスの覆いを取る。その後、助祭は前のように跪き、再度カズラを持ち上げる。カリスの奉挙の後すぐに助祭は再び立ち上がり、カリスをパラで覆う。その後、助祭は司式者とともに片膝をつく。助祭は中央でなく到着した位置で片膝をつきながら、司式者の左側に周って行く。助祭は位置を指し示し、ページをめくりながら、ここにとどまる。

Per quem haec omnia の言葉の箇所で助祭は片膝をつき、中央で片膝をつかずに再び司式者の右側に行く。司式者が *praestas nobis* を唱える時、助祭はカリスからパラを取り、次いで司式者とともに片膝をつく。司式者が指をカリスの上に置いたこの時の奉挙の後で、助祭は再びカリスをパラで覆う。助祭は司式者の脇にいる時には常に司式者とともに片膝をつく。*Pater noster* の直前に、*audemus dicere* の言葉の箇所で助祭は片膝をつき、左に回り、司式者の後方の最上段に行く。ここで助祭は再度片膝はつかずに、主祷文の間ここで両手を合わせて立つ。*Dimitte nobis* の言葉の箇所で、助祭は副助祭とともに片膝をつく。両者は司式者の右側で、助祭の方が司式者の近くになるように、書簡側に行く[74]。助祭は副助祭からパテナを受け取り、プリフィカトリウムできれいにして、"solita oscula" で司式者に手渡す。助祭はカリスからパラを取り、いつものように司式者とともに片膝をつき、小片がカリスの中に入れられた時に再びカリスをパラで覆う。ここで司式者の右側に立ちながら、助祭は *Agnus Dei*

---

[74] Martinucci（I, i, pp. 226, 227）は助祭が、司式者が主祷文を歌った時に "Sed libera nos a malo" を、また "Pax" の後で "Et cum spiritu tuo" を低い声で答えるべきだと述べている。他方、*Ephemerides liturgicae*, xiii (1899), p. 736 はこの慣習に根拠はないと言明している。どの典礼書のルブリカも、礼部聖省のどの決定もこれを認めていない。他の全ての応唱の場合には聖歌隊のみがこれらを歌い、他の誰もさらに朗唱はしない。ここで例外にしなければなからない理由は、どうやら、司式者が急ぐことを可能にすること以外には無いように思われる。司式者は聖歌隊が典礼儀式の役割を行うまで待つ方が良い。Van der Stappen, iii, p. 448. を参照。

を一緒に唱える。この祈祷文が終わった時、助祭は司式者の右側で跪く。司式者が最初の聖体拝領の祈祷文 *Domine Iesu Christe qui dixisti apostolis tuis* を唱えた時、助祭は立ち上がる。両手を合わせて、司式者と同時にコルポラーレの外側で祭壇にキスをし、司式者の方を向き、お辞儀をし、両腕を司式者の両腕の下に置き、いつものやり方で司式者から平和の接吻を受ける（64 ページ）。助祭は再びお辞儀をし、聖体に片膝をつき、副助祭の所に行き、副助祭に平和の接吻を与える。一般的な規則に従い、助祭は与えた後にのみお辞儀をする。その後、助祭は司式者の左側に上って来て、片膝をつき、すすぎの後までそこにとどまる。司式者の聖体拝領の際に、助祭は低いお辞儀をする。ミサ中に聖体が配布される場合は、189～191 ページを参照。

　すすぎの後、助祭は中央のみで片膝をつきながら、ミサ典書を書簡側に移動させる。助祭が broad stole を身につけている場合、助祭はこの時に祭器卓に行き、broad stole を脱ぎ、再び折ったカズラを身につける。助祭は次いで、片膝をつかずに、司式者の後方の最上段の自分の場所（書簡側か中央のどちらか）に再び行く。助祭は *Dominus vobiscum* のために司式者に従って中央に行き、聖体拝領後の祈祷文のために司式者の後方で書簡側に行く。これらの後で助祭は司式者と副助祭とともに中央に行く。司式者は *Dominus vobiscum* を歌う。助祭は背中を司式者に向け、会衆の方に向きを変え、*Ite missa est* を歌う。聖体が顕示されている場合、助祭は背中を聖体に向けないで、福音書側に下がり内陣の書簡側を見渡すようにする。助祭が *Benedicamus Domino* か *Requiescant in pace* のどちらかを歌わなければならない場合、助祭は向きを変えずに祭壇の方を向いてその小句を歌う。司式者が *Placeat tibi* の祈祷文を唱えた時、助祭は祭壇の方を向きながら書簡側に進み、祝福のために foot-pace の端で跪く。祝福の際、助祭はお辞儀をしながら十字の印をする。最後の福音書の間、助祭は両手を合わせて、その場で立っている。助祭は右手の親指で額と唇と胸の上に十字の印をし、*Et Verbum caro factum est* の言葉の箇所で司式者とともに片膝をつく。助祭は司式者の右側の foot-pace に上り、司式者とともに祭壇にお辞儀をし、司式者と副助祭とともに床に下りて来る。助祭は司式者と副助祭とともに片膝をつき、司式者のビレッタを持ち、いつもの "solita oscula"で司式者に手渡し、自身のビレッタを持ち、司式者が被った後で自身もかぶり、聖歌隊へのお辞儀を行うことになっている場合には入堂の時のように聖歌隊にお辞儀をして、副助祭の後ろで香部屋に行く。ミサ後に祈祷文を唱える場合、助祭は他の者とともに祭壇の前に立ち、副助祭とともに本を保持する[75]。香部屋で助祭はビレッタを脱ぎ、聖職者と司式者にお辞儀をし、マニプル（折ったカズラを身につけている場合には折ったカズラも）をはずす。助祭は司式者が脱衣を終えた後に脱衣を続ける。

§10 荘厳ミサの司式者

　荘厳ミサを歌うことになっている司祭は、自分の準備をした後で着衣の場所に来て、両手を洗い、それぞれの祭服を着る際にミサ典書中の祈祷文を唱えながら着衣をする（助祭・副助祭が既に着衣を済ませている中で）。MC が合図をするまで、司式者は助祭と副助祭の間でビレッタをかぶりそこで待つ。その後、ビレッタを脱いで、香部屋内の十字架及び助祭、副助祭にお辞儀をし、行列の最後尾で他の者について行く[76]。香部屋を後にする時に助祭が司式者に聖水を与える場合、司式者はビレッタを脱いで十字の印をする。行列が聖体の納められている祭壇を通り過ぎる場合、司式者は聖体に片膝をつく。聖歌隊のメンバーが聖歌隊席にいて表敬を行うことになっている場合、司式者は聖歌隊席の入り口でビレッタを脱いで助祭に手渡し、138 ページ、n. 17 で述べられているようにお辞儀をする。そうでなければ、司式者はまっすぐ祭壇の段に行く。ここで司式者はビレッタを脱ぐ。聖体が主祭壇に納められている場合、司式者は片膝をつくが、そうでない場合は祭壇に低いお辞儀をする。灌水式については138〜141 ページを参照。

　荘厳ミサでは司教は3つの声の調子を使う。ミサのいくつかの部分は、規定された単旋律聖歌の旋律で声を出して歌われる。これは vox sonora である。読誦ミサで声を出して唱えられる他の全ての祈祷文（*Gloria in excelsis*, 福音書、

---

[75] 厳密には、司式者と助祭・副助祭は、これらの内の1人が説教をする時のように、これらの祈祷文の前にマニプルをはずすべきである。
[76] 司式者がコープを身につけている場合、司式者はコープの端を持つ助祭・副助祭の間を歩く。

クレド、*Sanctus* 等）は荘厳ミサでは、voce submissa で話される。これは周囲の人に聞こえるほど十分高いが、歌を妨げる程は高くないことを意味している。しかし、会衆を祝福する式文は "voce intelligibili" で唱えられると特別に言及されている（*Rit. cel.* xii, 1）。3番目の調子は vox secreta であり、極めて低いが自身には聞こえる。読誦ミサで密やかに唱えられる祈祷文（奉献の祈祷文、カノン、聖体拝領の祈祷文等）は荘厳ミサでこれと同じ調子で唱えられる。

　助祭・副助祭の間で祭壇の最下段の前に立ちながら、司式者はミサを始める。司式者は *Confiteor* を唱える間低いお辞儀をする。*vobis fratres* と *vos fratres* の言葉の箇所で司式者は最初に助祭の方を、次いで副助祭の方を向く。司式者は助祭・副助祭が *Misereatur* を唱える間お辞儀をしたままでいる。司式者は助祭・副助祭が *Confiteor* を唱えながらお辞儀をしている時、助祭・副助祭にお辞儀をしない。司式者は祭壇に上り、中央で祭壇にキスをして、次いで助祭が *Benedicite pater reverende* を唱えた後に、*Ab illo benedicaris in cuius honore cremaberis. Amen* と唱えながら、香さじで香炉に香を3回入れる。司式者は香さじを助祭に返し、香炉の上で十字の印をする[77]。司式者が香炉に香を入れて祝別する間、司式者は左手を胸の上に置く[78]。これは香が祝別される不変の方法である。助祭は香炉を司式者に手渡し、司式者は祭壇の献香を進める。これは奉献の時に同じやり方で行われる。聖体が聖櫃に納められている場合、司式者は最初に片膝をつき、そうでなければ司式者は祭壇十字架に低いお辞儀をする。司式者は祭壇十字架に二振り3回で献香を行う[79]。その後、司式者は前に行ったように、片膝をつくかお辞儀をする。燭台の間に聖遺物か像がある場合、司式者は次いで、最初に福音書側で全て一緒に香炉を二振り2回で、自身は祭壇の中央から移動せずお辞儀もせずに、これらの献香を行う[80]。司式

---

[77] 一般的に、炭の上に香を入れる間に、司式者はこの式文 "Ab illo benedicaris" 等を唱えるべきであると言われている。その後、司式者は何も言わずに十字の印をする。Merati, Pars II, tit. iv, § 21 (tom. i, p. 120); Van der Stappen, iii, p. 424; Martinucci, I, i, p. 73, § 2; Le Vavasseur, i, p. 423.　これはまた、礼部聖省の決定にも一致している。63ページ、n. 11 参照。

[78] 63ページ、n. 12 参照。

[79] S.R.C., 29 maii 1900, ad II.

[80] *Caer. Ep.*, Lib. I, cap. xxiii, § 6.

者は再び十字架にお辞儀をするか、聖体に片膝をつき、そして書簡側も同じやり方で献香を行う。その後、再びお辞儀をせず片膝もつかずに、司式者は祭壇の献香を続ける。司式者は祭壇の前を書簡側に歩き、そうする際に司式者は上部のテーブルを一振り３回、祭壇ろうそくのそれぞれに向かい１回づつ献香する[81]。書簡側の隅で司式者は側面に沿って香炉を２回振り、その後、再び祭壇の上部に沿って一振り３回を行いながら中央に戻り、お辞儀をするか片膝をつく。司式者は次に福音書側も、最初に燭台に向かって一振り３回、福音書側の端で２回、燭台に向かってさらに３回で、全く同じことを行う。これを終えたら、司式者は完全には中央に来ないで、そこでお辞儀もせず片膝もつかない。しかし、司式者は福音書側の端に戻り、frontal がかかっている祭壇の前面を一振り３回で献香する。片膝をつくかお辞儀をしながら、司式者は書簡側に沿って再び frontal を一振り３回で献香しながら、書簡側に沿って続ける。そうして司式者は祭壇の書簡側の端に到着し、ここで司式者は香炉を助祭に手渡す。言及された箇所を除き、司式者は祭壇の中央を通り過ぎる際にいつもお辞儀をするか片膝をつく。祭壇を献香する際、司式者は香炉を二振りでなく一振りで振る[82]。これの全ては図４を参照。祭壇を献香する時はいつでも、方法は同じである。書簡側の端で香炉を助祭に渡した後、司式者は左側を祭壇にして助祭と向かい合って立ち、前後にお辞儀をして献香を受ける。

　祭壇に向きを変え、司式者は入祭文及び *Kyrie eleison* を唱え、助祭が答える。*Kyrie* の歌に多くの時間がかかり司式者と助祭・副助祭がその間座る場合、MC が合図をして、司式者は祭壇十字架にお辞儀をし、片膝をつかずに助祭と副助祭の間で座席に行く。司式者は最初に座り、ビレッタを助祭から受け取ってかぶる。座っている間、司式者は伸ばした両手を掌を下にして両膝の上に置く。彼らが立ち上がる時、最初に助祭・副助祭が立ち上がる。司式者はビレッタをぬいで助祭に手渡し、次いで立つ。司式者は、聖歌隊にお辞儀をしながら

---

[81] ろうそくは都合の良い指示に過ぎない。献香を行うのはろうそくではなく、祭壇である。燭台の数がいくつであろうと、それぞれの側を３回献香する。
[82] *Rit. cel.*, iv, 4 及び司教儀式書、たいていの著者によれば、祭壇は一振りで献香する。それぞれを二振りにすることは、不都合と荘厳さの喪失なしには可能ではない。ルブリカは "ductus duplex" を十字架と聖遺物の献香のためのみに要求している。Martinucci（Menghini の注釈）, I, i, p. 74, n. 4.を参照。

長い方の経路で祭壇に戻って行き、祭壇の段の床で祭壇にお辞儀をするか、そこに聖体が納められている場合には片膝をつき、段を上る。これが座席に座り祭壇に戻るための不変の規則である。

　祭壇で司式者は *Gloria in excelsis Deo* を先唱し、助祭・副助祭とともに続ける[83]。終わりに司式者はお辞儀をするか片膝をつき、司式者と助祭・副助祭は前のように座席に行く。司式者は *Gloria* が歌われる間、そのように言及されている特別な節の箇所でビレッタを脱いでお辞儀をする。

　司式者は祭壇へ戻ると、中央で祭壇にキスをし、会衆の方に向きを変え、*Dominus vobiscum* を歌う。その後、司式者は書簡側に行き、集祷文を歌う。最後の集祷文の後で司式者は書簡、昇階唱、詠唱、続唱あるいはアレルヤ唱を読む。

　副助祭は書簡を読み終えた時、朗読の本を持ちながら書簡側の司式者のところに来る。司式者は副助祭の方を向き、右手を閉じた本の上部に置き、左手を胸の上に置く。副助祭は司式者の手にキスをし、司式者は何も唱えずに副助祭の上に十字の印をする。

　長い続唱がある場合、司式者は助祭・副助祭とともに sedilia で座りに行って良い。そうでなければ司式者は中央に行き、読誦ミサの際のように *Munda cor meum* の祈祷文と福音書を唱える。終わりに司式者はミサ典書にキスをせず、*Per evangelica dicta* 等も唱えない。司式者は祭壇の中央に来て、香を香炉に入れ、いつもの方法で香を祝別する。

　この時、助祭は司式者の前で横向きに跪く。司式者は助祭の方を向き、ミサ典書にある *Dominus sit in corde tuo* 等の式文で助祭に祝福を与え、聖三位一体の祈りの箇所で助祭の上で十字の印をする。司式者は朗読の本の上部に手を置き、助祭は司式者の手にキスをする。

---

[83] "submissa voce"(*Rit. cel.*, iv, 7). これは周囲の者に聞こえるような調子を意味している。179 ページ参照。

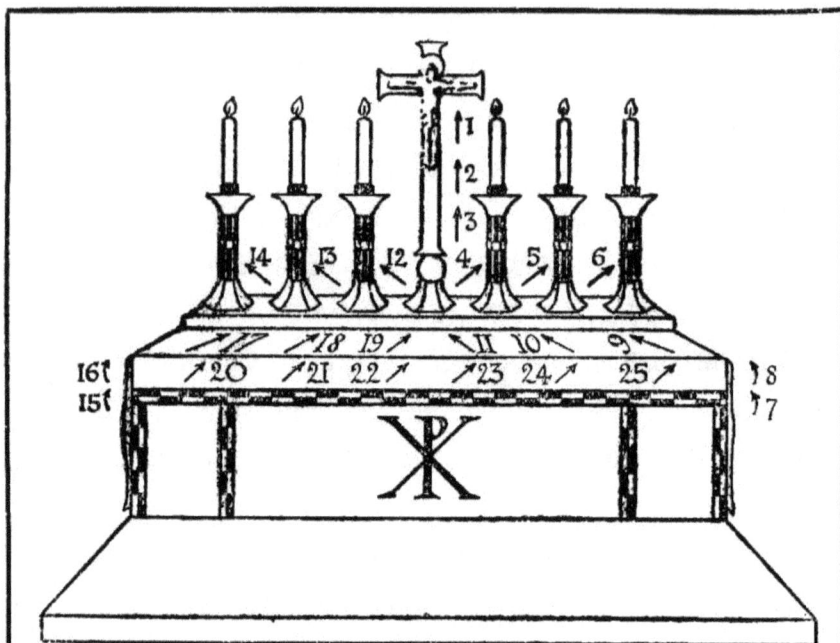

図 4 祭壇の献香

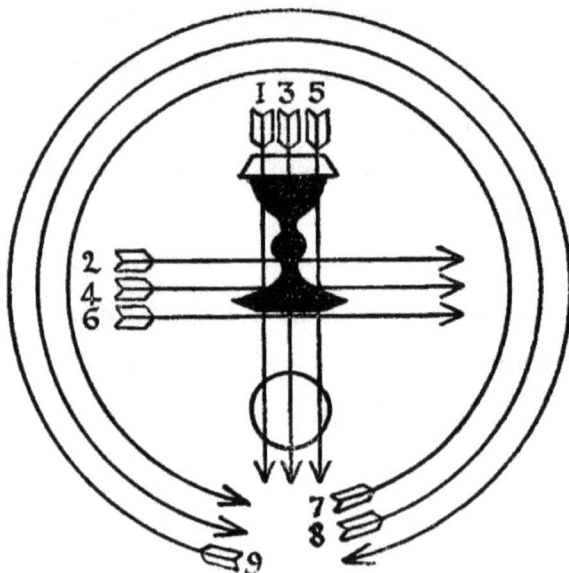

図 5 生贄の献香

　司式者は書簡側に行き、助祭が *Dominus vobiscum* を歌うまで、祭壇の方を向きながらそこで両手を合わせて立つ。助祭が *Sequentia sancti evangelii* 等を歌う時、司式者もまた親指で額と唇、胸の上で十字の印をする。福音書の始めに、司式者は助祭が福音書を歌う場所の方に向きを変える。聖なる名が歌われる場合、司式者は祭壇十字架に向かいお辞儀をし、聖母あるいはその祝日の聖人の名の箇所で司式者は向きを変えずにお辞儀をする。

　歌われる福音書の終わりに、副助祭は朗読の本を司式者のところに持ってきて、司式者に福音書が始まる箇所を指し示す。司式者は本のこの箇所にキスをする。次いで司式者は、前後にお辞儀をして、同じ場所に立っている助祭から献香を受ける。

　説教がある場合、司式者は中央に行き、お辞儀をするか片膝をつき、いつもの方法で sedilia に行く。終わりに司式者は長い方の経路で祭壇に戻って来る[84]。

　中央に立ちながら、司式者は *Credo in unum Deum* を先唱し、助祭・副助祭とともに低い声で続ける。司式者は *Et incarnatus est* 等の節を唱える間、片膝をつく。その後、助祭・副助祭とともに司式者は座席に行き前のように座る。特別な節と *Et incarnatus est* 等の言葉の箇所で司式者はビレッタを脱いでお辞儀をする。クレドがない場合、司式者は献香を受けたらすぐに中央に行き、以下の通りミサを続ける。

　クレドの後で祭壇に戻った時に司式者は祭壇にキスをして、向きを変え、*Dominus vobiscum* を歌い、次いで、回って戻りながら *Oremus* を歌う。司式者は奉献の交唱を読む。司式者は助祭からパテナを受け取り、パンの奉献のための祈祷文 *Suscipe sancte Pater* を唱える。司式者は副助祭の持つ水をいつもの形式で祝別するが、その間左手は祭壇の上に置く。助祭は司式者にカリスを

---

[84] 司式者自身が説教を行う場合、司式者は祭壇で行っても良いが、その場合にはマニプルを脱いで MC に手渡すことのみが必要であり、MC はマニプルを sedile に置く。司式者が説教壇から説教を行う場合、一般的に司式者は助祭・副助祭とともに sedilia に行き、カズラとマニプルを脱ぎ（MC の手伝いで）、そこに残しておくであろう。MC は説教壇まで司式者についていっても良い。助祭・副助祭は sedilia で座る。説教の終わりに司式者は sedilia に来て、カズラとマニプルを身につける。助祭・副助祭は司式者とともにいつもの（長い方の）経路で祭壇に行く。

手渡し、司式者はカリスを持ち上げながら *Offerimus tibi* の祈祷文を助祭とともに唱える。

　荘厳ミサでは司式者は自身でカリスをパラで覆わず、カリスからパラをはずすこともない[85]。これが行われることになっている時、司式者はカリスの脚に触れることで助祭に合図をする。司式者が *In spiritu humilitatis* と *Veni sanctificator* の祈祷文を唱えた時、司式者はいつもの方法で香を香炉の中に入れる。しかしこの時は *Per intercessionem beati Michaelis* 等の香の祝別のための特別な式文がある。司式者は香炉を持ち生贄に献香する。これを行うにあたり、司式者はパンとカリスの上に香炉で3回十字の印をする。次いで、右から左に2回円を描き、左から右に1回円を描く[86]。その間、司式者はミサ典書にあるように、*Incensum istud a te benedictum* 等の祈祷文を唱える。その後、司式者はその間 *Dirigatur Domine incensum istud* 等を唱えながら、前と全く同様に、祭壇の献香を続ける。書簡側の隅で、*Accendat in nobis Dominus* を唱えながら、司式者は香炉を助祭に手渡す。司式者自身が前のように献香を受ける。その後、司式者はアコライトの方を向き、*Lavabo* を唱えながら両手を洗う。司式者は正面に戻って来て、読誦ミサの時のようにミサを続ける。司式者は序唱及び主祷文、*Pax* を歌う。助祭がカリスからパラをはずすのを除けば、他の点は最初の聖体拝領の祈祷文 *Domine Iesu Christe qui dixisti* の終わりまで読誦ミサと違いはない。

　この祈祷文の終わりに司式者は祭壇にキスをして、右側にいる助祭の方を向き、助祭にいつもの形式で平和の接吻を与える（64 ページ）。その後、再び祭壇の方に向きを変え、前のようにお辞儀をしながら、聖体拝領前の2番目と3番目の祈祷文を唱え、そうして続ける。

　荘厳ミサの中で聖体が配布される場合は、189〜191 ページにある規則を参照のこと。

---

[85] 副助祭の叙階を受けていない聖職者が副助祭としての務めを行う場合を除く（169 ページ参照）。
[86] 図5参照。

荘厳ミサの図

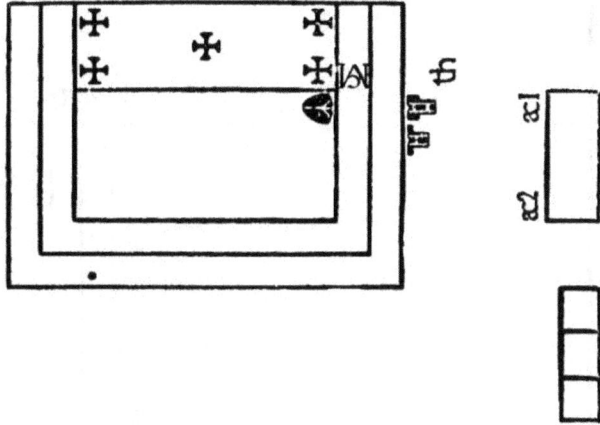

図6　荘厳ミサの図：　入祭文前の司式者の献香

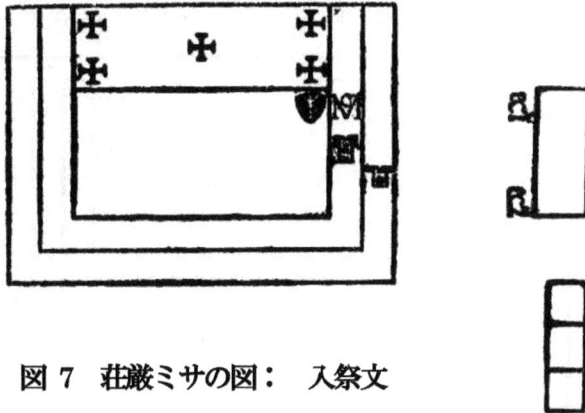

図7　荘厳ミサの図：　入祭文

司式者と助祭・副助祭は半円を成す

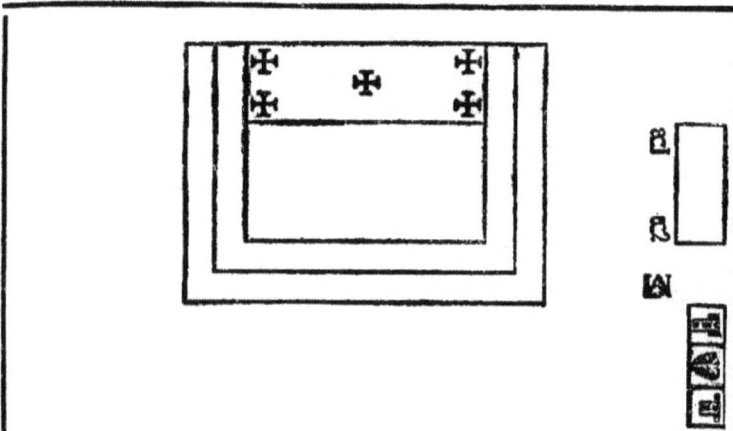

図 8　荘厳ミサの図：　sedilia で

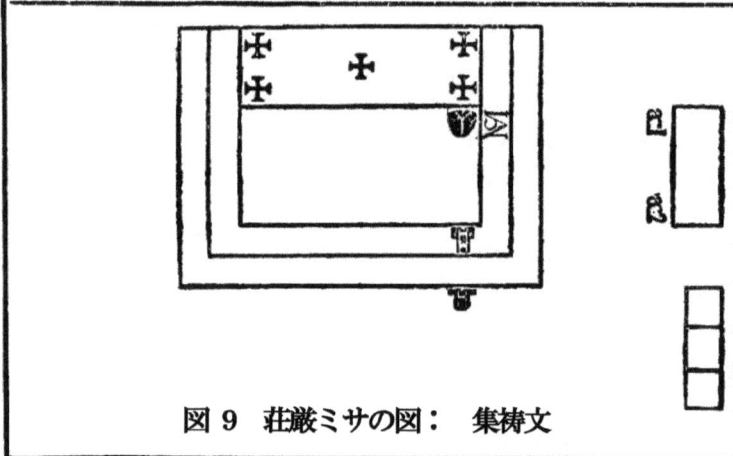

図 9　荘厳ミサの図：　集祷文

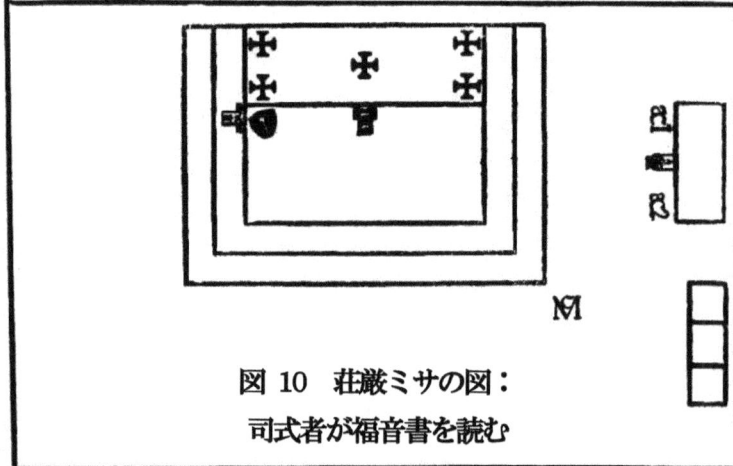

図 10　荘厳ミサの図：
　　　司式者が福音書を読む

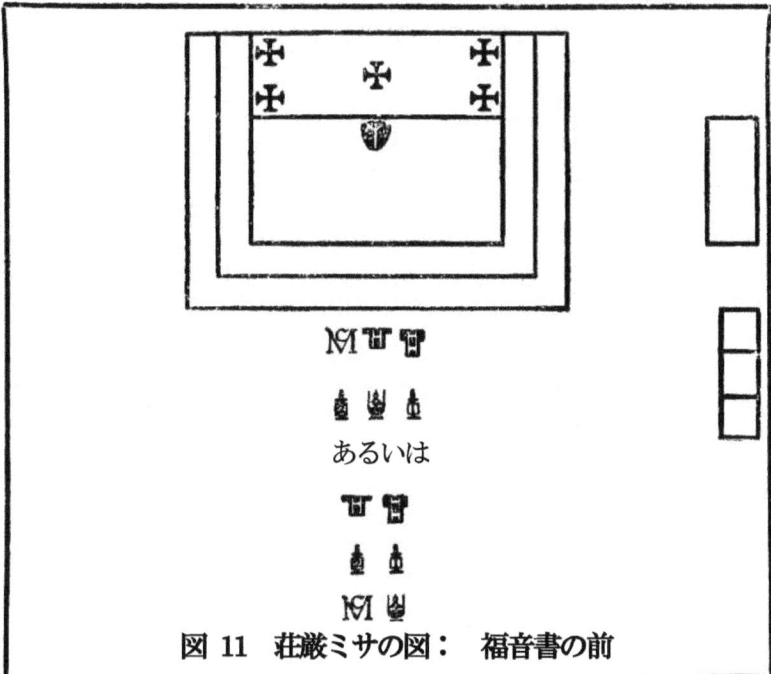

図 11　荘厳ミサの図：　福音書の前

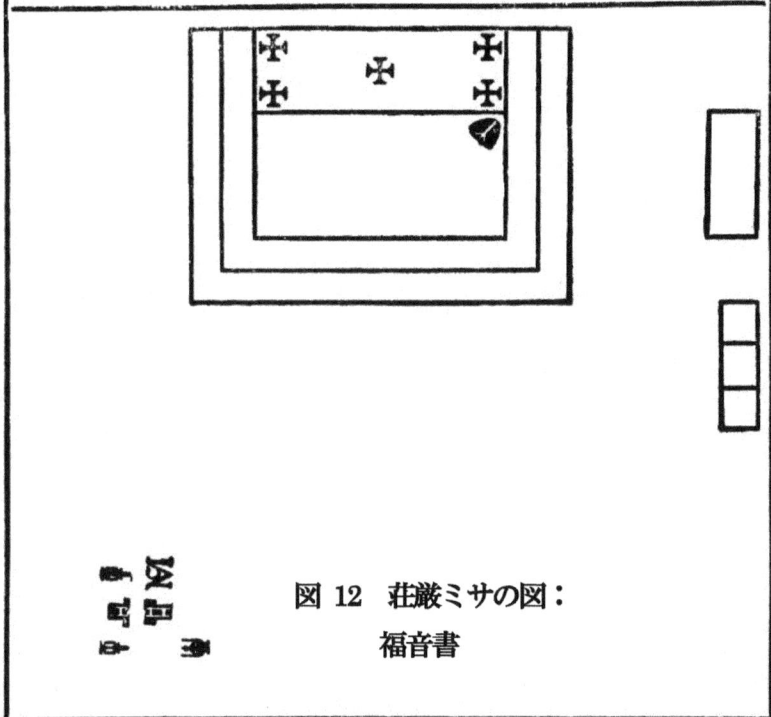

図 12　荘厳ミサの図：
福音書

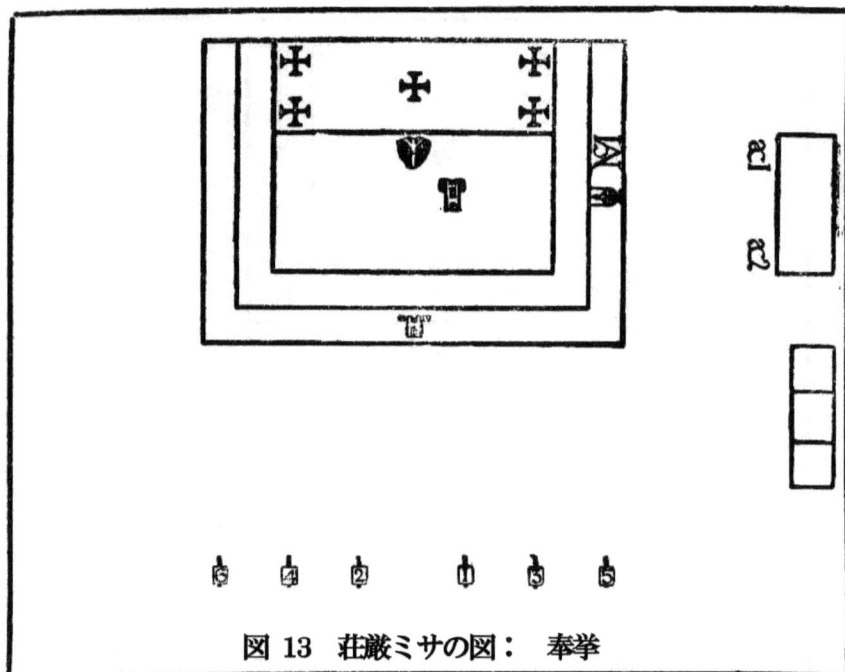

図 13　荘厳ミサの図：　奉挙

　司式者の聖体拝領後に司式者はカリスを保持し、副助祭がワインを注ぎ、次いですすぎのためにワインと水を注げるようにする。カリス及びパテナ、パラ、プリフィカトリウムを整理せずに中央に残して、司式者は書簡側に行き、聖体拝領の交唱を読む。聖歌隊がこれを歌い終えた時、司式者は *Dominus vobiscum* のために中央に来て、次いで司式者は聖体拝領後の祈祷文のために書簡側に戻る。助祭が *Ite missa est* を歌う間、司式者は会衆の方を向いて中央に立つが、式文が *Benedicamus Domino* あるいは *Requiescant in pace* の場合には祭壇の方を向く。お辞儀をしながら、司式者は *Placeat tibi* の祈祷文を唱える。その日のための特別な最後の福音書がある場合、副助祭がミサ典書を反対側に運ぶ時間を取るために、司式者は祝福を与える前に待つべきである。司式者は祝福を与えるために向きを変え[87]、読誦ミサの時のように最後の福音書を唱える。

---

[87] 司式者は "Deo Gratias" の応唱が終わるまで待つべきである。司式者は読誦ミサの時と同じ祝福の式文を、十分に聞こえるように高く唱える（*Rit. cel.*, xii, 7: "eadem voce et

その後、祭壇の中央に来ながら、司式者はお辞儀をして、段を下りて教会の床に来て、ここでお辞儀をするか片膝をつき、ビレッタを助祭から受け取り、聖歌隊にお辞儀をし（これが行われることになっている場合）、自身でビレッタをかぶり、香部屋まで行列の最後についていく。ミサ後に祈祷文が唱えられるか歌われることになっている場合、司式者は最初にお辞儀をするか片膝をつき、祈祷文のために立ち、その後再びお辞儀をするか片膝をつく[88]。

　香部屋で司式者は助祭・副助祭とともに、聖職者がいる場合には普通は右側から始めて両側の聖職者にお辞儀をし、十字架及び助祭、副助祭にお辞儀をし[89]、脱衣する。

§11　荘厳ミサ中の聖体拝領

　聖木曜日には荘厳ミサで聖体の配布がある。これは他の日にはめったに起きない。しかし、恩寵のある状態で真夜中から断食をしているという条件で、全てのカトリック信徒は普通、どのミサでも聖体を拝領する権利を持っている。荘厳ミサで聖体の配布が行われる場合には、次の規則が遵守されることになる[90]。

　司式者がパンの形式で聖体を拝領したらすぐに、聖歌隊のメンバーが聖体を拝領する場合には、MCは聖歌隊のメンバーに合図をする。聖歌隊のメンバーはビレッタなしで両手を合わせて内陣の中央に2人づつ来て、そこで跪く。

　たいまつ持ちは奉挙の後に去らず、聖体拝領まで跪いたままで残る。

　聖体を拝領しない聖歌隊のメンバーは、自分の場所に残り、*Confiteor*、*Indulgentiam* 及びその間中ずっと立っている。司式者がワインの形式で聖体を拝領した時、副助祭はカリスをパラで覆い、カリスをコルポラーレの外側でない書簡側の脇の方に置く。助祭と副助祭は片膝をついて、助祭は司式者の右側、副助祭は司式者の左側に行きながら場所を交替する。司式者と助祭・副助

---

modo quo in missis privatis"）。これは荘厳ミサでこのやり方で言葉が話される（歌われるのではなく）唯一の場合である。Cfr. *Rit. cel.*, xii, 1; "dicit voce intelligibili".

[88] 司式者はこれらの祈祷文の前にマニプルをはずすべきである。178ページ、n. 75.参照。

[89] どの場合もビレッタを脱いで。

[90] Gavanti-Merati, i, pp. 185-186; Martinucci-Menghini, I, ii, pp. 70-75; Le Vavasseur, i, pp. 477-482; De Herdt, i, pp. 478-480.

祭は片膝をつく[91]。助祭はチボリウムの蓋を開け、コルポラーレの中央に移動させる。3人全員は片膝をつく。助祭と副助祭は foot-pace の端に行き、お互いが両側で向き合うようにして、その下の最上段に立つ。助祭はお辞儀をしながら *Confiteor* を歌う[92]。副助祭はもう一方の側で立ち、低いお辞儀をする。

Confiteor が始まったらすぐに、アコライト、あるいはアコライトがたいまつを持っている場合にはMCと香炉係は聖体拝領布を持ち、最下段の前の中央に来て、片膝をつき、それぞれが布の端を持ちながら分かれ、お互いが向かい合って布を彼らの間で引っ張って持ちながら foot-pace の端で跪く。

司式者は会衆の方を向き、*Misereatur* と *Indulgentiam* を唱え、次いで祭壇の方へ向きを変える。司式者は片膝をつき、チボリウムを左手に持ち、聖変化されたホスチアを右手でチボリウムの上に保持し、*Ecce agnus Dei* を唱える。その間、助祭と副助祭は聖体拝領布の反対側に回りながら来て、片膝をつき、そこで跪く[93]。そうして司式者は助祭・副助祭に布の上で聖体を与える。助祭と副助祭は聖体を拝領する場合には、常に他の誰よりも先に行う。助祭・副助祭は次いで助祭が右側の福音書側、副助祭が左側の書簡側になるように、司式者の両脇に行く。助祭はパテナを持ち、聖体がそれぞれの拝領者の口の下で与えられる間、パテナを保持する。副助祭は両手を合わせて立っている。聖体拝領布を持つ2人が聖体を拝領する場合、助祭・副助祭の直後に行う。この場合、さしあたり布を持ち去り、一緒に foot-pace の端に跪き、そこで聖体を拝領する。その後、彼らは再び布を広げる。

Indulgentiam の箇所で、内陣の中央にいる聖歌隊のメンバーは上体を起こして跪き、十字の印をする。

司祭と助祭はその日の色のストラを身につける。MCはこれらが準備されていることを確認しなければならない。MCは拝領者が聖歌隊席の自分の場所を離れる直前にストラを手渡す。彼らは中央で跪く際にストラを身につける。3

---

[91] ミサでホスチアが聖変化された場合のように、チボリウムが祭壇の上にあるならば。チボリウムが聖櫃の中にある場合、助祭は最初に聖櫃を開けて、その後彼らは片膝をつく。
[92] 死者ミサでは助祭は "Confiteor" を歌わずに聞こえるように唱える。
[93] 彼らが聖体を拝領することになっている場合。

回目の *Domine non sum dignus* の後で全員立ち上がる。助祭・副助祭、あるいは布を持つ者が聖体を拝領したらすぐに、聖歌隊のメンバーの2人が片膝をつき、前方に来て、foot-pace の端かその下の最上段に跪く。彼らが聖体を拝領した時、彼らは立ち上がり、次の2人のための場所を空けるために脇へ立つ。次の2人が前方に来る。4人全員は一緒に片膝をつく。これが聖体が配布される間繰り返される。聖体拝領を行った者はまっすぐ聖歌隊席の自分の場所に戻り、そこで聖歌隊席の他の者が行っているように、立つか跪く。たいまつ持ちが聖体拝領を受ける場合、聖歌隊中の聖職者の次に行う。聖職者がいない場合、たいまつ持ちは聖歌隊のメンバーの前に聖体拝領を行う。たいまつ持ちは聖体拝領のために上って来ようとする時、たいまつを他の者に手渡し、彼らが戻ってきて再びたいまつを持つまでたいまつを持っていてもらう。聖体拝領を行う者の数が奇数である場合、終わりには3人が一緒に近づく。聖体拝領を行う者が多数いて、場所がある場合、2人の代わりに一度に4人が近づくようにしても良い。

平信徒が聖体を拝領することになっている場合、聖歌隊のメンバーが聖体拝領を行った時にアコライトあるいは聖体拝領布を保持する者は中央に来て片膝をつき、聖体拝領布を畳んで祭器卓に戻す。次いで、司式者と助祭・副助祭は聖体拝領台に来て、2人のたいまつ持ちを同伴して会衆へ聖体を与える。

聖体拝領後に、祭壇に聖櫃が無い場合、司式者は残った聖体を拝領する。次いで、チボリウムがカリスとともに副助祭によって清められる。聖櫃がある場合、前後に司式者と助祭・副助祭が片膝をつきながら、助祭はチボリウムを聖櫃の中に置いても良い。

上で述べられたような中央に来て、次いで2人づつ祭壇に上り、片膝をつき、分かれるという、この聖歌隊のメンバーのための順序は聖体拝領のためばかりでなく、祝別されたろうそくや灰、枝など何かを受け取りに行く時、あるいは聖遺物にキスをしに行く時など全ての場面で遵守されることになる。

第12章　死者のための荘厳ミサ

　死者ミサでは一定の特別な規則が遵守される[1]。祭服は黒である。祭壇の frontal もまた黒であるべきである。聖体が祭壇に納められている場合、移動させた方が良い。これが行えない場合、聖櫃ベールは紫（violet）でなければならない。聖体の前に黒の聖櫃ベールを掛けることは決して許されない。frontal は黒か紫のどちらでも良い。可能であれば祭壇ろうそくは未漂白の蜜蝋のものであるべきである。祭壇の前の絨毯は foot-pace のみを覆い、祭壇の階段は覆わない。座席は紫（purple）である。祭器卓はいつものように白い亜麻布で覆われる。祭器卓の上にカリスと瓶、荘厳ミサで必要となる全ての物、また、聖職者に渡されるろうそく、赦免が続く場合には灌水器と灌水棒が置かれる。フメラーレは必要とされない。香炉は奉献まで必要とされない。行列用十字架は祭器卓の近くに置いて良いが、棺がある場合、棺の頭の箇所には置かない。

　手と物のキスは全て省かれる[2]。司式者と助祭・副助祭が告白を唱える間、MC は書簡側で床に跪く。ミサの始まりで祭壇の献香は行わないが、いつものように助祭・副助祭は司式者とともに祭壇に上り、司式者の両脇に立つ。司式者が祭壇にキスをする時、助祭・副助祭は片膝をつかない。助祭・副助祭は入祭文のために司式者とともに書簡側に行く。入祭文の箇所で司式者は自身の上に十字の印をしない。司式者は左手を祭壇の上に置き、右手で本の上に十字の印をする。助祭・副助祭は十字の印を全くしない。

　集祷文の間、聖歌隊席の聖職者は跪く。書簡の後で副助祭は司式者による祝福を受けるために行かず、朗読の本をアコライトに渡し、助祭と合流する。司式者が続唱を唱えた時、司式者と助祭・副助祭は短い方の経路で座席に座りに行っても良い。MC あるいはその補佐者によって聖歌隊席の聖職者にろうそくが配られても良い。彼らは福音書のすぐ前にこれらに点火し、福音書の間点火

---

[1] Gavanti-Merati, i, pp. 193-199; Martinucci-Menghini, I, i, pp. 194-195, 234-235, 279-280; Le Vavasseur, i, 493-499; De Herdt, ii, 7-11; Van der Stappen, ii, pp. 303-305; Wapelhorst, pp. 169-171.
[2] 主祷文の後のパテナを除く。*Caer. Ep.*, Lib. I, cap. xviii. §16. 奉献の箇所で、助祭はパテナとカリスにキスをしない。

したまま持ち、消す。*Sanctus* から聖体拝領の終わりまで、再びろうそくに点火し、点火したまま持つ。

司式者と助祭・副助祭は、続唱の間に座る場合、続唱の終わり頃に *Oro supplex et acclinis* の節の付近で祭壇に戻る。

福音書の前に、いつものように助祭は *Munda cor meum* を唱えるために跪くが、司式者の祝福を受けに行かない。

福音書の前には香は祝別せず、本の献香も行わない。アコライトはいつものように本を保持する副助祭の両脇に立ちに行くが、アコライトはろうそくを持たない。アコライトは両手を合わせて立つ。

福音書の後で司式者は献香を受けず、副助祭もキスのために本を司式者に持って行かない。代わりに副助祭は本をすぐに MC に手渡し、MC は本を祭器卓に持って行く。助祭・副助祭は司式者の後方の自分の場所に行き、そこで片膝をつき、司式者が *Dominus vobiscum* と *Oremus* を歌う間立つ。

その後、助祭は片膝をつかずに司式者の右側に行く。副助祭は片膝をつき、祭器卓に行き、カリスベールとブルサで覆われたカリスを持ち（フメラーレなしで）、祭壇まで運ぶ。助祭はコルポラーレを広げる。副助祭はカリスベールをアコライトに手渡しながら、カリスの覆いを取る。副助祭は祝別を求めずに水をカリスの中に注ぐ。副助祭は死者ミサではパテナを保持しないので、副助祭は中央を通り過ぎる際に片膝をつきながら、すぐに司式者の左側に行く。カリスの奉献の後、助祭は読誦ミサの時のようにパテナを一部がコルポラーレの下になるように置き、パテナの他の部分をプリフィカトリウムで蓋う。いつものように香を祝別する。生贄と祭壇の献香を行う。しかし、その後司式者のみが献香を受け、助祭・副助祭も聖歌隊も献香を受けない。助祭・副助祭は、助祭がタオルを持ち副助祭が水の瓶と皿を持ちながら、司式者の両手を洗う[3]。あるいは、これはいつものようにアコライトによって行われても良く、その場合、集祷文の間のように助祭・副助祭は司式者の後方で一列に立つ[4]。いずれにせよ、司式者が両手を洗った後は、助祭・副助祭は司式者の後方で一列になるであろ

---

[3] Martinucci-Menghini, I, i, p. 195, § 129; p. 235, § 166.
[4] Le Vavasseur, i, p. 497, はこの事に関して死者ミサについての例外がルブリカにないため、アコライトが司式者の両手を洗うのがより当を得ていると主張している。

う。助祭は *Orate fratres* に答える。序唱の終わりに、いつものように司式者と一緒に *Sanctus* を唱えるために、助祭は司式者の右側に、副助祭は司式者の左側に行く。その後、副助祭は最下段の前の中央に下り、そこで両手を合わせて立つ。助祭はミサ典書のところに行き、司式者の補佐をする。 *Quam oblationem* の言葉の箇所で、助祭はいつものように回りながら司式者の右側に行く。副助祭は助祭が中央を通り過ぎる際に、助祭の後方で助祭とともに片膝をつき、書簡側に行き、ここで内陣の福音書側を向いて最下段に跪き、既に香を香炉の中に入れた香炉係から香炉を受け取り、二振り3回で至聖なるものへの献香を行う。その後、副助祭は立ち上がり、香炉を香炉係に返し、中央の自分の場所に行き、片膝をつき、 *Pax Domini sit semper vobiscum* までそこで立っている。奉挙の前にたいまつを持って跪くために来たアコライトあるいは他の侍者は、聖体拝領まで跪いたままでいる。聖歌隊のメンバーは *Sanctus* から *Pax Domini* 等の後の応唱の終わりまで跪く。聖歌隊のメンバーは *Sanctus* から聖体拝領まで点火したろうそくを持っている。

　主祷文の終わり頃に（ *Dimitte nobis* で）助祭は片膝をつき、司式者の右側に行き、司式者にパテナを手渡す。助祭はそこで立ったままでいる。 *Agnus Dei* の直前に副助祭は片膝をつき、司式者の左側に行く。彼らは *Agnus Dei* （死者ミサのための特別な形式で）を胸を叩かずに司式者と一緒に唱える。平和の接吻はない。そのため、助祭・副助祭は各々が前後に片膝をついて、すぐに場所を交替する。最後の *Dominus vobiscum* の後で助祭は回らずに、 *Requiescant in pace* （常に複数形）を歌う。司式者はこれを低い声で唱える。司式者も向きを変えない。祝福はない。副助祭はすぐに最後の福音書の祭壇カードのある場所に行く。助祭は幾分書簡側を向いて立つ。

　赦免が続く場合[5]、香炉係は最後の福音書の間に香炉を準備しなければならない。赦免については、第30章を参照。

---

[5] 枢台での赦免が死者ミサの後に行わなければならないとする法規はない。ミサ典書のルブリカは "si facienda est Absolutio," etc. (*Rit. cel.*, xiii, 4) とのみ述べ、礼部聖省は明確に "Non ex obligatione sed ad arbitrium facienda est absolutio in anniversariis mortuorum"と述べている（S.R.C., 31 iul. 1665, no. 1322, ad VI）。

　説教あるいは亡くなった者についての賛辞が行われる場合、ミサの終わりで赦免の前に来る。説教者はスルプリは無しで、カソックとマントのみを着る[6]。司教あるいは高位聖職者はロチェットと mozzetta あるいは mantellettum を身につけても良い。

---

[6] 通常身につけるマントはイタリア語で "ferraiolo" と呼ばれる衣服である。

第13章　助祭と副助祭なしでの
歌ミサ（MISSA CANTATA）

§1　より単純な形式

　助祭・副助祭なしで歌ミサを祝うには2つの方法がある。どちらにせよ、聖歌隊のための規則は荘厳ミサのものと同じである[1]。

　最初の方法は、2人あるいは唯1人のアコライト以外の侍者を必要としない[2]。この場合、儀式は読誦ミサの時とほとんど同じである（読誦ミサについては124～132ページを参照）。違う点は以下のみである。司式者が座席に座る時、すなわち *Gloria in excelsis* 及びクレド、おそらく *Kyrie eleison*、続唱が歌われる間、アコライトは中央に行って片膝をつき、座席に行く。第1アコライトはカズラを sedile の上で整え、次いでいつものキスをしてビレッタを司式者に手渡す。アコライトは両手を合わせてお互いが向き合って、司式者の両脇に立つ[3]。第1アコライトは司式者が立ち上がる前に同じ "solita oscula" で司式者からビレッタを受け取り、座席からカズラを持ち上げる。アコライトは祭壇まで司式者についていく。アコライトは *Gloria* とクレドの歌の中で指示された節の箇所で祭壇にお辞儀をする。アコライトは *Et incarnatus est* 等の節で片膝をつく。

　司式者によって行われる儀式は読誦ミサのものと違わない。司式者は、福音書、*Ite missa est* あるいは他の小句を含めて荘厳ミサで歌われる全てを歌う。書簡は読師の叙階を受けた聖職者が読んでも良い。この者は祝福のために司式者のところに行かず、中央に行って片膝をつき、次いで朗読の本を祭器卓に戻す。奉挙ではたいまつ持ちがいても良い。その場合、たいまつ持ちは荘厳ミサの規則を遵守する。序唱の箇所でたいまつを取りに行き、*Sanctus* の箇所でたいまつを持って出て来て、中央で片膝をつき、その後、奉挙の後まで内陣の中

---

[1] 平和の接吻はなく、献香はなくても良いから、準用して。
[2] Martinucci-Menghini, I, i, pp. 317-324; Le Vavasseur, i, pp. 515-516; Van der Stappen, iii, pp. 407-420; Wapelhorst, pp. 174-177.
[3] これは Martinucci の規則である（*l.c.*, p. 320, no. 17）。しかしながら、しばしば彼らは長椅子に座りに行く。

央に両側に1人づつで跪く。たいまつ持ちは祭壇の前で再び片膝をつき、たいまつを香部屋に戻す。しかし死者ミサ及び齊日のミサ、及び司式者に加えて他の者が聖体を拝領する時のミサでは、たいまつ持ちは聖体拝領の終わりまで残る。

§2 より荘厳な形式

助祭と副助祭なしでの歌ミサのもう一方の形式は、より荘厳なものである。これはMC[4]及びアコライト、香炉係、たいまつ持ちを想定し、助祭・副助祭がいないことを除けば荘厳ミサの特徴を多く有している。この形式は、荘厳ミサを挙行するのに困難のないローマでは用いられない。助祭と副助祭なしでのミサで香を使用することは、裁治権者により承認されたこれに反する慣習があるのでなければ、全く明確に禁止されている[5]。イングランドの大多数の教会では、助祭・副助祭を揃えることは不可能である。従って、これらの教会では荘厳ミサはこれまでほとんど挙行されていない。荘厳ミサの代用として、この種類の歌ミサを日曜日や祝日の主たるミサとして挙行するのが長い間の慣習であった。これは司教の知識と許可によって行われている。我々はここで礼部聖省により許された慣習を有していることは疑うべくもない。

この歌ミサでは同じ侍者が香炉係とMCの両方の務めを果たすことができる。しかし、2人の者がいる方が良い。

儀式の方法は以下の通りである[6]。

侍者は適切な時間に香部屋で着衣する。祭壇上に6本のろうそくが点火される。MCは司式者の着衣を手伝う。MCからの合図で全員が十字架にお辞儀をし、この順序で行列になって内陣へ行く。最初に香炉係が両手を合わせて、ろうそくを持ったアコライトが続き、後でたいまつ持ちになっても良い他の侍者、MC、最後にビレッタを被った司式者が行く。

祭壇の前で司式者はビレッタを脱いでMCに手渡し、MCはビレッタをsolita oscula で受け取って sedilia に持って行く。全員が一緒に片膝をつく。

---

4 S.R.C., 25 September 1875, no. 3377, ad I.
5 S.R.C., 18 March 1874, no. 3328; 9 iun. 1884, no. 3611, etc.
6 Le Vavasseur, i, pp. 516-525.

　灌水式が行われることになっている場合、司式者はその日の色のコープを着て香部屋から来て[7]、MC あるいは香炉係が灌水器と灌水棒を持つ。侍者2人が1人づつ両側でコープの端を保持しても良い。祭壇で司式者と侍者は跪く。MCは[8]司式者の左側におり、その後、右側で灌水棒を *solita oscula* で司式者に手渡す。司式者はこれを受け取り、*Asperges me Domine* あるいは復活節には *Vidi aquam* を先唱し、中央、福音書側、書簡側で祭壇に灌水する。必要であれば、侍者は *Ritus servandus* の本を司式者の前で保持する。司式者は灌水棒で額の上に十字の印をし[9]、次いで、立ち上がり、福音書側と書簡側の侍者に灌水する。司式者と MC は[10]片膝をつき、向きを変えて、福音書側の聖歌隊と会衆に灌水しながら教会を下って行く。MC はコープを保持しながら司式者の右側を歩く。その間、司式者はローマ儀式書中にあるように交唱と詩編の節を歌う[11]。教会の端で MC が司式者の右側の位置を保ちながら彼らは向きを変え、書簡側の会衆に灌水しながら祭壇に戻って来る。彼らは祭壇の前に来た時に片膝をつく。司式者は灌水棒を MC に返し、MC は灌水棒をいつものように oscula で受け取る。祭壇前で立ちながら、司式者はローマ儀式書中にあるように *Ostende nobis* 等の小句を歌う。

　その間、司式者が祭壇を離れたらすぐに、アコライトは彼らのろうそくを持ち、祭器卓の上に点火したまま置く。アコライトは立ったまま祭器卓の近くにとどまる。

　灌水式の後で、司式者は MC とともに座席に行く。MC は灌水器と灌水棒を置く。MC に手伝われて、司式者はコープを脱ぎ、マニプルとカズラを身につける。第1アコライトはコープを香部屋に持って行く。香炉係はこの時、香炉の準備をしに行かなければならない。

　司式者と MC は祭壇の階段の正面に来て片膝をつく。MC が準備の祈祷文に答えながら、ミサが始まる。司式者が祭壇に上る時、MC と香炉係は司式者の

---

[7] この場合、カズラとマニプルは事前に sedilia の上に広げておかなければならない。
[8] あるいは、MC が灌水器を持つ場合には香炉係が。
[9] 139 ページ, n. 19 参照。
[10] あるいは灌水器を持つだれかが。
[11] 140 ページ, n. 21 参照。

所に来る。MC が *Benedicite pater reverende* を唱える中、司式者は香炉の中に香を入れ荘厳ミサの時のように香を祝別する[12]。司式者は祭壇の献香を行う[13]。司式者が祭壇のミサ典書のある部分の献香を行おうとしている時に、MC はミサ典書を移動させる。あるいは、司式者が祭壇の献香を行う間、MC が司式者の右側につき、香炉係が司式者の左側についても良い。この場合、第1アコライトがミサ典書を移動させる。祭壇の献香を行った時、MC は司式者から solita oscula で香炉を受け取り、教会の床に下り、司式者の献香を二振り3回で行う。その間、香炉係は MC の左側に立っている。両者は前後にお辞儀をする。MC は香炉を香炉係に渡し、香炉係は香炉を香部屋に持って行く。MC はミサ典書の近くに立ち、司式者がそこの書簡側で唱える *Kyrie eleison* に答えながら、司式者の補佐をする[14]。司式者が *Kyrie* の歌の間座りに行く場合、司式者は *Kyrie* を唱えた後にまっすぐに座席に行く。MC は司式者について行き、oscula でビレッタを手渡し、カズラを座席の背もたれの上で整え、教会を見下ろすように向いて両手を合わせながら、司式者の右側に立つ。この同じ規則は、説教の間を除いて、司式者が座るたびごとに遵守される。*Kyrie* が歌われる間に司式者が座席に行った場合、司式者は Kyrie の終わり頃に祭壇に戻る。司式者はビレッタを MC に渡し、MC はいつものように oscula でビレッタを受け取り座席の上に置く。司式者は長い方の経路で、最下段の前の中央で片膝をつきながら、祭壇に行く。MC はミサ典書のそばの自分の場所に戻る。MC は司式者が *Gloria in excelsis* を先唱するために中央に行く間、そこにとどまる。次いで、司式者は前のように座りに行く。皆がお辞儀をすることになっている節の箇所で、司式者はビレッタを脱いでお辞儀をする。MC は司式者にお辞儀をして、司式者にそうするための合図をする。その後、MC は向きを変え、祭壇に向かってお辞儀をする。司式者は、*Gloria* の終わり頃に *Cum sancto Spiritu* の節の箇所で、前のように祭壇に戻って来る[15]。MC はミサ典書の所に行き、そこ

---

[12] 179 ページ。
[13] 179〜180 ページ。
[14] Wapelhorst, p. 175.
[15] "Kyrie eleison" の直後に "Gloria in excelsis" が歌われない場合、司式者は中央に行き、"Dominus vobiscum" を歌い、その後、集祷文を歌うために書簡側のミサ典書の所に戻る。

で書簡側に立つ。聖職者が書簡を読むことになっている場合、この者は最後の集祷文の間に祭器卓から本を持ち、最下段の前の中央に行き、そこで片膝をつき、司式者の後方に行って立ち、待つ。

　最後の集祷文が終わった時、この者は書簡を歌う[16]。その後、再び中央で片膝をつき、本を祭器卓に戻す。祝福のために司式者の所に行かない。書簡を読む者が他にいない場合、司式者自身が書簡側で書簡を読む。侍者は書簡と福音書に答える（歌わずに）。

　書簡の間、香炉係は香炉を準備するために香部屋に行く。続唱あるいは長い詠唱がある場合、それが歌われる間、司式者は自身で読んだ後に座りに行っても良い[17]。

　司式者は昇階唱あるいは続唱の歌の終わり頃に中央に来る。香炉係とMCが司式者の所に来る。司式者は香を香炉に入れて祝別する。その後、司式者は *Munda cor meum* の祈祷文を唱える。その間、MCはミサ典書を福音書側に移動させる。アコライトはアコライトキャンドルを祭器卓から持って来る。アコライトは香炉係の待つ中央に来る。香炉係がアコライトの間で、3人全員は片膝をつく。

　彼らが片膝をつくのを、MCがミサ典書を祭壇の反対側に運ぶ際に片膝をつくのと一致させるようにすると都合が良い。この場合、彼らはMCの後方で片膝をつくことになる。アコライトは祭壇の福音書側に行き、ミサ典書の後方で彼らのろうそくを持ち、書簡側を向き、並んで床に立つ。司式者がミサ典書のところに来る時、MCは司式者の左側で近くに立ち、香炉係はMCのすぐ後方に立つ。司式者は *Dominus vobiscum* と *Sequentia sancti evangelii* を歌う。その後、MCは香炉係から香炉を受け取り、いつものキスで香炉を司式者に手渡す。司式者は荘厳ミサで助祭が行うように、ミサ典書に献香を行う。司式者は香炉をMCに返し、MCは再び oscula で香炉を受け取り、香炉係に手渡す。

---

[16] *Rit. cel.,* vi, 8.
[17] この場合、香炉係はもっと後に、続唱の後半部分の頃に香炉を準備するために行っても良い。

　福音書の終わりに、MCは多少離れて福音書側の床に下り、香炉係から香炉を受け取る。司式者はMCの方に向きを変え、入祭文の時のようにMCから献香を受ける。香炉係は香炉を香部屋に持って行く。

　アコライトは祭壇の中央を通り過ぎる際に片膝をつきながら、アコライトキャンドルを祭器卓に持って行く。説教がある場合、司式者はいつものように座りに行く。説教の間、全ての侍者はどこか都合の良い場所に座る。司式者自身が説教を行う場合、説教を始める前に司式者はマニプルを外して、祭器卓に置くためにMCに渡す。司式者は座席でカズラを脱いでも良い。司式者は説教壇までMCを同伴しても良い。

　クレドがない場合、奉献の前の *Dominus vobiscum* がすぐに続く。

　司式者は祭壇の中央でクレドを先唱し、低い声で続ける。*Et incarnatus est* 等の言葉の箇所で司式者が片膝をつく時、全ての侍者は司式者とともに片膝をつく。その後、司式者は短い方の経路で座りに行く。MCは前のように司式者を手伝う。*Et incarnatus est* 等の節が歌われる時、全ての侍者はその場で跪く。MCは向きを変え、書簡側の最下段の上で跪く。司式者はビレッタを脱いでお辞儀をする。司式者はいつものやり方で祭壇に戻る。

　司式者が祭壇で *Oremus* を歌った時、それを行うことがMCに許されている場合には[18]、MCが祭器卓から祭壇にベールで覆われたカリスを持って来るであろう。そうでなければ、カリスはミサの始めから祭壇の上にあるべきである。司式者はカリスの覆いを外し、パンの奉献を行う。MCあるいはアコライトは読誦ミサの時のように瓶を持って行き、司式者に手渡す。

　クレドが終わったらすぐに、香炉係は香部屋に行き、香炉を準備する。香炉係は司式者が *Oremus* を歌う時かそのすぐ後に出て来て、奉献の後に間に合うようにする。MCと香炉係は *Veni sanctificator* の祈祷文の後で司式者のところに来る。MCが助祭の代わりに手伝いながら、司式者はいつものように香を香炉の中に入れて祝別する。香炉係は福音書側に行き、祭壇のその部分の献香が行われようとしている時にミサ典書を移動させる。MCは書簡側の隅に立つ。

---

[18] 法令により、剃髪した聖職者のみが聖別された祭器を扱うことができる（S.R.C., 14 March 1906; 23 November 1906, ad Ium; 1 February 1907）。

献香の間、MCと香炉係が司式者についていく場合、第1アコライトがミサ典書を移動させるであろう。祭壇の献香の終わりに、MCは司式者から香炉を受け取り、入祭文の時のように香炉係がMCの左側に立ちMCとともにお辞儀をしながら、司式者への献香を行う。MCは次にミサ典書のそばに行き、聖変化まで立っている[19]。香炉係は中央で片膝をつき、聖歌隊と会衆の献香をしに行く。香炉係は高位の方の側、あるいは福音書側の聖歌隊にお辞儀をし、列全体の始めと終わりにお辞儀をしながら、各人二振り1回づつで、最も遠い列の者に献香を行う。その後、香炉係は書簡側の者に同じことを行う。香炉係は福音書側に戻り、次の列の者に同じ方法で献香を行い、次いで書簡側の相当する列の者に行い、聖歌隊の列の数に従って同じように続ける。香炉係は、祭壇の前を通り過ぎる時には毎回片膝をつく。次に香炉係はMCに二振り1回で献香を行い、次いでアコライトに各人二振り1回で献香を行うが、2人に対して前後に1回づつのみお辞儀をする（典礼上の聖歌隊がどちらの側にもいない場合、香炉係は最初にMCの献香を行う）。その後、片膝をつきながら、香炉係は向きを変えて会衆の献香を行う。香炉係は教会を見下ろして1回お辞儀をし、中央に1回、福音書側に1回、書簡側に1回の二振り3回の献香を行い、次いで再びお辞儀をする。香炉係は祭壇の方に向きを変え、片膝をつき、香部屋に行く。たいまつ持ちになる特別な侍者がいる場合、彼らは香炉係が出て行く前に、香炉係の前で中央に一列に並んで片膝をつき、香炉係とともに行くのが都合が良い。

　司式者が献香を受けたらすぐに、アコライトは第2アコライトが左側で水の瓶と皿を持ち、第1アコライトが右側でタオルを持ちながら、祭壇の書簡側の隅に来る。ここでアコライトは読誦ミサの時のように司式者の両手を洗う。その後、アコライトは祭器卓のそばの自分の場所で立つ。アコライトが奉挙の際にたいまつを持つ場合、アコライトは序唱の始まりの時かその直前に香部屋にたいまつを取りに行く。アコライトは香炉係と合流し、片膝をつき、香炉係と

---

[19] MCはミサ典書の所でページをめくり、司式者の補佐をする。序唱と主祷文の前にオルガニストに合図をする（お辞儀をすることで）のがおそらく都合が良いであろう。MCは生者と死者の記念の箇所で一歩下がり、彼らの名を耳にしないようにするべきである。

ともに出て行っても良い。たいまつが祭器卓にある場合、アコライトは序唱の終わり頃にたいまつを持つ。

　香炉係とたいまつ持ちが香部屋にいた場合、*Sanctus* の箇所で香炉係はたいまつ持ちを伴い香部屋から来る。全員は、香炉係をたいまつ持ちの中央にして内陣を横切るように一列になり、中央で一緒に片膝をつく。香炉係は書簡側に行く。たいまつ持ちは分かれて、お互いにお辞儀をし、内陣の中央に沿って一列となり祭壇を向いて跪く。たいまつ持ちは奉挙の後までここにとどまる。香炉係は書簡側で聖変化の直前まで待つ。*Qui pridie* の言葉の箇所で、香炉係あるいは第2アコライトは香炉に香を入れる。香炉係は福音書側を向いて、書簡側の最下段に跪く。奉挙の際、香炉係は、それぞれの奉挙で3回の献香の各まとまりの前後に1回お辞儀をしながら、至聖なるものに二振り3回で献香を行う。香炉係は司式者の片膝をつく動作、奉挙、片膝をつく動作に対応するように献香を合わせると都合が良い。聖変化の前にMCは跪く。MCは司式者の左側、後方の foot-pace の端に跪き、司式者が両腕を上げる際にカズラの端を持ちあげるようにしても良い。鈴が鳴らされる場合、第1アコライトは *Sanctus* の箇所、及び各奉挙で3回鳴らすが、ミサ中に他の箇所では鳴らさないであろう。奉挙の後でMCは立ち上がり、本のそばの司式者の脇に行き、ページをめくりながらそこで片膝をついたり立っていたりする。MCは死者の記念の箇所で再び一歩下がる。香炉係は立ち上がり、中央に来て、片膝をつき、香炉を香部屋に持って行く。香炉係の務めはこの時、終わった。たいまつ持ちは、たいまつを香部屋に持って行くことになっている場合には、立ち上がり香炉係とともに片膝をつき、次いで香部屋まで香炉係について行く。しかし死者ミサ及び斎日のミサ、会衆が聖体を拝領する時には、たいまつ持ちは聖体拝領の後まで跪いたままとどまる。

　香炉係とたいまつ持ち（これらがアコライトと同じ者でなければ）は、香部屋に香炉とたいまつを残して戻って来た後には、もう務めはない。香炉係とたいまつ持ちは、用意されたどこか都合の良い場所に行って跪いたり立ったりする。しかしながら、急いだり混乱することを避けるために、他の誰かのもので

ある1つか2つの務めを香炉係に割り当てると都合が良いであろう。これは、司式者以外に聖体を拝領しようとしている会衆がいる場合、特にそうである。

そのような聖体拝領がある場合、MC は書簡側に行き、そこで立ちながら *Confiteor* を唱えても良い。あるいはこれは香炉係が行っても良い。

アコライトは 190 ページで述べられているように、foot-pace の前で聖体拝領布を広げる（聖歌隊席か内陣にいる者が聖体を拝領することになっている場合）。アコライトがたいまつを持っている場合、これは MC と香炉係によって行われるべきである。

聖体拝領の後で、読誦ミサの時のように第1アコライトは司式者に瓶を差し出す。第1アコライトはミサ典書を書簡側に移動させる。第2アコライトはカリスベールを持ち、福音書側に移動させ、そこで司式者の近くに置く[20]。第1アコライトと第2アコライトが祭壇の前で交差する時、一緒に片膝をつき、第1アコライトが第2アコライトの前を通り過ぎる。MC にそれを行う権利がある場合、MC はカリスを祭器卓に移動させる。その後 MC は書簡側のミサ典書のそばの自分の場所に行き、場所を指し示しページをめくることで司式者の補佐をする。

固有の最後の福音書がなければ、最後の聖体拝領後の祈祷文の後で MC はミサ典書を閉じる。固有の最後の福音書がある場合、MC はミサ典書を開いたままにして、*Ite missa est* あるいは相当する小句が歌われたらすぐにミサ典書を福音書側に移動させる。MC は中央で片膝をつくのを、司式者が祝福を与える時に合わせ、そこで祝福を受けるようにしても良い。そうでなければ、MC は福音書側で祝福のために跪く。アコライトと香炉係はその場で祝福のために跪く[21]。

最後の福音書の間、香部屋に戻るための行列を組む。香炉係は最初に行くため、他の者の後方で立つ[22]。アコライトはアコライトキャンドルを持って香炉係の両脇に立ち、たいまつ持ちが行列でアコライトの後方の位置につけるように近くで立つ。その間、MC は祭壇カードあるいはミサ典書のそばに立ち、最

---

[20] このカリスベールの移動は実際には全く必要がない。130 ページ、n. 17. 参照。
[21] 祝福の際の聖歌隊とオルガンについては 188 ページ、n. 87. 参照。
[22] 全員が向きを変えた時、香炉係は彼らの前にいるであろう。

後の福音書の始めの節に答え、最後の福音書の後で *Deo gratias* を唱える。最後の福音書の終わりで司式者は祭壇の中央に来て、お辞儀をし、祭壇の段の前の床に下りて来る。MC は foot-pace から回り道をして来て、ここで司式者の左側に立つ。

　君主のための祈祷文、あるいは司教の命による任意の祈祷文が唱えられることになっている場合、この祈祷文の前に司式者はマニプルを外して MC に手渡すべきである。司式者と侍者は祈祷文の間、祭壇の前の自分の場所で立つ。その後、全員が一緒に片膝をつき、入ってきた時のように出て行く。

　ミサ後に祈祷文がない場合、司式者が祭壇前に下りて来たらすぐに全員で片膝をつき、出て行く。

第14章　補佐司祭

§1　荘厳ミサで

どの司式者もコープを着た他の司祭に補佐されることは合法ではない[1]。許可あるいは昔からの慣習のいずれかにより、一定の参事会の参事会会員にはこの特権がある。司祭が初ミサ、あるいは最初の3回のミサを唱えるか歌う時には、他の司祭に補佐されても良い。それが荘厳ミサの場合、補佐司祭はコープを着ても良い。この場合、助祭・副助祭によって行われる儀式の多くは以下のように変更される[2]。

補佐司祭 Assistant Priest（＝AP）のために座席、背もたれのない腰掛け、が sedilia の所で、助祭の右側に教会を見下ろして向くように準備される。あるいはこの座席は副助祭の左側にあり、AP が祭壇の方を向くようにしても良い。

AP はスルプリあるいはロチェット（この権利がある場合）を着る。AP はまた肩衣及びミサの色のコープも身につけるべきである。司式者と助祭・副助祭が行うように、AP は座る時にビレッタをかぶる。

ミサ前に灌水式が行われる場合、AP にはこの時役目はない。AP はコープなしで聖歌隊席の自分の場所に行き、ミサが始まる時にコープを着るべきである。そうでなければ、AP は司式者と助祭・副助祭とともに着衣し、最初にスルプリと肩衣を着ながら、司式者が着衣した時にコープを着る。

いつもように助祭と副助祭が前を歩く中、AP は司式者の左側で祭壇に来る。聖歌隊がいる場合、司式者と AP が聖歌隊席に来る時、AP は司式者の後方を通り司式者の右側に行きそこで司式者とともにお辞儀をする。助祭は司式者の左側に行き、副助祭は助祭の左側に行く。祭壇の前で彼らはこの順序で立つ[3]。AP は助祭・副助祭とともに準備の祈祷文に答える。司式者が祭壇に上る時、AP は書簡側の隅に回って行きそこでミサ典書のそばに立ち、助祭は司式者の右側に行く。祭壇の書簡側の献香が行われる時、AP はミサ典書を移動させ、

---

[1] Cod., c. 812.
[2] Martinucci-Menghini, I, i, pp. 313-316; Le Vavasseur, i, pp. 507-513; De Herdt, ii, pp. 13-20; Van der Stappen, v, pp. 307-313; Wapelhorst, pp. 166-169.
[3] 207 ページの図 14 を参照。

その後戻す。助祭が司式者の献香を行う時、APは助祭の右側に立ち、助祭とともにお辞儀をする。その後、APはミサ典書のそばの隅に戻る。APは助祭・副助祭とともに *Kyrie eleison* に答える。*Kyrie eleison* の間座りに行く場合、APは下記の *Gloria* の時のようなこのような場面のための一般的な規則を遵守する。司式者が *Gloria in excelsis* を先唱する時、APは司式者とともに中央に行き、後でAPが運ぶことになるミサ典書中で箇所を指し示しても良い。その後、APは書簡側の隅に戻る。あるいはAPは *Gloria* が先唱される間そこにとどまっても良い。

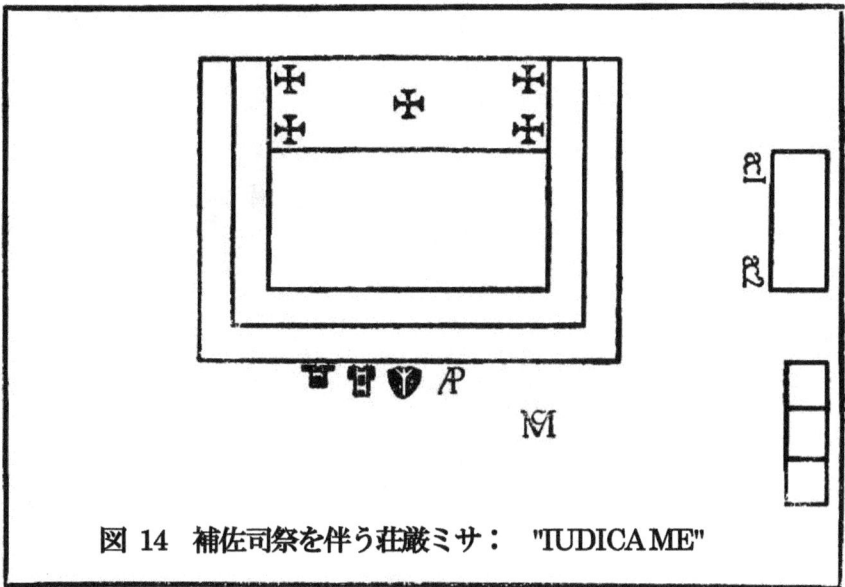

図 14　補佐司祭を伴う荘厳ミサ：　"IUDICA ME"

Gloria の終わりで、APは司式者とともに十字の印をする。その後、APは片膝をつかずに sedilia のそばの自分の席にまっすぐに行き、他の者とともにここで座り、ビレッタをかぶる。*Gloria* の歌の終わりに、APは他の者とともに立ち上がってビレッタを脱ぎ、長い方の経路で中央に行き、助祭・副助祭の2人が司式者の左側にいる一方で、司式者の右側につく[4]。APは司式者とともに聖

---

[4] 助祭・副助祭の両方が司式者の左側にいる場合はいつでも、助祭が司式者に近い方に立ち、副助祭は助祭の他方の脇に立つ。

歌隊にお辞儀をし、司式者がお辞儀をする時に片膝をつく。これは彼らが座り
に行くたびごとの規則である。

　AP はこの時再び書簡側の隅に行き、歌われるか唱えられることになってい
る全てを指し示す。AP は中央を通り過ぎる際にいつものように片膝をつきな
がら、ミサ典書を福音書側に移動させる。副助祭が AP について行く。司式者
が福音書を読む間、AP は司式者と副助祭の間でミサ典書のそばに立ち、場所
を指し示し、ページをめくる。司式者が福音書を読んだ後、AP は書簡側に行
き、そこで待つ。司式者が書簡側に来る時、AP は司式者の左側に立ち、福音
書を歌う助祭の方を司式者とともに向く。福音書の後で助祭が司式者の献香を
行った時、AP は中央に行き、ミサ典書を祭壇の中央近くの所定の場所に置き、
司式者がクレドを先唱するための箇所を指し示しても良い。これが必要でない
場合、AP は書簡側の隅にとどまるであろう。AP はクレドを司式者とともに唱
え、*Et incarnatus est* 等の文の箇所で司式者とともに片膝をつく。その後、AP
は前のように sedilia のそばの自分の座席に行く。彼らが座っている間、助祭が
コルポラーレを広げるために行く時に、AP は副助祭と同じ規則（165 ページ
参照）を遵守して立ち上がることはない。AP は *Gloria* の後のように祭壇に戻
る。しかしこの時は AP は祭壇に上る際に司式者の後方を通り過ぎて司式者の
左側のミサ典書のそばにいるようにする。AP はここにとどまり、祭壇の献香
が行われる際にミサ典書を移動させる。助祭は副助祭に献香を行う前に、AP
に二振り 2 回で献香を行う。

　ミサ典書のそばの MC の場所にはこの時 AP がいるので、MC は書簡側の床
に離れて立たなければならない。*Sanctus* の箇所で助祭が司式者の右側に来て、
AP は司式者の左側にとどまり、副助祭は祭壇の段の床にいる。カノンの間、
AP は司式者の左側でミサ典書のそばにいる。AP はどちらの *Memento* の箇所
でも一歩下がって立つ。その間、助祭は司式者の右後方に立つ。奉挙の際、AP
は福音書側の foot-pace の上で跪く。あるいは助祭の左側で司式者の後方に跪
いて助祭とともにカズラを持ち上げても良い。その後、AP は本の所に戻って
来て、ページをめくり司式者が片膝をつく度に片膝をつきながら、そこで片膝
をついたり立ったりする。*Agnus Dei* の箇所で副助祭は祭壇の段の床にとどま

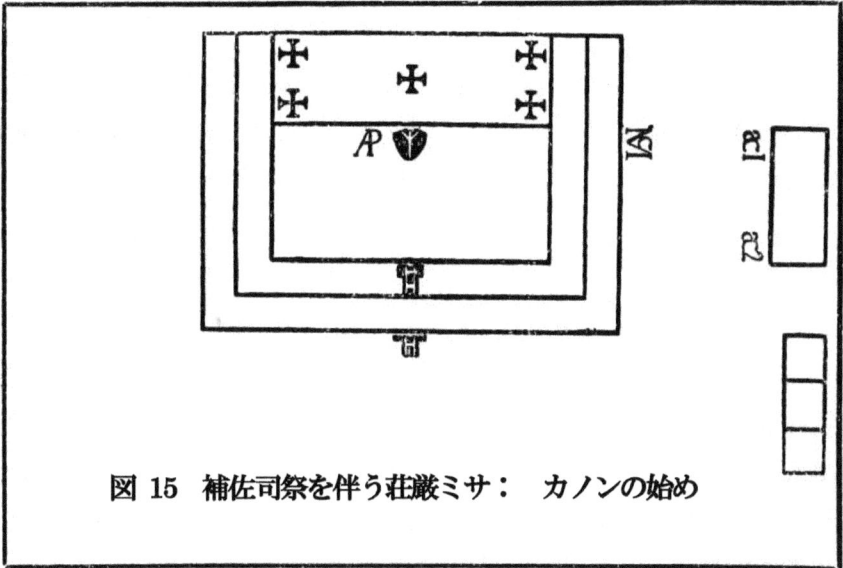

図 15　補佐司祭を伴う荘厳ミサ：　カノンの始め

る。AP と助祭は司式者とともに *Agnus Dei* を唱える。その後、AP と助祭は片膝をつき、場所を替わる。AP は司式者の右側の foot-pace の端で跪く。AP は立ち上がり、両手は祭壇の上に置かずに司式者とともに祭壇にキスをする（コルポラーレの外側で）。AP は司式者から平和の接吻を受ける。AP は聖歌隊のメンバーに平和の接吻を与える。戻りながら、AP は平和の接吻を助祭に与え、助祭は副助祭に与える。AP は司式者の左側に、助祭は司式者の右側に行く。AP と助祭は司式者の聖体拝領の際に低いお辞儀をする。時間が来た時、AP はミサ典書を書簡側に移動させる。その後、AP はそこでミサ典書のそばで立ち、前のように司式者を補佐する。AP は最後の聖体拝領後の祈祷文の後で本を閉じるか、あるいは固有の最後の福音書がある場合には本を福音書側に移動させる。AP は 1 人で福音書側に跪きながら祝福を受ける。AP は福音書側に行き、そこで司式者と副助祭の間に立ち、最後の福音書を補佐する。AP は祭壇の段の前で助祭の右側になるように下りて来る。助祭は司式者にビレッタを渡す。AP は自分のビレッタを MC から受け取る。全員は一緒に片膝をつく。AP は司式者の後方を通って左側に行き、助祭・副助祭を前にして司式者とともに歩いて出る。

§2　スルプリのみを着た補佐司祭

　特に、新たに叙階された司祭の最初の3回のミサの場合には、コープを着ていない別の司祭が補佐しても良い。この場合、AP は上に述べられた全ての儀式を行うわけではない。AP の務めは、実際には司式者が間違えないよう気をつけていることだけである。AP の儀式上の役目は極めて単純なものに縮小されている[5]。

　他に一定の服装の区別の権利がある場合であっても、AP はスルプリのみを身につける。ビレッタはかぶらず、ミサ中頭の上には何もかぶらない。荘厳ミサである場合、AP は司式者の左側で祭壇に歩いて行くか、あるいはミサの前に灌水式が行われる場合には、AP はミサが始まる時に祭壇に来る。祭壇の段の前での祈祷文の間、AP は書簡側の床に跪く。その後、AP は書簡側の隅のミサ典書のそばに行き、MC の代わりにここで司式者を補佐する。MC はその間、祭器卓の近くに、離れて立たなければならない。司式者が sedilia に座る時、AP は sedilia の近くに座るが、ビレッタはかぶらない。AP は、そうでない場合には MC により行われていたように、祭壇で司式者のそばに立ち、司式者が間違えないか見ていて、本のページをめくり、箇所を指し示す。奉献の際、AP は MC より先に、香炉係から献香を受ける。AP はカノンの間、本のそばに立つ。助祭は司式者の後方にとどまる。副助祭が福音書の前にミサ典書を祭壇の反対側に移動させる時と、助祭が聖体拝領の後でミサ典書を書簡側に移動させて戻す時、AP は彼らとともに歩き、中央で彼らとともに片膝をつく。AP は司式者から平和の接吻を受けない。代わりに AP は、聖歌隊のメンバーが平和の接吻を受けた後、副助祭から平和の接吻を受けるために下りて行く。AP は平和の接吻を MC に与える。

§3　読誦ミサでの補佐司祭

　典礼書にはこの場合についての特別な指示はない。しかしながら、新たに叙階された司祭による最初の3回のミサが読誦ミサである場合、これは起きるであろう。

---

[5] Le Vavasseur, i, p. 513.

　一般的にルブリカから、AP が何をしなければならないかを理解することは困難ではない。AP は祭壇まで司式者について行き、準備の祈祷文の間、侍者とともに答えながら、書簡側に跪くであろう。その後、AP は書簡側の隅に行き、本のそばに立つ。全ミサ中、AP は本のそばで司式者の脇に立つ。奉挙の時のみ AP は後ろに下がり、福音書側で foot-pace の端に跪く。AP の務めは終始司式者の近くにいて司式者を指導することである。AP は箇所を指し示し重大な間違いを訂正しながら、司式者が行ったり唱えることに注意していなければならない。

第15章　上級の高位聖職者が列席する荘厳ミサ

§1　コープと司教冠を身につけた司教の列席

「上級の高位聖職者」の定義については71〜71ページを参照。

一般的に、片膝をつくことが全ての上級の高位聖職者に対して、従って裁治権者や首都大司教、教皇代理、ローマ外での全ての枢機卿に対して払われる普通の表敬であることに注意すること。しかし、参事会会員及び高位聖職者、ミサの司式者は上級の高位聖職者にお辞儀をする。

他の司教、例えば補佐司教や司教区外の司教には誰も片膝をつかないし、裁治権のある教会以外では大修道院長にも片膝をつかない。これらの者に対してはお辞儀をする。

最初の場合は高位聖職者がコープと司教冠を身につけて、より荘厳に補佐する時である。主要な祝日には、裁治権者は自身で司式しない場合、このやり方で補佐するべきである[1]。

以下の準備がなされなければならない。

教会の主祭壇とは別に、聖体が納められた礼拝堂あるいは祭壇がある場合、司教用床几あるいは跪き台が聖櫃の前に準備される。これには適切な色のクッションが2つある[2]。

司教には主祭壇のそばに自身の司教座がある。司教座聖堂ではこれは教会の

---

[1] *Caer. Ep.*, Lib. II, cap. xxxiv, §§1-4; cap. ix, §4. 儀式については以下を参照。*Caer. Ep.*, Lib. II, cap. ix; cfr. Lib, I, caps. viii, xi, xii, xv, xx, xxi, etc.; Martinucci-Menghini, II, i, pp. 146-166; Le Vavasseur, *Fonct. Pont.*, i, pp. 219-236; Wapelhorst, pp. 195-197.
[2] 枢機卿のためには身につけている色に応じて赤あるいは紫（すなわち、齊日と服喪のためには紫）、紫の服を着た司教のためには緑、司教が黒の服を着る時は紫（齊日と服喪）である。一つのクッションは腕のために司教用床几に、跪くための他方のクッションは司教用床几の前の床にある。跪き台の覆いは枢機卿のためには絹、司教のためには布製であるべきである。クッションは司教のためには絹であっても良い。枢機卿のためのクッションには金の房があっても良い（Martinucci-Menghini, II, i, p. 34, §5）。

固定された装飾であろう。他の教会では司教座は、普通は福音書側で内陣に準備される。座席の上にはミサの色の天蓋がある。座席は内陣の床から3段上がっている。これらの階段は絨毯で覆われ、座席自体は布で、可能であれば絹で、覆われる。そばにはクッションがあり、その上に司教が跪くであろう。これらの布と覆いの全てはミサの色であるべきである。司教座の両脇では platform 上に補佐助祭のための腰掛けがある。司教の右側に司教の補佐司祭（AP）のための3つめの腰掛けがある[3]（図2、36ページを参照）。

　祭壇の前にもう1つの司教用床几あるいは跪き台があり、ここで司教がミサ前の祈祷文を唱えるであろう[4]。

　内陣の入り口に火のついたろうそくをのせた4本あるいは6本の長い燭台が置かれる。

　司教の祭服は祭壇の上に広げられる。中央にコープとストラ、胸十字架、チングルム、アルバ、肩衣がある。これらはその日の色のベールで覆われる。福音書側には宝石の司教冠が、そしてそのそばに司教冠を保持するためのベールが置かれる（42ページ）。金の司教冠と司教杖のためのベールは書簡側にある。両方の司教冠は infulae が frontal の上に掛かるように置かれる。司教杖は祭壇の近くに立ててある。パテナとベール等と一緒のカリス、瓶、ミサ典書、朗読の本、副助祭のためのフメラーレ、ミサで必要となる他の物が祭器卓の上に置かれ、また、Canon episcopalis や司教のためのもう1冊のミサ典書[5]、ハンドキャンドル、贖宥が与えられることになっている場合には贖宥の式文が含まれた本も置かれる。

　司式者及び助祭・副助祭、侍者のための全ての祭服は香部屋に準備される。

　儀式を補佐する者は、荘厳ミサで必要となる助祭・副助祭と侍者の他に、司教のところで待つ「司教座での」2人の助祭と1人の補佐司祭（AP）である。これらは可能であれば参事会会員であるべきであるが、他の者が彼らの代わり

---

[3] Martinucci, II, i, p. 71, § 38.　AP の場所は教会を見下ろす向きで他方の側にあっても良い。

[4] 上記のように整えられる。212ページ、n.2.

[5] ミサ典書はミサの色の絹のカバーで覆うべきである。朗読の本には同じ様なカバーがある（55ページを参照）。

をしても良い。彼らは祭服ではなく、参事会会員のローブか聖歌隊服を着る。裾持ち[6]と4人の他の侍者あるいはチャプレンが必要とされ、1人が司教冠を、1人が司教杖を、1人が本を、1人がハンドキャンドルを持つ[7]。

　ミサの第2MCの他に第1MCがいて、第1MCは儀式全体を指導する。他の侍者は司教の着衣と脱衣を手伝う。司教には大カッパを持ち去り、持って戻る随行者がいる。司教が司教座にいる時、第1MCの普通の場所は司教の左側でありここで立っている。一般に司教座の東側、あるいは祭器卓のそばに、司教の従者と随行者（司教の"familiares"）のための場所がある。

　儀式の間、司式者と助祭・副助祭が祭壇に来たり祭壇から離れる度、及び彼らが聖歌隊にお辞儀をする他の全ての場面では、彼らは聖歌隊にお辞儀をする前に司教に表敬を行う。何かの目的で司教に近づく全ての侍者と他の者も、何かを司教に持って来る前後に、そのようにする[8]。この表敬は、参事会会員とミサの司式者の場合に低いお辞儀をするのを除き、片膝をつくことである。

　司教がコープあるいはカズラと司教冠を身につける時はいつも、聖体の前で片膝をつくか跪く時、及びミサ中の序唱から聖体拝領までの間のみ、ズケットを脱ぐ。他の時には、跪いたりお辞儀をする時であっても、司教はズケットをかぶっている。しかし、司教が祭服でなく、カッパ及びmantellettumあるいはmozzetta、ビレッタを身につけている時には、他の時にズケットを脱ぐ（226ページ）。

　第1補佐助祭が常に司教冠をかぶらせ、第2補佐助祭が司教冠をぬがせる。どちらも司教冠を司教冠持ちから受け取り、また司教冠持ちへ渡し、司教冠持ちは司教冠をスカーフで保持する。

　司教がミサ中に4回、すなわち入祭文、書簡・昇階唱と他の節・福音書、奉

[6] 司教が祭服を着る時はいつでも、裾持ちは紫（purple）のカソックとスルプリを着る。司教がカッパを着る時、裾持ちは紫（purple）のカソックのみを着る。
[7] 司教冠持ちと司教杖持ちには、42ページで述べられている白の絹のスカーフがあり、この上から司教冠と司教杖を持つであろう。これらの4人のチャプレンについては234～235ページを参照。
[8] この規則の例外（副助祭が福音書の後で朗読の本を持ってくる時）は221ページに述べられている。

献文、聖体拝領唱、をミサ典書から読むことに留意する。司教はこれらを司教座で読む。本持ちが司教の前でミサ典書を保持する。ハンドキャンドル持ちが司教の左側でハンドキャンドルを保持する。ミサ典書は *Kyrie eleison* 及び *Gloria in excelsis*、クレド、*Sanctus*、*Agnus Dei* の箇所では司教の前で保持しない[9]。より上位の高位聖職者が列席している場合も、ミサ典書はこのようなやり方では使用されない。

　参事会会員がいる場合[10]、ミサ中に5回、参事会会員は司教の周囲で円陣を作りに来る。これらの場面は司教の着衣の間、司教が *Kyrie* と *Gloria* を唱える時、クレドを唱える時、*Sanctus* を唱える時、*Agnus Dei* を唱える時である。毎回、参事会会員は彼らの座席から下位の者が前になるように来る。祭壇を通り過ぎる際及び司教にいつもの表敬を行う（お辞儀をする）。AP は彼らの中に入る。参事会会員は司教座の前で幅の広い円陣になって立ち、司教とともに文章を唱える。高位のものが司教の近くに立つ。参事会会員が自分の座席に戻る際、高位のものが先に行く。参事会会員が司教のもとを去る際にお辞儀をする時、司教は十字の印をしながら彼らに祝福を与える。この参事会会員の円陣は死者ミサ、あるいはより上位の高位聖職者が列席している時には行われない。この円陣は参事会が列席している時に司教区の裁治権者に対してのみ行われる[11]。

　ミサ中、奉献の際のカリスとパテナのためのものを除き、助祭は solita oscula を省く。

　儀式の始まりの際、司式者と助祭・副助祭、侍者はいつもの方法で祭壇に来て、座席に行く。

　司教が教会に到着する時、鈴が鳴らされ、オルガンが演奏されるべきである[12]。司教はドアのところで、参事会の最も高位の者、あるいはその教会の主任司祭の出迎えを受け、この者が司教に聖水を差し出す。司教はこの聖水で自らに十

---

[9]　司教はこれらを記憶をもとに唱える。
[10]　司教座聖堂の参事会会員に限る。
[11]　*Caer. Ep.*, Lib. I, cap. xxi.
[12]　*Caer. Ep.*, Lib. I, cap. xv, §4.

字の印をし、次いで周囲の者に灌水する。司教はロチェットと大カッパ、ビレッタを身につけ到着する。司教は司教座での助祭と他の随行者、侍者を伴い、後方で裾を支えられて、聖体が納められた礼拝堂がある場合にはそこに行く。そこで、司教用床几で跪きながら、司教は短い祈祷文を唱える。カッパの前部はMCによって司教用床几の上に広げられる[13]。司教の随行者は司教の後方で跪く。その後、司教は行列で主祭壇に来る。聖歌隊席の全員が立ち、次いで司教が通り過ぎる際に、司教の祝福を受けるために跪く。司式者と助祭・副助祭はsediliaで立つ。APは聖歌隊席の最前列にいる[14]。司教が主祭壇前の司教用床几あるいは跪き台に到着する時、司教は最初に司式者と助祭・副助祭の方を向いて彼らを祝福する。司式者は低いお辞儀をし、他の者は参事会会員でなければ片膝をつく。司教は祭壇にお辞儀をし、司教用床几で跪き、祈祷文を唱え、司教の随行者は司教の後方で跪いている。司教はその後、司教座へ行く。司式者と助祭・副助祭、他の者が座る間、ここで司教は着衣をする。司教はビレッタとカッパを脱ぎ、司教のMCあるいは随行者がこれらをしまう。参事会会員が司教座の周囲で円陣を作りに来る。司教は彼らにビレッタをかぶって良いと合図をする。侍者は祭壇から祭服を持って来る。司教座での助祭は司教がこれらの祭服を着るのを手伝う。最後に第1補佐助祭が宝石の司教冠を被せ、司教は左手に司教杖を持つ。そうして司教は、聖歌隊席を通る際に祝福をしながら、祭壇に行く。司教座での助祭はコープの端を持ち、裾持ちは司教の後方で裾を持ち、司教冠持ちと司教杖持ちが続く。

　灌水式がミサの前にある場合、司教は司教冠をかぶり、しかし司教杖は持たずに司教座で立つ。司式者は祭壇に灌水し、次いでミサのMCのみを伴って司教座に来る。司式者はいつもの表敬とosculaで司教に灌水棒を差し出す。司教は自身に十字の印をし、次いで司式者と司教自身の補佐者に灌水する。司式者は灌水棒を受け取り、祭壇に戻る。司式者は自分のMCのみを伴って、助祭・副助祭、次いで聖歌隊と会衆に灌水する。その間、助祭・副助祭は祭壇の前で

---

[13] これはカッパを身につけた司教が司教用床几あるいは跪き台で跪く時の一般的な規則である。

[14] これはAPが司教座にいない時のいつもの場所である(Martinucci, II, i, p. 68, §28)。

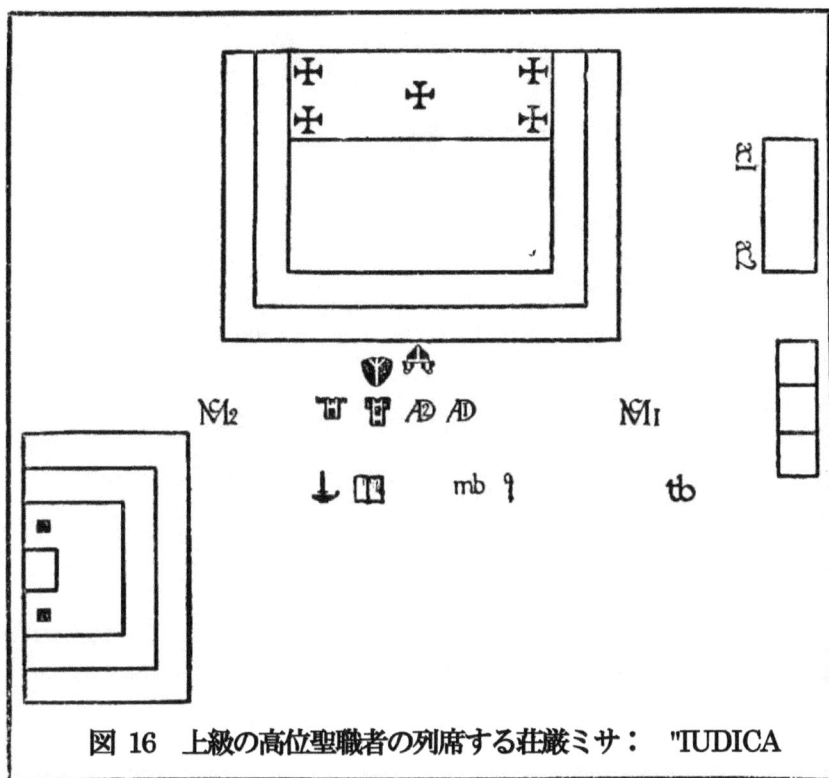

図 16　上級の高位聖職者の列席する荘厳ミサ：　"IUDICA

立つ。

　祭壇の階段で司教は司教杖を司教杖持ちに渡す[15]。第1助祭は司教冠をぬがせる。

　その間、ミサの司式者は助祭・副助祭とともに祭壇に来て、階段の前で司教の左側、やや後方に立つ。司教座の助祭は司教の後方に立ち、ミサの助祭と副助祭は司式者の後方に立ち、司教の他のチャプレンあるいは侍者はこれらの後方に立つ。第1MCは書簡側に、第2MCは福音書側にいる。裾持ちは書簡側で脇に立つ。司教及び司式者、参事会会員（助祭・副助祭を含めて）を除いて、全員が跪く。司教と司式者は、司式者が司教に答えながら階段祈祷を唱える。他の全員もまた、これらの祈祷文をいつもの規則に従って2人づつで唱える

_____
15　司教杖持ちは常に司教杖を跪きながら受け取る。

217

（133 ページ）。*Indulgentiam* の祈祷文の後で、司式者は後ろに下がりミサの助祭・副助祭の間に立つ。司教座での助祭が来て、司教の両側に立つ。そうして彼らは *Deus tu conversus* 等の節を唱える[16]。司教が *Oremus* を唱えたらすぐに、祈祷文を加えずに、司教は祭壇にお辞儀をし、第1助祭が司教冠を被せ、司教は司教杖を持ち、司式者を祝福し、聖歌隊席を通り過ぎる際に祝福をしながら司教座に行く。裾持ちが司教の後方に来て裾を持つ。司式者はその後祭壇に上り、祭壇にキスをして、いつもの祈祷文 *Aufer a nobis* 等を唱え、香が運ばれてくるまでそこで待つ。

　司教は司教杖を脇に置いて司教座に座る。裾持ちは司教座の東側の司教の "familiares" の中の自分の場所に行く。AP が自分の座席から司教座に来る。香炉係が香炉を持ってきて、香舟を司教座での AP に手渡し、香炉を持ち上げながら司教の前で跪く。AP は香舟を持ち、香さじを solita oscula で司教に手渡す。司教は香を入れて祝別する。香炉係は香舟を受け取り、次いで香炉を祭壇に持って行き、助祭に香炉を手渡し、助祭は香炉を司式者に渡す。司式者はいつものように祭壇に献香を行う。その間、司教座では AP が司教の脇の自分の場所に行く。祭壇の献香が行われた時、助祭は司式者を2回で献香する。その後、助祭は香炉を香炉係に手渡し、香炉係は香炉を司教座に持って行き、ここで司教の前の AP と出会う。AP と香炉係は、彼らの位階についての一般的な規則に従って、祭壇と司教に表敬を行う（215 ページ）。AP は香炉を受け取り、二振り3回で司教の献香を行う。司教は献香を受けるために立ち上がる。献香が行われた時、AP はお辞儀をするか片膝をつき、司教は AP の上に十字の印をする。再び祭壇と司教に適切な表敬を行い、AP は聖歌隊席の自分の場所に行き、香炉係は香炉を香部屋に持って行く。

　司教座での第2助祭は、この時、宝石の司教冠を脱がせ、司教冠持ちに手渡し、司教冠持ちは司教冠を祭器卓に持って行く。司教冠持ちは金の司教冠を持ち、司教座に持ってきてここで待つ。司教は立ち上がりながら、頭にかぶらず

---

[16] Martinucci（II, i, p. 150 n.）はこれを司教が司式者とともに告白を行うとする *Caer. Ep.*, Lib. II, cap. xii, §1 から推論している。しかし、告白は "Indulgentiam" の祈祷文で終わる。

218

に、ミサの入祭文を唱え、1人のチャプレンあるいは侍者が司教の前でミサ典書を保持し、他の者が司教の左側でハンドキャンドルを保持している。ミサ典書とハンドキャンドルはその後片づけられる。司教は *Kyrie eleison* 等を唱える。

　その間、参事会が列席している場合、上で述べられているように、参事会会員が司教座の周りで円陣を作るために来る（215 ページ）。AP は参事会会員の中にいる[17]。*Kyrie* の歌にいくらか時間がかかる場合、司教は参事会会員に、自分達の座席に戻っても良いという合図をする（参事会会員を祝福しながら）。司教は座り、第1助祭の補佐で金の司教冠を被せられる。*Kyrie* が長くなくて、*Gloria in excelsis* が続く場合、参事会会員は自分の座席に行かない。参事会会員はとどまり、司教は一緒に *Gloria* を唱えるためにまだ立っている。毎回の荘厳ミサの時のように、祭壇で司式者が *Gloria* を先唱し、聖歌隊が続ける。その間、司教と円陣中の参事会会員は一緒に唱える。その後、司教は金の司教冠をかぶりながら座る。司教座での助祭と AP は自分の場所で座り、司教冠及び司教杖、本、ろうそくを持つ侍者は前後に司教に向かって片膝をつきながら、司教座の階段の上に座る。

　Gloria が歌い終えられた時、司教座での第2助祭は司教冠をぬがせる。司教は集祷文が歌われる間立つ。最後の集祷文の終わり頃に、副助祭は朗読の本を手にするが、自分の場所から移動しない。司教は座り、第1助祭が金の司教冠をかぶせる。副助祭は中央に来て、十字架次いで司教に向かって片膝をつき、書簡を読む。副助祭は完全には祭壇を向かず、半ば司教の方を向いて立つべきである。書簡の終わりの際に、副助祭は祭壇に向かって片膝をつき、司教の前に来て、司教に向かって片膝をつき、司教座の段を上って跪く。司教は本の上に手を置き、副助祭は司教の手にキスをし、司教は副助祭の上で十字の印をする。副助祭は段を下りて来て、再び司教に向かって片膝をつき、次いで祭壇前の中央で片膝をつき、朗読の本を脇にいる侍者に渡し、祭壇用ミサ典書を福音書側に移動させる。

---

[17] 常に AP は参事会会員であると想定されている。

　補佐助祭と AP は副助祭が司教座に来る際に立つ。司教のミサ典書とハンドキャンドルを持つ者が司教のところに来る。司教は書簡及び昇階唱、他の節を読み、その後、両手を合わせて *Munda cor meum* と *Iube Domine benedicere* の祈祷文を唱え、福音書を読む。

　司式者が福音書を読む間、助祭は朗読の本を持って祭壇の上に置き、司教と祭壇に向かって片膝をつきながら、司教座に来る。司式者は福音書を読み終えたら祭壇の中央に来て、そこで助祭と副助祭の間に立つ。司教が福音書を読み終えた時、本とハンドキャンドルを持つ者は司教の脇に立つ。

　助祭は MC からの合図で司教に片膝をつき、段を上り、跪きながら司教の手にキスをする。助祭は段を下りて来て、再び司教に向かって片膝をつき、祭壇の最下段の中央に行き[18]、そこで跪き *Munda cor meum* を唱える。香炉係は司教座まで助祭について行き、助祭が下りて来る時そこで準備ができているようにする。助祭が司教の手にキスをした後に片膝をつく際、香炉係も片膝をつき、次いで香炉係は段を上る。ここで香炉係は香舟を司教の右側に来る AP に手渡す。司教は香を入れて祝別する。香炉係は香舟を受け取り、行って司教座の近くに立ち、他の者が来るまで待っている。助祭は *Munda cor meum* を唱えた時、福音書の本を持ち、司式者にお辞儀をして、祝福のため跪かずに、副助祭とアコライトとともに司教座に行く。祭壇を離れる前に、全員が祭壇に向かって片膝をつく。助祭は、副助祭を左側に、アコライトと香炉係を後方にして、司教のところに行く。全員は司教の前で跪く。司教座での補佐者は立つ。助祭は司教座の前で跪きながら、*Iube Domne benedicere* を唱える。

　司教はいつもの式文で、助祭に祝福を与えるが、しかし3回十字の印をする。その間、アコライトと香炉係（この時、アコライトの後方にいる）は副助祭とともに跪く。全員立ち上がり、再び司教に片膝をつき、副助祭が背中あるいは肩を司教の方に向けないように立たなければならないのを除けばいつものよう

---

[18] *Caer. Ep.*, Lib. I, cap. ix, §2 によれば "super infimo eius [sc. altaris] gradu in medio"、Lib. II, cap. viii, §42 によれば "in eius inferiori gradu." そのため、Martinucci（II, i, p. 224, no. 63）はそうするとしているが、助祭は foot-pace の上で跪かない。

に、福音書が歌われるために行く。助祭が司教座を離れるとすぐに、第2助祭が司教冠をぬがせる。司教冠及び司教杖、本、ハンドキャンドルの4人のチャプレンが助祭の方を向いて一列になって立つ（司教座の前の東側で）。司教は司教座で立ち、助祭が *Sequentia sancti evangelii* 等を歌う際に十字の印をし、司教杖を取り、福音書が歌われる間、司教杖を両手で保持している。福音書の間に片膝をつくことになっている場合、侍者が司教の前にクッションを置き、司教がクッションの上で跪けるようにする。福音書が終わった時、司教は司教杖を脇に置く。副助祭は片膝をついたり表敬を行うことなく、開いた本を保持しながらまっすぐに司教のところに来る。司教は *Per evangelica dicta* 等を唱えながら、本の上に両手を置き、本にキスをする。香炉係は司教座まで副助祭について行く。助祭はアコライトとともに、司教に、次いで祭壇に向かって片膝をつきながら、祭壇に行く。アコライトはアコライトキャンドルを祭器卓の上に置き、そこにとどまる。助祭は司式者の横に行く。副助祭は片膝をつきながら司教のところを去り、いつものように片膝をつきながら、本をMCあるいは侍者に手渡し、助祭のそばに行って立つ。APは香炉係から香炉を受け取り、いつもの表敬を行って司教の献香を行う。献香の終わりに司教はAPの上に十字の印をする。クレドが唱えられる場合、参事会会員が司教の周囲に円陣を作るために来て（APを含めて）、司教とともにクレドを唱える。*Et incarnatus est* 等の文の箇所で全員片膝をつく。司教は、侍者により司教の前に置かれたクッションの上で跪く。その後、参事会会員は、司教が祝福で彼らを解散させる中、自分の座席に戻って行く。APは司教座のそばの自分の場所に行く。クレドの残りが歌われる間、司教は座り、金の司教冠をかぶる。*Et incarnatus est* 等の言葉が歌われる時、立っているものは跪く。司教は司教冠をぬがずにお辞儀をする。助祭はコルポラーレを広げるために行く時、最初に司式者にお辞儀をし、次いで司教に片膝をつく。祭壇に戻る際、司式者と助祭・副助祭はいつものように司教に表敬を行う。

その後、司教座での第2助祭が司教冠をはずし、司式者が *Dominus vobiscum* と *Oremus* を歌う間、司教は立ち上がる。司教は再び座り、金の司教冠をかぶ

り、侍者が本とハンドキャンドルを保持する中で奉献文を読む。香炉係がいつ
ものように司教に片膝をつきながら司教座に来て、香舟を AP に手渡す。司教
は香を入れて祝別する。水が祝別されることになっている時、副助祭は祭壇の
そばのいつもの場所で司教に片膝をつくかお辞儀をして、瓶を持ち上げて
Benedicite reverendissime Pater を唱える。司教は司教座で *In nomine Patris
et Filii et Spiritus sancti* を唱えながら、水を祝別する。司式者は水を祝別せず
に、*Deus qui humanae substantiae* の祈祷文を唱える。香炉係は香炉を助祭
に渡し、助祭は香炉を司式者に手渡す。祭壇がいつものように献香され、次い
で助祭が司式者の献香を２回のみで行う。助祭は AP が待つ司教座の前に来る。
助祭は司教に片膝をつき、香炉を AP に手渡す。司教は司教冠をかぶりながら
立ち、AP から二振り３回で献香を受ける。その後、司教は AP を祝福し、AP
は香炉を助祭に手渡し、AP は司教座のそばの自分の席に行く。助祭は AP に
献香し、次いで１人から他の者へ向きを変える度に司教に片膝をつきながら、
司教座での助祭２人への献香を行う。

　残りの献香がいつものように進められる。

　序唱が始まる際、司教座での補佐者は全員立つ。第２助祭は司教冠をぬがせ、
第１助祭はズケットをぬがせる。司教は立つ。司教冠持ちは金の司教冠を持ち
去り、宝石の司教冠を持って来る。参事会会員は司教座の周囲で円陣を組み、
Sanctus を司教とともに唱える。司教はいつものように参事会会員を祝福で解
散させる。AP は聖歌隊席の自分の座席に行く。

　その間、司教用床几あるいは跪き台が祭壇前の聖歌隊席の中央に運ばれる。
第１助祭は司教のズケットと宝石の司教冠をかぶせる。司教は司教杖を左手に
持ち、聖歌隊席を通る際に祝福をしながら、司教座から司教用床几に下りて来
る。助祭は司教のコープの端を持ち、裾持ちは後方の裾を持つ。

　その間、たいまつ持ちは彼らのたいまつを持って来る。たいまつ持ちは祭壇
に、次いで司教に片膝をつきながら、内陣に来る。たいまつ持ちは互いに両側
で向き合い、司教用床几を間にしながら、２列で跪く（図 17、223 ページ）。

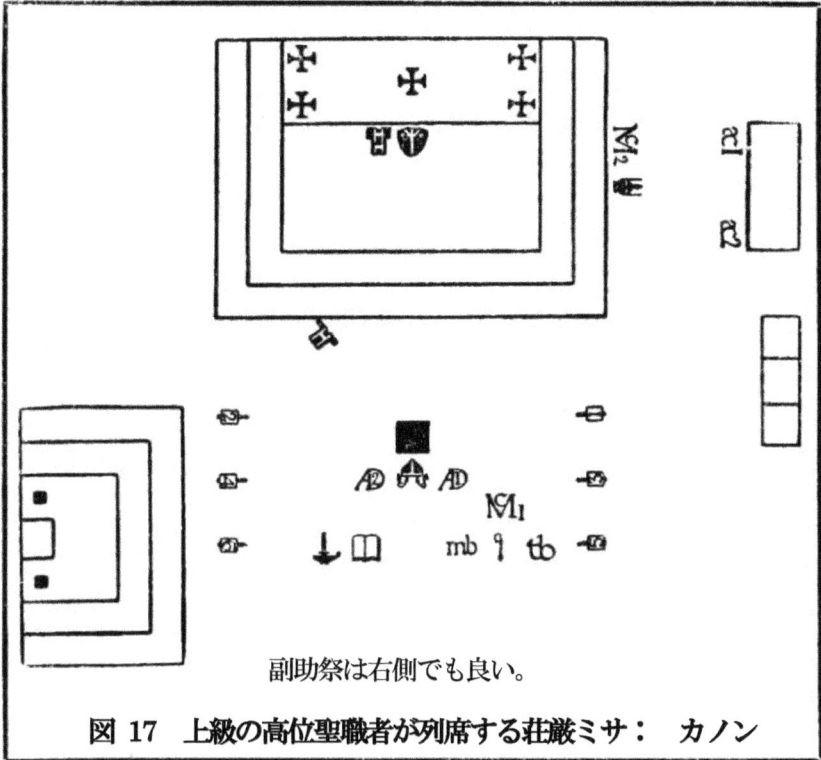

副助祭は右側でも良い。

図17　上級の高位聖職者が列席する荘厳ミサ：　カノン

　司教用床几で司教は司教杖を司教杖持ちに手渡し、第2補佐助祭は司教冠をぬがせ、第1補佐助祭はズケットをぬがせる。司教は司教用床几で跪き、助祭はコープの端を広げる。助祭は司教の両側で跪き、裾持ちとチャプレン、他の侍者は後方で跪く。その間、副助祭は祭壇の段の床でパテナを保持しながら、書簡側に下がって、幾分向きを変えて立ち、背中を司教に向けて立たないようにする。奉挙が終わった時、司教は立ち上り、片膝をつく[19]。コープの端を持つ2人の助祭もまた、侍者全員と同様に平伏を行う。第1助祭は司教のズケットと宝石の司教冠をかぶせる。司教は司教杖を左手に持ち、司教座に戻る。司教は聖歌隊席を通る際に祝福をしない。司教が去ったらすぐに司教用床几は片

---

[19] *Caer. Ep.*, Lib. I, cap. xxi, §3, では参事会会員（司教ではない）はこの時、両膝で跪くと述べられており、通常の規則（57ページ）の例外である。しかし、Martinucci-Menghini, II, i, p. 161 n., は例外を好まない。

付けられる。司教座で司教は、司教杖を司教杖持ちに手渡し、第2助祭が司教冠を第1助祭がズケットをぬがせる間、しばし座る。その後、司教は祭壇の方を向きながら再び立つ。主祷文の終わり頃に参事会会員が司教の周囲で円陣を作るために来る。参事会会員は祭壇前の中央で平伏を行う。参事会会員は司教とともに *Agnus Dei* を唱え、次いで前のように祭壇前で平伏を行いながら、戻る[20]。

　司式者と助祭・副助祭が *Agnus Dei* を唱えた時、助祭はミサ典書のそばに行って立ち、副助祭は聖歌隊席の AP の場所の近くに行く。AP は他の参事会会員とともに *Agnus Dei* を唱えたらすぐに祭壇に行き、そこで司式者の右側で foot-pace の上に跪く。AP は助祭の代わりに、司式者から平和の接吻を受ける。次いで AP は聖体に片膝をつき、司教座に行く。ここで司教に表敬を行わずに、両腕を司教の両腕の下に置きながら、平和の接吻を司教に与える。その後、AP は段を下り、司教に低いお辞儀をして、聖歌隊席の自分の座席に行く。第1補佐助祭は司教の方を向き、お辞儀をして、平和の接吻を司教から受け、低いお辞儀をして、自分の場所に戻る。その後、第2補佐助祭が同じ事を行う。AP は聖歌隊席の自分の席で副助祭に平和の接吻を与える。この後、AP にはもう務めはない。副助祭はミサの MC を伴って第1の高位の者に平和の接吻を与える。その後、副助祭は他の側の最も高位の参事会会員に平和の接吻を与え、祭壇に戻り、平和の接吻を助祭、次いで MC に与える。平和の接吻はいつもの方法で聖歌隊席の中で進められる。

　聖体拝領の後で司教は座る。第1補佐助祭がズケットと宝石の司教冠をかぶせる。本持ちとハンドキャンドル持ちが近付き、司教は聖体拝領の交唱を読む。その後、第2助祭は司教冠をぬがせ、司式者が *Dominus vobiscum* を歌いミサの助祭が *Ite missa est* あるいは *Benedicamus Domino* を歌う間、司教は立つ。司式者が *Placeat tibi* の祈祷文を唱えた時、司式者は祭壇にキスをして、書簡側に行って司教の方を向いて立つ。助祭と副助祭もまた司教の方を向いて、司式者の下の自分の段に立つ。第1補佐助祭が宝石の司教冠をかぶらせ、司教杖

---

[20] *Caer. Ep.*, Lib. I, cap. xxi, §3.

持ちは近くにいて、本持ち（この時 Canon episcopalis を持つ）とハンドキャンドル持ちは司教の前に立つ。司教は *Sit nomen Domini . . .* と *Adiutorium nostrum . . .* の節を歌う。その後、両腕を伸ばして見上げながら、司教は、*Benedicat vos omnipotens Deus* を歌う。司教は左手に司教杖を取り、*Pater et Filius et Spiritus sanctus* を続ける際に 3 回十字の印をする。補佐助祭は跪きながら、コープの端を持つ。本持ちとハンドキャンドル持ち、司式者、参事会会員が低いお辞儀をするのを除き、列席者全員は跪く。

司教が大司教である場合、*Ite missa est* への答えが歌われる間、十字架持ちは大司教十字架を持って来る。十字架持ちは大司教十字架を司教座の前で持ち、主の像が大司教の方を向くように十字架を保持しながらそこで跪く。この場合、助祭は司教冠をかぶらせない。大司教の前に十字架があるので、大司教は司教冠なしで祝福する。

祝福の後で司教は座る。司式者は会衆の方を向き、贖宥が与えられることになっている場合で説教者によりまだ読まれていない場合には、贖宥の式文を読む[21]。司式者がそうする間、助祭・副助祭は司式者の両側に立つ。その間、司教は司教冠と司教杖を身につけて、まだ座っている。その後、司教は司教杖を手渡して返し、第 2 助祭が司教冠をぬがせる。司教は最後の福音書のために再び立ち、*Et verbum caro factum est* の言葉の箇所でそこに置かれてたクッションの上で片膝をつく。司教は座り、第 1 助祭が宝石の司教冠をかぶせる。司式者と助祭・副助祭、これらの侍者はこの時、最初に祭壇に、次いで司教に（司教は彼らを祝福する）、次いで聖歌隊にいつもの表敬を行う。司教は司教座での助祭の手伝いで脱衣する。祭服は MC あるいは侍者によって祭壇に運ばれ、ミサ前のように祭壇の上に置かれベールで覆われる。随行者が大カッパを持って来て、司教はこれを身につける。その間、再び司教用床几が祭壇の前に置かれる。司教は出発する時にビレッタをかぶり、彼の助祭と侍者を伴って司教用床几の所に来て、前のように、他の者が司教の脇と後方で跪く中、跪いて短い祈

---

[21] ミサで説教がある場合、説教者は説教をした後で贖宥を読む。

祷文を唱える。司教は再び聖体の納められている礼拝堂を訪問し、その後、通り過ぎる際に聖職者と会衆を祝福しながら、教会を去る。

§2　司教が大カッパを着て補佐する場合

あまり荘厳でない時には、司教は荘厳ミサでコープと司教冠を身につけずに、大カッパを着て補佐しても良い[22]。

この場合、ここで述べられることを除き、全ては上記のように行われる。祭壇上に祭服は広げない。司教は司教座で着衣しない。4本あるいは6本のろうそくが聖体拝領台で点火される。司式者と助祭・副助祭、侍者は最初に内陣に来て、そこで待つ。司教はロチェット及び大カッパ、胸十字架、ズケット、ビレッタを身につけて入堂する。司教は司教座ではいつもこれらを身につけている。

司教は司教用床几あるいは跪き台で跪き、司式者と助祭・副助祭を祝福し、その後、上記のように（216ページ）すぐに祭壇の段に行き、ミサの始まりの祈祷文を唱える。その後、司教は司教座に行く。全て最後の節のように進められる。侍者が本とハンドキャンドルを保持する中、司教はミサ典書からミサの同じ部分を唱える。参事会会員が司教座の周囲で円陣を組むために来る。司教は司教のAPの補佐で毎回香を祝別する。司教は福音書の前に助祭を祝福し、書簡の後で副助祭を祝福する。司教はAPから平和の接吻を受ける。司教は聖変化と奉挙のために中央の司教用床几のところに来る。贖宥はいつもの通り与えられる。司教は終わりに祝福を与える。

その間、2人の助祭が司教座で司教に奉仕し、APが助祭のそばにいる[23]。

さらに次のような違いが言及されることになる。主なものは、カッパを着た司教は奉献でのみ献香を受け、他の時には献香を受けないということである。司教は立つあるいは跪く時には、贖宥が与えられる間と祝福を与える間を除き、いつもビレッタをぬぐ。司教は、福音書が歌われる間と叙唱の間、聖変化から

---

[22] *Caer. Ep.*, Lib. II, cap. ix; Martinucci-Menghini, II, i, pp. 217-233; Wapelhorst, p. 198; Le Vavasseur, *Fonct. Pont.*, i, pp. 236-239.

[23] これらの3人の補佐者は聖歌隊服を着ている。裾持ちはスルプリを身につけない。

聖体拝領までの時間を除き、ビレッタをぬいだ時でさえも、常にズケットを身につけている。福音書が歌われる間と叙唱の間、聖変化から聖体拝領までの時間、司教はビレッタとズケットの両方をぬぐ。司教はこれらを自身でぬぎ、第1補佐助祭に手渡す。両方をぬぐ時、ズケットは助祭によりビレッタの上に保持される。

司教は両方を助祭から受け取りながら、自身でかぶる。司教は聖変化の前に司教用床几に行く間、ズケットを身につけている。

座っている間、司教は常にビレッタをかぶる。最後の福音書の間、司教はビレッタなしで立つが、ズケットは身につけている。

司教はカッパを身につけている時、司教杖は使用しない。

司教に対して片膝をつくことと表敬を行うことの全ては、司教がコープと司教冠を身につけている時のように行われる。

§3　司教の面前での死者のための荘厳ミサ

この場合、次のような特別な規則が遵守される[24]。

司教は黒色のコープと簡素な司教冠、あるいは大カッパのどちらかを身につけて補佐しても良い。司教がコープと司教冠を身につける場合、祭服はあらかじめ祭壇の上に広げられ、（簡素な）司教冠1つが福音書側に置かれる。いずれにせよ、司教座は紫（violet）の絹で縁取られた紫の布で覆われる。司教座の階段は、祭壇の階段及び foot-pace と同様に、紫の絨毯で覆われる。司教座で司教が跪くクッションは黒色である[25]。司教用床几は紫色で覆われ、紫色のクッションがある。内陣の床と sedilia は紫である。ろうそくは未漂白の蜜蝋のものである[26]。司教が到着する時、鈴は楽しそうには鳴らされない。鈴はゆるやかに鳴らされて良い。オルガンは終始演奏されない。

---

[24] *Caer. Ep.*, Lib. II, cap. xii; Martinucci-Menghini, II, i, pp. 302-340; Le Vavasseur, *Fonct. Pont.*, i, 243-247.

[25] 司教がコープを身につけている場合。司教がカッパを身につけている場合には紫（violet）である。

[26] 6本の祭壇ろうそく及び2本のアコライトキャンドル、たいまつ、霊柩車のそばのろうそく。

儀式は以下を例外として、いつものよう進行する。

司教はいかなる時でも祝福を与えない。聖歌隊席を通り過ぎる際も、司式者を通り過ぎる際も祝福をしない。全ての死者ミサのための規則に従って、書簡の後も福音書の前も助祭・副助祭に祝福は与えられない。参事会会員は司教の周囲で円陣を組みに来ない。

集祷文の前に司式者が *Dominus vobiscum* を歌う時、司教は司教冠をかぶり司教座から来て、祭壇の前の司教用床几に行き、集祷文の間そこで司教冠なしで跪く。司式者と助祭・副助祭を除く全員が跪く。補佐司祭（AP）は、集祷文の後で司教が司教座に戻るまで、司教座に行かない。

奉献の際に、司教は香を入れ祝別する。司教はこの箇所でのみ、AP により献香を受ける。

司教は、聖変化から *Pax Domini* が歌い終えられるまで司教用床几で跪く。この時間中、聖歌隊席の全員は跪く（134 ページ）。司教は、集祷文の箇所で行ったように、聖体拝領後の祈祷文のために再び司教用床几のところに来る。祝福も贖宥も与えられない。

ミサ後に説教がある場合、説教者は祝福のために司教のところに行かない。

司教がカッパを身につけている場合、上に述べられた違い（226〜227 ページ）が遵守される。

他の全てについて、前の節を参照のこと（212〜227 ページ）。

§4　自身の司教区内でない司教の面前での荘厳ミサ

その地で裁治権を持たない司教（従って、上の 71 ページで述べられた者を除く全ての司教）が荘厳ミサを補佐する場合、儀式での役割はない。司教は聖歌隊服、すなわち、紫（purple）のカソックとロチェット、mantellettum、胸十字架、紫のビレッタを身につけて補佐し、聖歌隊席中で第 1 の座を占める[27]。参事会会員は、裁治権者を出迎える際のように全員の行列では、教会のドアで司教を出迎えることにはなっていない。しかし、何人かの参事会会員が司教を

---

[27] S.R.C., 7 August 1627, no. 442, ad I; 11 mart. 1882, no. 3540.　聖職者が司教の横で仕えるべきである。

出迎え、最も高位の者が司教に聖水を差し出しても良い[28]。この時には、司教の座る側が高位の側となる。司式者と助祭・副助祭はミサの前後に司教にお辞儀をする。司教は司式者の後に、他の誰よりも先に、二振り3回で献香を受ける。司教は他の誰よりも先に、助祭から平和の接吻を受ける。司教はミサの終わりに祝福を与えず、聖歌隊席中の他の者が行うものをこえる役割はない。

---

[28] S.R.C., 7 August 1627, no. 442, ad III.

第16章　司教座での荘厳司教ミサ[1]

§1　準備

　司教座は裁治権のある場所で司教によって、従って、さらに上位の高位聖職者の列席を例外として管区内全てでの首都大司教と裁治権者によって使用され、また、枢機卿によってローマ外の全ての地とローマでの名義教会で使用される[2]。

　三時課が歌われ司教が着衣する礼拝堂（Secretarium と呼ばれる）を別に設けるべきである。これは聖体が納められた礼拝堂ではない。教会の主祭壇に聖体が納められている場合、儀式の前に移動させるべきである。

　聖体が納められた礼拝堂で司教用床几あるいは跪き台（genuflexorium）が祭壇の前に置かれる。跪き台は緑あるいは紫の布で覆われる。どの場合も同じ色の2つのクッションがあり、1つは司教の腕のためであり、1つは床に置かれその上に司教が跪くであろう。司教がそこにいる間中、この祭壇の上で6本のろうそくが点火されるべきである。

　secretarium にも祭壇がある。この上に点火された6本のろうそくと通常の祭壇十字架がある。祭壇はミサの色で飾られる。祭壇上に司教の祭服がこのように置かれる。すなわち（身につけるのと逆の順序で）、カズラ、皿にのった手袋、ダルマチカ、トゥニチェラ、皿にのったコープの formale、コープ、ストラ、胸十字架[3]、チングルム、アルバ、肩衣である。全てはミサの色のベールで覆われる。この目的のために膝掛けを使用しても良い。宝石の司教冠は祭壇上の福音書側に、金の司教冠は書簡側に置かれる。高位聖職者が大司教である場合、パリウムを使用して良い日には[4]、パリウムが皿にのせて、その日の色の小

---

[1] この儀式については、*Caer. Ep.*, Lib. II, cap. viii; Martinucci-Menghini, II, i, pp. 81-111; Le Vavasseur, *Fonct. Pont.*, i, pp. 69-119; Wapelhorst, pp. 184-191.を参照。

[2] 裁治権者は現在は、自身の補佐司教でも、司教総代理でも、自身の司教座聖堂の高位の者や参事会会員でも（S.R.C., 12 iun 1899, no. 4023）、自身より低い位階の司教でなければ、自分の司教座の使用を他の司教に許可しても良い。首都大司教は自分の管区内全ての司教座を使用して良い。*Cod.*, c. 274, 337.

[3] 司教はしばしば、入堂の際に身につけている十字架を、外して再びアルバの上につけながら、使用するであろう。

[4] pallium についての規則は *Cod.*, c. 275-279.中にある。

さなベールで覆われて祭壇上に置かれる。これを固定するための３本のピンが近くで他の皿の上に置かれる。司教杖は祭壇の近くに立ててあり、行列用十字架も同様である。しかし、高位聖職者が大司教である場合、大司教十字架とともに入堂する。この場合、祭壇の近くに大司教十字架のためのスタンドがあるべきである。書簡側にミサの助祭・副助祭のための長椅子がある。司教座はこの礼拝堂内に天蓋とともに準備され、両脇に補佐助祭のための２つの座席がある。祭壇の前には上記のように覆われた司教用床几があり、参事会会員のための場所が聖歌隊席にある。礼拝堂の祭器卓の上に司教の儀式用の靴とストッキングが皿にのせて置かれ、布で覆われる。この皿を司教座に運ぶ時に保持するための別の布がある。同じ祭器卓の上に福音書の本あるいはミサ典書が置かれる[5]。この中でその日の福音書の箇所に司教のマニプルが置かれる。さらに、ミサの助祭と副助祭のマニプル及びアコライトキャンドル、Canon pontificalis、点火されたハンドキャンドル、司教が両手を洗うための水の入った祭器と皿がsecretarium の祭器卓の上にある。香部屋で準備されるのでなければ、香炉及び香舟はここにあり、炭と火は近くにある。

　教会の内陣で主祭壇はミサのために飾られる。祭壇の上に７本のろうそくがあり、６本はいつものように、他よりも高い７本目は中央にある。祭壇十字架はこの前に立てる[6]。祭器卓の上に、２枚のプリフィカトリウムと２枚の祭壇用ホスチアをのせたパテナ、パラ、ブルサ内のコルポラーレ、カリスベールとともにカリスがいつものように置かれる。さらに、パンとワインを食するための２つの祭器及び朗読の本（祭服の色の絹で覆われているべきである）、祭壇用ミサ典書とともに書見台あるいはクッション、Canon pontificalis の本、祭服の色の司教の膝掛け、ハンドキャンドル、副助祭のフメラーレ、司教が両手を洗うための祭器と皿、タオル２枚、贖宥の式文、必要である場合 pax-brede が置かれる。奉挙のためのたいまつが、６本あるいは８本、近くに置かれる。聖体拝領が行われることになっている場合、聖変化させることになっているかけらの入ったピクシス及び聖体拝領布が祭器卓の上に置かれる。

---

[5] 全ての本にはその日の色の絹のカバーがあるべきである（55 ページ参照）。
[6] *Caer. Ep.*, Lib. I, cap. xii, §12.　７本目のろうそくは司教座での荘厳司教ミサでのみ使用され、死者ミサでは使用されない。

内陣の司教座はミサの色の布で覆われるべきである。クレドの間司教が跪くことになるクッションが近くに置かれる。両脇に司教座での助祭のための覆いのない腰掛けがある。司教の右側に[7]補佐司祭（AP）のための覆いのない3つ目の腰掛けがある。

司教座の東側は司教の "familiares" のための場所である（214ページ）。司教座の反対側では書簡側に、助祭・副助祭のための座席がある。内陣の入口に点火されたろうそくをのせた4本、6本あるいは8本の燭台が立てられる。

香部屋に助祭及び副助祭のための祭服が広げられ、また、参事会会員のための祭服、高位の者のためのコープ、司祭に相当する参事会会員のためのカズラ、助祭と副助祭に相当する参事会会員のためのダルマチカとトゥニチェラ、司教座での助祭のための2着のダルマチカ、APのためのコープ[8]、これらの全祭服のための肩衣、本・ハンドキャンドル・司教冠・司教杖を保持するチャプレンあるいは侍者のための4着のコープ、司教杖持ちと司教冠持ちのためのベール[9]、行列用十字架を運ぶ副助祭のためのアルバとチングルム、肩衣、トゥニチェラも広げられる。全ての祭服はミサの色で作られている。聖水盤が香部屋内に準備される。

§2　助祭・副助祭と侍者

以下の者が儀式に参加する。

参事会会員であるべきミサの助祭と副助祭。司教座で補佐助祭として奉仕する2人の参事会会員。聖歌隊中で最も高位の参事会会員か、あるいは説教を行う参事会会員である補佐司祭（AP）[10]。司教冠及び司教杖、本、ハンドキャンドルのための4人のチャプレンと裾持ち。他に6人の侍者が司教の着衣のため

---

[7] あるいは左側に（213ページ、n. 3を参照）。

[8] 司教儀式書では、司教座での補佐助祭（"parati"である時）の服装を「ロチェットを身につけて良い場合はロチェットの上にダルマチカ、そうでなければスルプリと肩衣の上にダルマチカ」と書かれている（Lib. I, cap. viii, §2）。APは「ロチェットあるいはスルプリの上に肩衣、そしてこの上に儀式の色のコープを」身につける（Lib. I, cap. vii, §1）。少なくとも助祭がスルプリの代わりにアルバを着ることはまれではない（Wapelhorst, p. 185）。これらの聖職者の誰もストラもマニプルも身につけない。

[9] 彼らはコープの下にこれらのベールを身につける。

[10] これらの補佐者の服装については214ページを参照。

に必要とされる[11]。これらは後でたいまつ持ちとして奉仕しても良い。また、ミサのための（第2）MC及び儀式全体を統制する司教座での（第1）MCがいる。ミサのアコライトと香炉係はいつものように奉仕する。司教儀式書は侍者をこのように列挙している。最初に7人、すなわち、司教冠持ち及び司教杖持ち、本持ち、ハンドキャンドル（scotula）持ち[12]、次いで香炉係と2人のアコライト。さらに、他に6人が必要となる。膝掛けの担当1人、瓶の担当1人、他の4人はスルプリなしでカソックを着て祭器卓のそばに立ちながら補佐する[13]。MC2人と十字架持ち、裾持ちを別にして、これで11人の侍者となる。これらに加えてミサの助祭と副助祭、司教座での補佐司祭（AP）と2人の助祭がおり、司教が司教座で荘厳ミサを歌う場合には、総勢20人が司教に奉仕することになる。務めのない時に司教座の東側で待つ他の随行者あるいは従者（familiares）がおそらくいるであろう。参事会が三時課を唱えミサを補佐するためにいるべきである。他の聖職者と神学生も可能であれば列席するべきである。

　これらの者の役割について、いくらか一般的な指示を一度に加えておくと都合が良いであろう。

　補佐司祭（AP）は、司教の両手が洗われる時に司教の指輪を外し（cum solitis osculis）、その後、指輪を同じ様に戻さなければならない。両手は4回洗われる。ミサ前、奉献後、Lavabo の際、すすぎの後である。これらの場面で AP はタオルも手渡さなければならない。AP は司教が香を入れる時に香舟を持ち、祭壇でミサ典書を移動させる。司教が司教座で何かを歌う時、AP は本を保持する。司教が唱える時には本持ちが本を保持する。

　第1補佐助祭は常に司教冠と膝掛けを身につけさせ、第2補佐助祭はこれらをぬがせる。司教は、行列で歩く間（例えば、司教座から祭壇まで、あるいはその帰り）、座っている間、献香を受けている間（福音書の後を除く）、その時に祭服を着ている場合に両手を洗う間（従ってミサ前に両手を洗う時はそうで

---

[11] Martinucci-Menghini, II, i, p. 86, §41.
[12] 「これらの4人は、それが慣習である場合には、コープを着ても良い」（*Caer. Ep.*, Lib. I, cap. xi, §1)
[13] *Caer. Ep.*, Lib. I, cap. xi §2.

はない）、祝福を与えている間（大司教が祝福をする時はそうではない）、司教冠を身につける。司教は始まりから入祭文までは宝石の司教冠を、入祭文からクレドの終わりまで金の司教冠を、その後儀式全体の終わりまで宝石の司教冠を使用する。

　膝掛けは、歌われる *Kyrie eleison* 及び *Gloria in excelsis*、クレドの歌の間に司教が座る際、司教の膝の上に広げられる。司教が奉献後に両手を洗う間、タオルが広げられても良い。

　司教杖は司教杖持ちにより司教に手渡され、司教杖持ちに戻される（cum solitis osculis）。司教は、行列中（司教座から祭壇までとその帰りを含めて）、福音書が歌われる間（この時は両手で）、終わりに祝福を与える間、司教杖を左手に持つ。司教は "paratus"（すなわち、コープあるいはカズラの祭服を着ている時）でなければ決して司教杖を使用しない。司教が司教座にいる時、第1MC の場所は司教の左側であり、ここで立っている。

　礼部聖省は、必要のある場合に、ミサの助祭と副助祭が司教座での補佐助祭の代わりとなることを許している[14]。

　司教自身が司式をする時、司教が着衣する間を除き、参事会会員は司教座の周囲で円陣を組みに来ない。

　司教儀式の特別な特徴は、司教冠及び司教杖、司教の読む本、その時に本のそばで保持するハンドキャンドル（scotula, palmatorium、51 ページ参照）を運ぶ4人の侍者の補佐である（司教儀式書で "capellani" と呼ばれる）。これが彼らの序列である。司教冠持ち、司教杖持ち、本持ち、ハンドキャンドル持ち。司教に裁治権が無い場合（従って、補佐司教あるいは司教区外での司教の場合）、司教は司教杖を持たず[15]、そのため他の3人のみが奉仕する。荘厳儀式で司教が祭服を着ている時、これらの4人のチャプレンはスルプリの上に儀式の色のコープを着ても良い。司教冠持ちと司教杖持ちにはスカーフがある（vimpae; 42 ページ参照）。コープを着る場合、スカーフはコープの下である。彼らは司教冠あるいは司教杖をスカーフで保持する。

---

[14] S.R.C., 22 mart. 1862, no. 3114, ad III.
[15] チャプレンにもコープはない。裁治権のない司教が司教杖を使用する機会は希である（例、叙階の際）。

司教座での荘厳司教ミサ

　司教杖持ちは、毎回 solita oscula で、常に司教に司教杖を手渡し、司教から直接司教杖を受け取る。司教杖持ちは司教杖の曲がった部分を自身に向けて保持する。司教冠持ちは司教冠を助祭に手渡し（第1補佐助祭あるいはミサの助祭）、助祭が司教にかぶせる。司教冠持ちは司教冠を第2補佐助祭あるいはミサの助祭から受け取る。司教冠の場合、oscula はない。

　本持ちは司教の前で本を開いて保持する（AP がそうする時を除く、233 ページ参照）。本持ちは上級の高位聖職者の前で跪くが（71 ページ）、そうでない場合は立っている。本を額にたてかけながら、両手で保持する。しかし、司教が座り、本持ちが立っている時、本持ちは本を胸にたてかける。司教が祭壇で本を使用する時、本持ちには役割はなく、一般的に福音書側の床の上で離れて立つ。

　ハンドキャンドル持ちは、本のそばで、点火されたろうそくを右手で保持する。普通、ハンドキャンドル持ちは本持ちの左側にいるべきである。しかし、ハンドキャンドル持ちは AP のための場所をもっとあけるために本持ちの右側に立っても良い。ハンドキャンドル持ちと本持ちは、到着と退出の際に、上級の高位聖職者に向かって一緒に片膝をつくか、あるいは他の司教にはお辞儀をする。司教が祭壇上の本を使用する時、ハンドキャンドル持ちはろうそくを持ちながら AP とは別の側で立つ。ハンドキャンドル持ちは奉挙の際に跪きに行く時、ろうそくを祭壇上に残す。ハンドキャンドル持ちは本持ちがするように立ち、あるいは跪く。

　本持ちもハンドキャンドル持ちも役割を果たしている間は、他の全ての者が片膝をつく時でさえも、片膝をつかない。

　これらの4人のチャプレンは行列中で司教に続く。司教が祭壇にいる時、司教冠持ちと司教杖持ちはこれらを扱うのに都合が良いように書簡側にいる。ハンドキャンドル持ちと本持ちは時々、福音書側で（階段祈祷の間のように）、他の者と同じ列にいる。あるいは、よりしばしば、ハンドキャンドル持ちは福音書側の foot-pace の上にいて、本持ちは本を持たずに福音書側の床の上に離れて立つ。

235

上級の高位聖職者には裾があり、裾持ちがいる。他の司教（補佐司教や司教区外の司教）には裾はない[16]。そのため裾持ちは奉仕しない。裾のある司教が行列で行く時にはいつも、祭壇の1部分から他の部分に行く場合でさえも、裾持ちが裾を持ちながら司教の後方を行く。司教が行列で行かない時には、裾持ちは脇で、しかし近くで立つか跪く。司教が祭壇にいる時、裾持ちの場所は司教座の東側あるいは祭器卓の近くである。

§3　司教の着衣

儀式は参事会会員が secretarium の聖歌隊席で三時課を唱えている間に始まる。最初に、教会の鐘が鳴らされ、オルガンが演奏される。参事会会員は香部屋で着衣する。ミサの助祭・副助祭もそうするのが良い[17]。彼ら全員は、次いで secretarium 内の自分の場所に行くか、あるいは教会のドアの所で司教を出迎えに行っても良い。司教冠持ち及び司教杖持ち、本持ち、ハンドキャンドル持ちの4人は secretarium 内の祭器卓か司教座の近くで待つ。十字架持ちと他の侍者も、教会のドアの所で司教を出迎える行列についていくのでなければ、着衣してそこにいる。

司教はロチェットとカッパを着て教会に到着する。随行者と、参事会会員が出迎えに行く場合には参事会会員を伴い、司教は最初に聖体が納められた礼拝堂に行き、そこに準備されている司教用床几で跪き[18]、短い祈祷文を唱える。司教は secretarium に来て、祭壇にお辞儀をし、再びしばらく司教用床几で跪く。その後、司教は司教座に行く。ここで補佐する助祭と AP が聖歌隊服で司教を待っている。この時、参事会会員は secretarium 内の自分の座席にいる。本とハンドキャンドルのチャプレンは本とハンドキャンドルを祭器卓から持ってきて、司教の前に来る。司教座で立ちながら、司教はビレッタをぬいで、第

---

[16] Le Vavasseur, *Fonct. Pont.*, i, p. 273, § 52, は全ての司教に荘厳儀式で裾があり、裾を持つようにさせることを許している。しかし、S.R.C., 23 September 1848, no. 2975, ad X はこれを禁止しているように思われる。

[17] Menghini は極めて都合が良いと、これを勧めているが（Martinucci, II, i, p. 84, n.）、司教儀式書は彼らが聖歌隊席で着衣することを想定している（Lib. I, cap. ix, § 1）。

[18] MC はカッパの前側を司教用床几の上に広げ、司教が立ち上がる時に自由になるようにする。これは司教が司教用床几に跪く時のいつもの規則である。

１補佐助祭に手渡し、祭壇の方を向き、*Pater noster* と *Ave Maria* を静かに唱える。その後、司教は AP が本を保持する間、*Deus in adiutorium meum intende* を先唱する。参事会会員が答える。賛美歌 *Nunc Sancte nobis spiritus* が歌われ、三時課の詩篇が始まる。その後、司教は座り、ビレッタをかぶり、ミサ前の祈祷文、*Ne reminiscaris* 及び詩篇を始める。補佐助祭と AP はこれらを司教とともに唱える。参事会会員は自分の席で座り、三時課を続ける。

副助祭が祭器卓に行き、ベールで覆われ皿にのった司教の靴とストッキングを持つ。副助祭は副助祭の両手を覆う別のベールで皿を持つ。副助祭は司教座に来て、司教の前で跪く。司教の従者に手伝われて、司教は儀式の靴とストッキングをはく。従者は最初に司教のいつもの靴をぬがせ、これは皿の上に置かれ、ベールで覆われ、持ち去られる。副助祭は次いで祭器卓に持ち帰った皿を持ち、sedilia に行きそこで助祭のそばで待つ。その間、司教は着衣の間中ずっとミサ典書中でそれぞれの祭服のために指定されている祈祷文を唱える。祭服を保持する侍者は、この時祭服を持ち祭壇の前で立っている。司教は立ち上がり、前のようにビレッタをぬいで第１補佐助祭に渡す。司教がそうする間、４人のチャプレンは香部屋に行き、コープを着る。随行者はカッパをぬがせて脇に置き、司教のカソックの裾を下げる。ミサの助祭と副助祭が司教座に来て、補佐助祭は下がり、ダルマチカを着て戻り、他の者の妨げにならないように後方で立つ。司教はこの時両手を洗う。AP が司教の指輪をはずし[19]、タオルの１枚を司教の膝の上に広げる。随行者は司教の前で跪きながら、皿を保持して水を注ぎ、AP がタオルを手渡す[20]。AP はその後コープを着るために行き、司教座に戻って来る。

この時、祭服を持つ侍者が司教座に来る。参事会会員は来て侍者の外側で円陣を組んでも良い[21]。司教は参事会会員にビレッタをかぶるよう合図をする。その間、聖歌隊中の他の者、参事会会員あるいはチャプレン、が三時課を続ける。司教は順番に、それぞれの祈祷文を唱えながら、ミサの助祭・副助祭に手

[19] いつもように手と指輪にキスをしながら。
[20] 司教が両手を洗う間、参事会会員と高位聖職者を除く全員は跪く。しかし、より上位の高位聖職者が列席している場合、全員は立つ。
[21] 一般的には現在はすたれている。

伝われて着衣する。司教は formale が加えられたコープを着て、最後に助祭が司教に宝石の司教冠をかぶせる。ミサの助祭・副助祭は sedilia に行き、参事会会員は自分の場所に退く。三時課の詩篇が終わった時、ミサの副助祭が背中あるいは肩を司教に向けないよう注意しながら、聖務日課書を持ち、書簡が読まれる場所に行き、小句を歌う。副助祭がそうするとすぐに、司教は司教冠をぬがずに立ち上がり、全員は司教とともに立ち上がる。先唱者が三時課の小句を歌う。アコライトはアコライトキャンドルを司教座に持ってきて、司教座の段の下で両側に立つ。本とハンドキャンドルのチャプレンが近づいてくる。司教は第2補佐助祭が司教冠をぬがせる間座る。その後司教は *Resp. breve* のために立ち上がり、*Dominus vobiscum* と集祷文を歌う。司教は *Dominus vobiscum* を繰り返し、アコライトとチャプレンは退く。先唱者は *Benedicamus Domino* を歌う。

　ミサがすぐに続くため、*Fidelium animae* の節は歌われない。侍者はミサの祭服、トゥニチェラとダルマチカ、手袋、カズラを持って来ながら、司教座に戻る。ミサの助祭と副助祭が司教座に来る。助祭は司教の formale とコープをぬがせる。司教はトゥニチェラと他の祭服を順に着る。その間、香炉係は香炉を準備する。高位聖職者が大司教であり、パリウムを身につける日である場合には、パリウムが副助祭である参事会会員によって祭壇から運ばれ、ミサの助祭に手渡され、助祭は副助祭に手伝われてパリウムを司教に身につけさせてピンで固定する。助祭は宝石の司教冠をかぶせる。この時、祭服を持っていた侍者は退く。ミサの助祭・副助祭は自分の座席に行き、アコライトは助祭・副助祭にマニプルを身につけさせる。補佐助祭は自分の席につく。副助祭はページの間にマニプルをはさんである司教のミサ典書を持つ。AP は司教の指輪を手袋の上ではめる。香炉係が司教座に来て、AP の補佐で司教は香を入れて祝別する。その間、香炉係はこのような場合にはいつもするように、跪く。十字架を運ぶ副助祭はこの時十字架を持ち、チャプレンは司教杖を司教のところに持って来る。司教は立ち上がり、行列用十字架に向かってお辞儀をする。MC が行列を編成する。平信徒の服装で全員の前を行く司教の従者がいない場合、香炉係が最初に行く。次いでアコライトの間で十字架を持つ副助祭が来る。

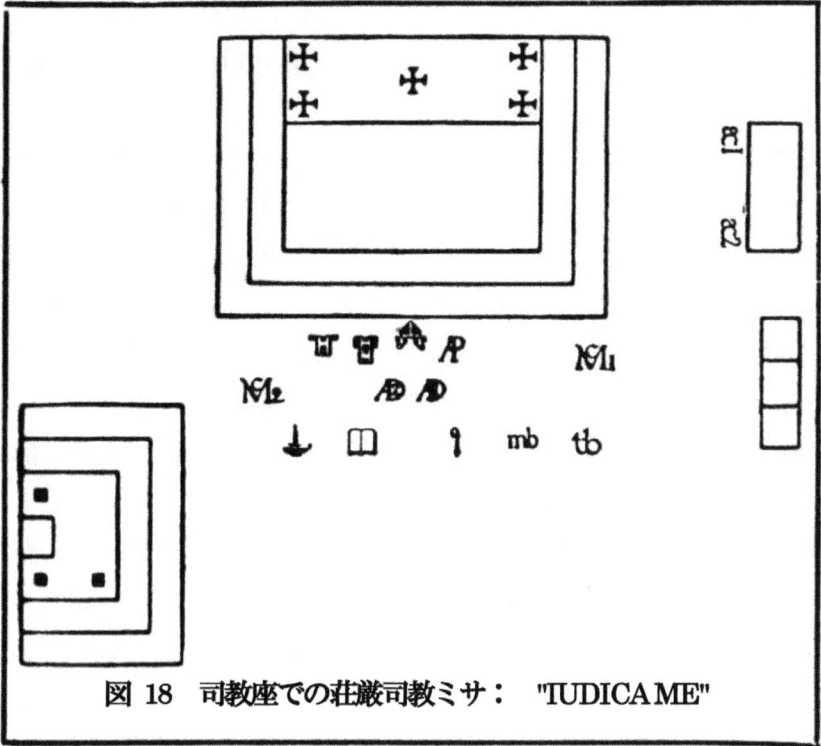

図 18　司教座での荘厳司教ミサ：　"IUDICA ME"

　副助祭は十字架を我らの主の像が行列の進行方向を向くように保持する。聖職者が順に２人づつ続き、次いで着衣している時には参事会会員が、コープを着た副助祭及び助祭、司祭、高位の者が続く。ミサの副助祭が本を保持しながら続く。次いでミサの助祭を左側にした AP が続く。次いで、２人の補佐助祭の間で司教が続き、司教の裾を持つ裾持ちが後ろに従う。司教は通り過ぎる際に司教杖を左手に持ちながら、会衆を祝福する。司教冠と司教杖、本、ハンドキャンドルの４人のチャプレンが続き、最後に制服を着た司教の随行者あるいは従者が続く。

　司教が首都大司教である場合、十字架の副助祭はアコライトの間、参事会会員のすぐ前で十字架を運ぶ[22]。十字架の副助祭は我らの主の像が首都大司教の方を向くように十字架を保持する。

　行列が教会の内陣に到着する時、随行者あるいは従者は外に残る。十字架持ちの副助祭は行列用十字架を司教座近くのスタンドに置き、そのそばに留まる。参事会会員と他の聖職者は祭壇に向かって片膝をつき、次いで2人つつ互いにお辞儀をして、自分の場所に行き、ミサの副助祭は福音書側の祭壇の段に行き、本を侍者に手渡す。助祭は副助祭の横に行き、AP は段の前の書簡側に行く。司教が、少し後方に立つ AP と助祭の間で、中央に来る。司教の補佐助祭は司教の後方に立つ。これらの後方に4人のチャプレンが立つ。第1MC は書簡側に、第2MC は福音書側にいる。本とハンドキャンドルを持つことになっている者は祭壇に向かって片膝をつき、次いで本とハンドキャンドルを祭器卓から持って来る。司教は祭壇前に到着したら、司教杖を司教杖持ちに手渡す。助祭は司教冠をぬがせ、司教冠持ちに手渡す。司教は祭壇に向かって低いお辞儀をし、参事会会員を除き、他の全員は片膝をつく。そうしてミサが始まる。

§4　ミサの始まりから福音書まで

　続く全てでは、違いが言及される箇所を除いて、いつもの荘厳ミサの儀式が想定されている[23]。

　司教はいつものように祭壇の階段で準備の祈祷文を唱える。司教が Indulgentiam の祈祷文を始める時、助祭は後ろに下がり、副助祭は司教のマニプルを取り、最初にマニプルに（側面に）次いで司教の手にキスをしながら、マニプルを司教の左腕につける。司教が祭壇に上る時、AP は司教の後方を通って司教の左側に行き、助祭は司教の右側に行く。副助祭もまた、福音書の本を持ちながら、司教の右側で司教とともに祭壇に上る。司教は祭壇にキスをして、次いで AP が差し出した、ミサの福音書の箇所で開いている福音書の本に、その上に両手を置きながらキスをする。副助祭は福音書の本を侍者に手渡す。

---

[22] 参事会が列席している場合にはいつも、参事会会員は大司教十字架と大司教の間を行く。そうでなければ十字架は大司教のすぐ前で運ばれる。
[23] 141〜189 ページを参照。

APは下りて、補佐助祭の間で立つ。香炉係が上って来て、助祭が香さじを手渡し香炉係が司教の前で跪く中、司教はいつものように香を入れて祝別する。司教は祭壇の献香を行う。

　助祭は司教から香炉を受け取る。司教座の第1助祭が来て、宝石の司教冠をかぶらせる。ミサの助祭が、副助祭を左側にして、二振り3回で司教の献香を行う（いつものように）。助祭が献香を行った時、司教は助祭に祝福を与える[24]。

　司教は司教杖を司教杖持ちから受け取り、十字架にお辞儀をして、祭壇の階段を下りて来て、2人の補佐助祭の間に立ち、再び十字架に向かってお辞儀をして、司教の前のAPとともに、聖歌隊席を通り過ぎる際に聖歌隊に祝福をしながら司教座に行く。司教の裾持ちが裾を持ちながら続く。ミサの助祭・副助祭は自分の座席に行く。

　司教は司教座で座り、司教杖を司教杖持ちに手渡し、第2補佐助祭は司教冠をぬがせる。裾持ちは司教座の東側の自分の場所に行く。本とハンドキャンドルのチャプレンが司教座に来て、司教に片膝をつき、本とハンドキャンドルを保持する。司教はズケットのみをかぶりながら立ち上がり[25]、十字の印をして、入祭文を読む。司教冠のチャプレンは宝石の司教冠を祭壇上かあるいは祭器卓の上に置き、金の司教冠を持つ。司教は *Kyrie eleison* を周囲の者とともに唱える。

　Kyrie の歌に長い時間がかかる場合、この時司教は *Gloria* の際のように座っても良い。*Kyrie eleison* が歌い終えられた時、APは本を保持し、司教は立ちながら *Gloria in excelsis Deo* を先唱する。本のチャプレンは本をAPから受け取り、APは自分の腰掛けに戻る。司教が *Gloria* を唱え終えた時、本持ちとハンドキャンドル持ちは本とハンドキャンドルを祭器卓に持って行き、そこに置いて、戻って来る。司教は座る。第1補佐助祭が金の司教冠をかぶせ、次いで膝掛けを運んできていた侍者から受け取り、司教の膝の上に広げる。司教座での補佐者は自分の腰掛けに座り、4人のチャプレンは司教座の階段に座り[26]（最

---

[24] 司教は参事会会員あるいは、より高位の聖職者による全ての献香と表敬に、彼らに十字の印をすることで答える。

[25] 司教は序唱まで常にズケットを身に着けている。

[26] ハンドキャンドルや本等は脇に置いて。

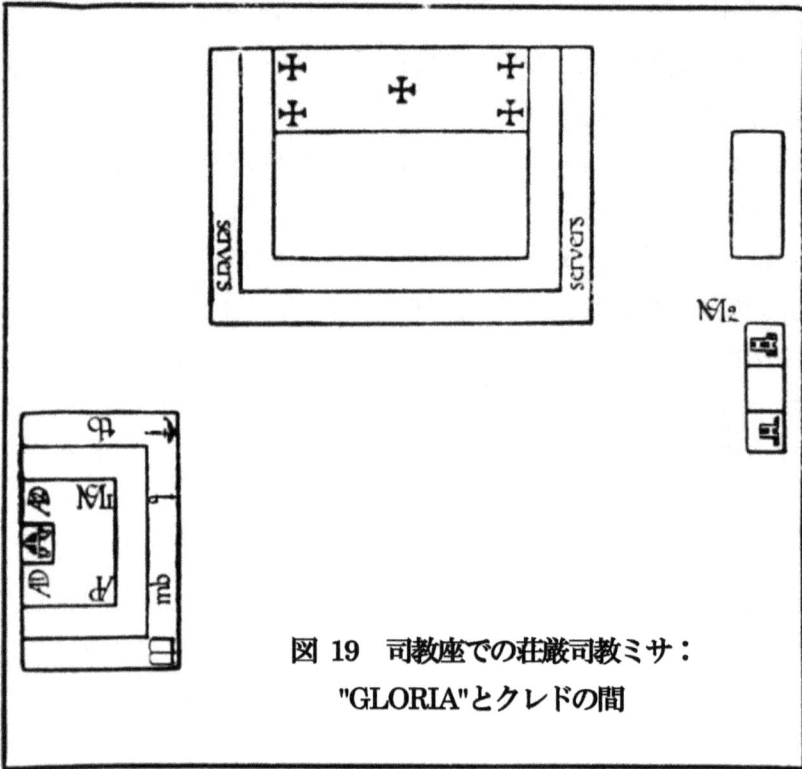

図 19　司教座での荘厳司教ミサ：
"GLORIA"とクレドの間

初に司教に片膝をつきながら）、ミサの助祭・副助祭は sedilia で座る。他の侍者は両側の祭壇の階段の上に座っても良い[27]。裾持ちは東側で司教座の段の上に座る。聖歌隊により歌われる *Gloria* の終わり頃に司教以外の全員が立つ。

　チャプレンは本とハンドキャンドルを持って来て、第2補佐助祭は膝掛けをはずして侍者に手渡し、次いで司教冠をぬがせる[28]。AP は本を保持し、司教は立ち、会衆の方を向き、*Pax vobis* 及び1つあるいは複数の集祷文を歌う。司教は再び座り、いつものように司教冠がかぶせられ、膝の上に膝掛けが広げられる。副助祭は、最初に祭壇と司教に表敬を行って肩を司教に向けないように立ちながら、いつものように書簡を読む。書簡は教会に説教壇がある場合には

---

[27] Martinucci, II, i, p. 97, § 85.
[28] これが常に順序である。司教冠は膝掛けの前にかぶり、膝掛けの後でぬぐ。

説教壇から歌っても良い。あるいは折り畳み式の聖書台が持ち出されて必要な場所で組み立てられ、その後、持ち去られても良い。書簡の後で司教の周囲の全員が立つ。副助祭が司教座に来て、司教にお辞儀をし、段を上り、跪き、朗読の本を司教の膝の上に置き、本の上に置かれた司教の手にキスをして、司教の祝福を受ける。副助祭は同じ表敬を行って去り、本をミサのMCに渡し、祭壇そばの助祭と合流する。

　本のチャプレンはミサ典書を開いて保持しながら、司教の前で跪く。司教は書簡及び昇階唱、アレルヤ唱、詠唱、続唱、あるいはその他何でも朗読の間にミサで出てくるもの、次いで *Munda cor meum* とその日の福音書を読む。ハンドキャンドルが近くで保持され、司教の周囲の全員が立ち、補佐助祭が福音書の前の節を答える。福音書の際に司教は本と自身の上に十字の印をする。司教は両手を合わせて福音書を読む。

　聖歌隊により歌われる昇階唱の終わり頃に、ミサの助祭は祭壇の上に福音書の本を置き、司教の手にキスするために来て、次いで祭壇の最下段に行き、跪き、*Munda cor meum* の祈祷文を唱える。

　香炉係が司教座に行く。司教はAPの補佐で、いつものように香を入れて祝別する。香炉係は中央に来て、そこで助祭及び副助祭、アコライトと合流する。全員が司教座に来る。全員は助祭とともに段の前で跪く（副助祭が参事会会員である場合、跪かずに低いお辞儀をする）。助祭は跪きながら（参事会会員である場合には、代わりに低いお辞儀をする）、いつもの *Iube domne benedicere* の式文で司教の祝福を請う。司教が祝福を与えた時、彼らは、最初にミサのMC、次いで香炉係、一緒のアコライト、副助祭、福音書の本を持つ助祭の順に福音書が歌われる場所に行く。彼らは祭壇を通り過ぎる際に祭壇に向かって片膝をつく（しかし助祭・副助祭が参事会会員である場合は、ただお辞儀をする）。福音書はいつものように歌われる。4人のチャプレンは東側の司教座の前で福音書が歌われる場所を向いて一列になって立つ。

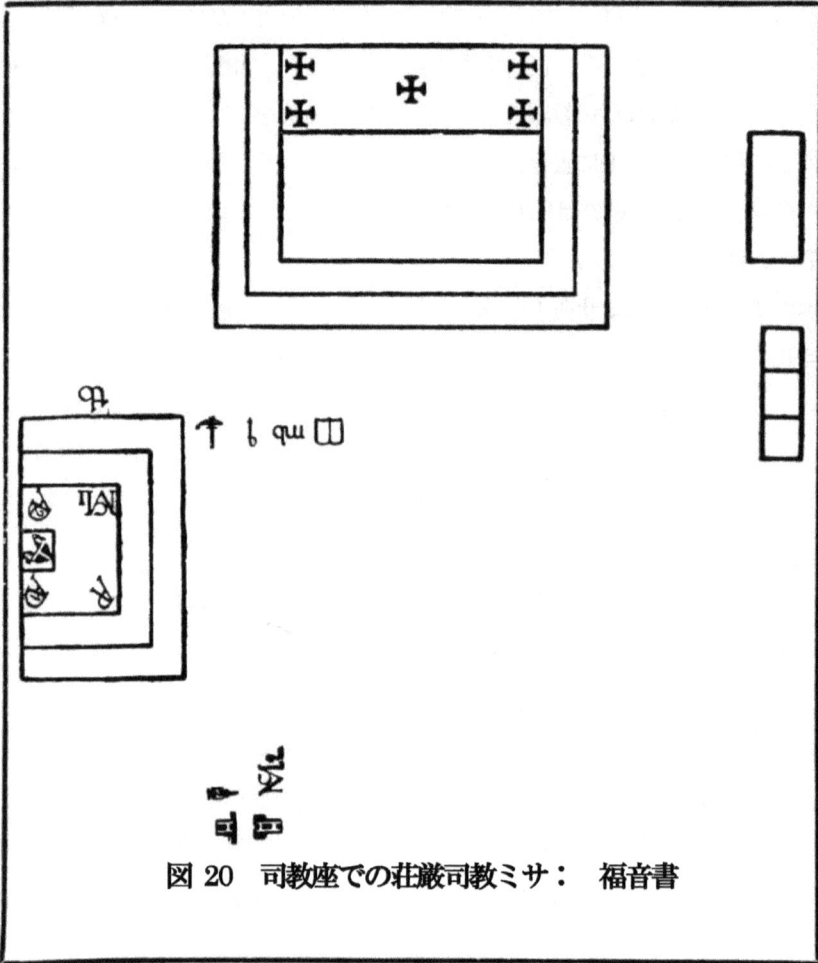

図 20　司教座での荘厳司教ミサ：　福音書

　書簡の際のように、説教壇が使用されても良く、あるいは聖書台が持ち出されて設置されても良い[29]。助祭が *Dominus vobiscum* を歌う前に、司教冠と膝掛けが司教からはずされ、司教は立ち、助祭と同じように十字の印をし、その後司教杖を取り、福音書が歌われる間司教杖を両手で持ちながら立つ。その後、司教は司教杖を脇に置く。副助祭が福音書のページで開いてある本を持って司

---

[29] 説教壇がある場合、副助祭は助祭の左側に立ち、助祭に香炉を手渡し、ページをめくる。ミサの色の絹のベールが説教壇の上に広げられる。可動式の聖書台がある場合、副助祭は開いた本の上部に両手を置きながら聖書台の後方に立つ。

教の所に来て、表敬を行わず、まっすぐに司教の元に上り福音書の箇所を指し示す。司教は *Per evangelica dicta* 等を唱え、本にキスをする。副助祭は司教にいつもの表敬を行いながら（片膝をつくか、参事会会員である場合は低いお辞儀をしながら）、下りて行く。AP は司教の献香を行う。香炉係は AP のそばに立ち、その間 AP のコープの端を持つ。司教は献香を受けた時、AP を祝福する。

§5　福音書から聖体拝領まで

　司教が説教を行う場合、司教座から、あるいは会衆を向くように司教のために祭壇前に置かれた司教用床几から、あるいは説教壇から行っても良い。その間、AP は司教の右側で座るか立つ。ミサの助祭と第1補佐助祭は AP の後方で、副助祭と第2補佐助祭は司教の左側で座るか立つ[30]。説教が司祭によって行われる場合[31]、この者が修道司祭である場合には修道会の服を、あるいは聖歌隊服を着る。この者はミサの色のストラを身に着けるのが普通である。説教の前に説教者は司教座に来て、司教の前で片膝をつき（参事会会員はお辞儀をする）、司教の手にキスをして、*Iube domne benedicere* を唱える。司教は説教者の上に一度十字の印をしながら、*Dominus sit in corde tuo et in labiis tuis, ut digne et fructuose annunties verba sancta sua. In nomine Patris + et Filii et Spiritus sancti. Amen* と答える。その後、説教者は *Indulgentias, pater reverendissime* を唱えながら贖宥を請う[32]。司教は *Consuetas* と答えるか、あるいは数を示す[33]。再び司教の手にキスをせず、説教者は立ち上がり、祭壇

---

[30] 司教が説教壇で説教を行う場合、司教はそこへ十字架持ち及び第1 MC、補佐助祭によって付き添われる。裾持ちは司教の裾を持つ。助祭は司教が説教をする間、司教の両脇に立つべきである。しかし司教が祭服を着ていない場合（paratus）、補佐助祭は司教に同行しない。

[31] 司教儀式書（Lib. II, cap. viii, § 48）は司教自身が説教することを好んでいる。そうでなければ、説教者は AP である参事会会員であるべきである（*Caer. Ep.*, Lib. I, cap. xxii, § 1.）。しかしこの規則はめったにしか遵守されない。

[32] 枢機卿に対しては、説教者は "pater eminentissime ac reverendissime." と唱える。

[33] 新しい規則によれば（*S. Cong. Indulg.*, 28 August 1903）、司教区あるいは名義教会での枢機卿は200日間、管区内での大司教は100日間、司教区内での司教は50日間を許す。

を通り過ぎる際に祭壇にいつもの表敬を行いながら、説教壇あるいは説教を行う場所に行く。

　説教の終わりに説教者は説教壇で祭壇に向かって跪く（参事会会員はお辞儀をする）。ミサの助祭が祭壇前の中央に来て、いつもの表敬を行い、司教の方を向き、*Confiteor* を歌う。*tibi Pater* と *te Pater* の言葉の箇所で司教に向かって片膝をつく（参事会会員はお辞儀をする）。その間、司教は立ち上がり、司教冠をかぶりながら司教座で立っている。助祭は sedilia に戻って行く。司教は座り、説教者は司教儀式書にあるように贖宥の式文を読む[34]。その後、説教者は説教壇から下りて来る。本持ちとハンドキャンドル持ちが司教座に来る。司教冠をぬいでから司教は立ち上がり、*Precibus et meritis* の祈祷文を唱える[35]。参事会会員と高位聖職者が立ちながらお辞儀をするのを除き、全員跪く。司教は司教冠がかぶせられる間、一時座る。その後、司教は立ち、司教杖を持ちながら祝福を与える[36]。司教が大司教である場合、十字架持ちが来て、像を司教に向けて十字架を保持しながら、司教の前で跪く。大司教は司教冠をかぶらない。その後、ミサが続く。司教自身が説教をした場合、贖宥の式文はAP によって読まれる。

　AP が本を保持しながら、司教はクレドを先唱する。その後、本は本持ちに戻され、本持ちは司教がクレドを唱える間、司教の前で本を保持し続ける。ハンドキャンドルが近くで保持される。司教は *Et incarnatus est* 等の言葉を唱える時、司教の前に置かれるクッションの上で跪く。本持ちとハンドキャンドル持ちを除き、全員が司教とともに跪く。その後、司教は座り、金の司教冠をかぶせられ、膝掛けが掛けられる。聖歌隊が *Et incarnatus est* 等の節を歌う時、司教はまだ司教冠をかぶったままでお辞儀をする。他の全員は座っているのでなければ跪く（134 ページ）。

　御降誕と聖母マリアのお告げには、司教は司教冠をかぶりながら司教座で跪く。

---

[34] *Caer. Ep.*, Lib. I, cap. xxv, § 1.

[35] *Ib.*, § 2

[36] 式文は *Ib.*, § 3 に示されている。

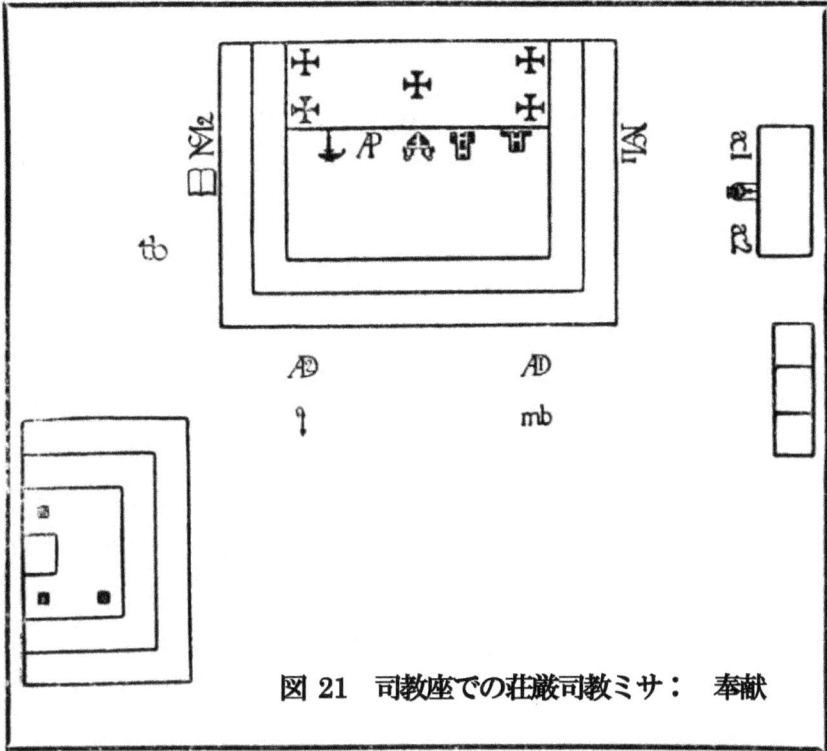

図 21　司教座での荘厳司教ミサ：　奉献

　クレドが歌い終えられた時、司教冠ははずされ、膝掛けは取り払われる。司教は立ち、向きを変え、*Dominus vobiscum* と *Oremus* を歌う。その間、AP が本を保持する。本持ちが本を保持する中、司教は奉献文を読む。司教は座り、第1助祭が司教に宝石の司教冠をかぶらせる。侍者が指輪と手袋のための皿とともに来る。AP は solita oscula で司教の指輪をはずし、皿の上に置く。補佐助祭は司教の手袋をぬがせてこれらも皿の上に置く。侍者が祭器と皿、タオルを持って近づく。補佐助祭はタオルを1枚司教の膝の上に広げ、AP は別にタオル1枚を保持する。侍者は司教が両手を洗う間、跪く。参事会会員が立つのを除き、聖歌隊席の全員も跪く。司教は侍者の上に十字の印をする。侍者は去って行く。AP は指輪を solita oscula で司教の素手につける[37]。

---

[37] 司教の祝福が与えられるのでなければ、手袋はこの後使用されない。

　APはミサ典書を持ち、祭壇に行き、そこで台かクッションの上に配置する。本持ちとハンドキャンドル持ちがAPに続く。副助祭は祭器卓のところに行く。侍者は副助祭にフメラーレを掛ける。副助祭はカリスを持ち、そこで待つ。

　司教は司教座で立ち上がり、司教杖を持ち、通り過ぎる際に聖歌隊を祝福しながら祭壇に行く。司教の裾はいつものように後方で保持される。ここで司教は司教杖を手放す。司教冠ははずされ、司教は十字架に向かって低いお辞儀をし foot-pace に上る。APが司教の左側に[38]、ミサの助祭が司教の右側にいる。補佐助祭は司教の両側で祭壇に向かって進み、祭壇前の床、段の下で立ち、司教杖持ちと司教冠持ちが補佐助祭の後方で立つ。ハンドキャンドル持ちは foot-pace に上り、そこでAPの左側で立つ。この時、これが司教が読む間のハンドキャンドル持ちの場所である。ハンドキャンドル持ちは献香の際には、最初にろうそくを祭壇の上に置いてから、下がり、福音書側の段の上に立つ。第1MCは書簡側の床の上に立ち、第2MCは福音書側の床の上に立ち、本持ちは第2MCの近くにいる。聖歌隊席の全員は座る。司教は祭壇にキスをする。副助祭はカリスを持って来る。ミサの助祭はカリスを取り、覆いをはずし、2枚の祭壇用ホスチアの内1枚を持ち[39]、割って聖具保管係に渡し、聖具保管係はそれを食べる。ミサの助祭はパテナの上のもう1枚の祭壇用ホスチアを司教に渡し、司教がいつものように奉献を行う。助祭はワインと水を少量用意された祭器の中に注ぎ、飲むために聖具保管係に渡す[40]。カリスの奉献がいつものように行われる。助祭は香炉で補佐する。司教は祭壇の献香を行う。APはミサ典書を移動させる。裾持ちが上って来て、裾を持ち、その後、祭器卓近くの床の上の自分の場所に戻って行く。司教が祭壇の献香を終えた時、第1補佐助祭は司教冠持ちとともに書簡側で司教のところに来る。第1補佐助祭は司教に宝石の司教冠をかぶらせる。司教はミサの助祭から献香を受け、ミサの助祭を祝福し、その後、APがタオルを保持し侍者が跪く中で司教は両手を洗う。第

---

[38] 奉献から "Agnus Dei" まで、献香と奉拳の際を除き、APは本のそばで司教の左側にいて、ページをめくる。
[39] 最初にこのホスチアでパテナとカリスに触れる。
[40] これは "praegustatio" の儀式であり、初期の頃の不思議な名残である。これは明らかに毒に対する予防である。この儀式は今ではしばしば省かれている。

2補佐助祭は司教が *Lavabo* の詩篇の終わりの箇所で *Gloria Patri* を唱える前に司教冠をぬがせる。ミサの助祭は、司教の献香を終えた時に、AP 及び司教座での2人の助祭に対して各人に二振り1回で献香を行う。その後、いつもの規則に従って（175 ページ）、ミサの助祭は聖歌隊の献香を行う。ミサの助祭は上って司教の後方に立つ。その間、司教はいつものようにミサを続ける。密唱の後でAP は台あるいはクッションの上のミサ典書を Canon episcopalis に交換する[41]。司教が *Per omnia saecula saeculorum* を歌う前にMC は司教のズケットをはずして司教冠持ちに手渡す。ミサの助祭と AP は、*Sanctus* を司教とともに唱えるために司教の両側に立つ。この時ずっと、2人の補佐助祭は他に役割がなければ、祭壇の段の前の床の上に立つ。

　たいまつ持ちが[42]祭壇の前に来て、片膝をつき、お互いにお辞儀をし、たいまつを保持しながらそこで跪く。AP 及び MC、補佐助祭、助祭・副助祭、香炉係、本持ち、ハンドキャンドル持ち、司教冠持ち、司教杖持ちを除き、聖歌隊席と内陣の全員は跪く。副助祭は奉献の際に助祭からパテナを受け取っている。副助祭は祭壇の段の前でパテナを保持しながら立つ。助祭は司教の右側に、AP は司教の左側にいる。

　奉挙の前にMC によって香炉の中に香が入れられる。MC あるいは香炉係が（158 ページ参照）、至聖なるものへの献香を行う。聖変化の際、助祭とAP は foot-pace の端で跪く。助祭と AP は奉挙の際にカズラの端を保持する。助祭は毎回の荘厳ミサの時のようにカリスをパラで覆う。奉挙の後で助祭は司教の後方に立ち、AP は本のところにいて、たいまつ持ちは去る（151 ページ）。AP と助祭はカノンの間、司教とともに片膝をつく[43]。*Pater noster* の終わり頃に助祭は司教の右側に来て、副助祭は助祭の右側に来る。いつものようにパテナ

---

[41] ミサ典書をMC に手渡し、MC はミサ典書をすすぎの後で再び必要になるまで祭器卓の上に置く。

[42] 　4本、6本、あるいは8本のたいまつがあるべきである（*Caer. Ep.*, Lib. II, cap. viii, § 68）。

[43] *Caer. Ep.*, Lib. I, cap. vii, § 5; Lib. II, cap. viii, § 69. これは両方の箇所で言葉の意味は明瞭と思われる。しかしながら Martinucci は AP が司教とともに片膝をつかないと述べている（2nd edition, 1880, vol. vi, p. 446, no. 116; 3rd edition, by Menghini, 1914, pt. II, i, p. 106, no. 130; see n.1）。

が司教に手渡され、副助祭はフメラーレを侍者にはずしてもらい、至聖なるものに片膝をつき、祭壇の段の下に行く。*Agnus Dei* の際、助祭は司教の右側にいる。副助祭は祭壇に上らない。助祭と AP は *Agnus Dei* を司教とともに唱える。次いで、彼らは片膝をつき、場所を交換する。助祭はミサ典書のところに行き、そこで補佐する。AP は司教の右側に行く。司教は AP に平和の接吻を与える。AP は片膝をつき、平和の接吻を聖歌隊に順番に与えに行く（64 ページ）。この時、第1・第2補佐助祭、ミサの助祭と副助祭が順番に司教の右側に上がって来て、各人が司教から平和の接吻を受ける。副助祭は司教の右側に立って司教の聖体拝領の際にカリスからパラを取り、助祭は AP が平和の接吻を与えるのから戻るまで本のそばにいる。AP が祭壇に戻って来る時、AP は司教の左側に立ち、助祭は司教の右側に立つ。この時、副助祭は中央の自分の場所に下りて行く。

　助祭・副助祭が聖体を拝領する場合、聖体拝領の前に司教から平和の接吻を受けない。*Confiteor* は唱えられない。助祭・副助祭は跪きながら聖体を拝領し、その後、司教の手にキスをして、立ち上がり、司教が *Pax tecum* を唱える間、司教の左頬にキスをする。彼らは *Et cum spiritu tuo* と答える[44]。

§6　　聖体拝領後からミサの終わりまで

　聖体拝領の行為が終わったらすぐに、MC は司教のズケットをかぶせる。聖歌隊席の全員が座る。助祭はカリスのすすぎを行う[45]。副助祭は祭壇の福音書側に来て、カリスを拭き、祭器卓に持って行く。AP は Canon episcopalis を祭壇の中央に置き、ミサ典書を書見台の上に置き、ミサ典書を逆側に移動させ、次いで司教の両手を洗う準備をして書簡側で立つ。宝石の司教冠がミサの助祭により司教にかぶせられる。裾持ちが上って来る。AP が指輪を持ちタオルを保持する中、司教は書簡側の隅に立ちながら、両手を洗う。その間、参事会会員と高位聖職者を除き、聖歌隊席の全員は跪く。司教は侍者を祝福し、宝石の

---

[44] 司教儀式書（Lib. II, cap. xxxi, §5）で助祭と副助祭が日曜日に司教のミサで彼らの聖体拝領を行うのは「非常にふさわしい」と述べている。*Conc. Trid.*, Sess. XXIII, cap. xiii. を参照。典礼については *Caer. Ep.*, Lib. II, cap. xxix, §3 を参照。
[45] 副助祭ではない。

司教冠ははずされる。毎回の荘厳ミサでの司式者のように、司教は聖体拝領の交唱を読み、*Dominus vobiscum* を唱え、聖体拝領後の祈祷文を歌う。助祭はいつものように *Ite missa est* を歌う。司教が *Placeat tibi* の祈祷文を唱えた時、第1補佐助祭は宝石の司教冠をかぶらせる。祭壇を向きながら、司教は *Sit nomen Domini* 等の小句を詠う。司教は祝福の式文の終わりの *Pater* を歌う際、向きを変え、左手に司教杖を持ち、3 回十字の印をしながら祝福を与える。参事会会員と高位聖職者がお辞儀をするのを除き、全員跪く。司教が大司教である場合、十字架を担う副助祭が十字架を大司教の前に持って来て、大司教の方に向けた十字架を持って跪く。大司教は祝福する時に司教冠をかぶらない。

　説教の後で贖宥が与えられていない場合、この時に与えられる。司教が前のように司教杖を持ち、祭壇前で会衆の方を向いて立ったままでいる間、AP は定められた式文を読む。その後、行列が組まれる。司教は司教杖を手放し、司教冠ははずされる。パリウムを身につけた大司教である場合、この時にパリウムが助祭と副助祭によってはずされ、始めに持ち運ばれた祭壇の上に置かれ、ベールで覆われて祭壇上に置かれる。

　司教は最後の *Dominus vobiscum* と *Initium sancti evangelii secundum Ioannem* を唱える。司教は次いで宝石の司教冠をかぶり、司教杖を持ち、司教が行く時に最後の福音書を続けながら[46]、司教は退堂の行列について行く。行列は始まりの時と同じ順序で組まれる（238 ページ）。行列は secretarium に行き、そこで参事会会員と他の者は各自の席に着く。司教は secretarium に入りながら、聖歌隊を通り過ぎる際に祝福をする。司教は祭壇に向かってお辞儀をし、司教座に行き、ミサの助祭が司教冠をはずす。司教座で祭壇を向いてクッションの上に跪きながら、司教は *Et Verbum caro factum est* の節を唱え、そうして福音書を終える。司教は次いで座り、司教杖を司教杖持ちに手渡す。ミサの助祭と副助祭は各自のマニプルをはずし、マニプルは侍者により持ち去られる。

---

[46] 固有の最後の福音書がある場合、、司教は祭壇で全てを読むが、大司教はパリウムをはずされた後である。

副助祭は司教のマニプルをはずして侍者に手渡し、侍者はマニプルを祭壇の上に置く。司教の祭服の残りは着衣した順番でぬがされる。全ての祭服は祭壇上に置かれベールで覆われる。

その間、チャプレンが香部屋に行き、各自のコープを脱いで戻って来る。祭服を着た参事会会員は祭服を脱ぎ、聖歌隊服に戻る。ミサの助祭・副助祭はsedilia に行って座る。司教の随行者はカッパを持って来て司教に着させる。本とハンドキャンドルのチャプレンが司教座に来る。座りながら司教はミサ後の祈祷文を唱える。その間、副助祭は儀式の靴とストッキングをぬがせ、皿の上にのせて覆いをして祭器卓に持って行く。従者は司教の通常の靴をはかせる。司教は中央の司教用床几に行き、そこで短い祈祷文を唱え、聖体が納められた礼拝堂を訪れ、最後に随行者とともに教会を後にする。参事会会員は司教に同行しても良い。参事会会員はその後、六時課と九時課を歌うために戻るべきである。

§7　司教が secretarium で着衣しない場合

secretarium として使用できる礼拝堂がない場合、あるいは何らかの理由で司教が secretarium を使用することを望まない場合、司教がミサ前に着衣する方法は他に、内陣の司教座で、あるいは香部屋での2つがある。どの場合も特別な困難はない。

司教が内陣の司教座で着衣する場合、司教は教会にロチェットとカッパを着て来て、聖体を訪問し、その後、内陣の司教用床几で跪き、司教座に行き、上記のように全てを行うであろう。唯一、司教が着衣した時に、secretarium からの大行列はないであろう。代わりに、司教は宝石の司教冠をかぶり司教杖を持ちながら、通り過ぎる際に聖歌隊席の聖職者を祝福しながら、司教座から祭壇に行く。

司教が香部屋で着衣する場合、司教のために司教用床几が中央に準備されるであろう。祭服は着衣机の上に広げて置かれるであろう。この司教用床几で、司教は司教座の場合と同じように着衣する。その後、教会と祭壇への行列が組まれる。

§8　参事会が列席しない場合

　司教儀式書は普通の慣習として、裁治権者が自身の司教座聖堂で参事会が補佐する中、荘厳ミサを歌うことを想定している。

　しかしながら、司教が参事会の列席しない自身の司教区の他の教会でミサを歌うことはしばしば起き得る。この場合、福音書側に一時的な司教座が事前に組み立てられ、ミサの色で覆われる。三時課は事前に唱えられない。secretarium は使用されない。司教は香部屋か司教座のどちらかで着衣する。ミサの助祭・副助祭と司教座での補佐者は参事会会員である必要はない。他の全ては上記のように進行するが、もちろん献香を受け、あるいは平和の接吻を受けるべき参事会会員がいないのを除く。

第17章　司教用床几での荘厳司教ミサ

§1　　準備

　「上級の高位聖職者」（71 ページ参照）を除き、他の全ての司教（司教区外の司教あるいは補佐司教）は司教座でなく祭壇前の司教用床几を使用する[1]。枢機卿やより上位の高位聖職者が列席する時のように[2]、裁治権者が司教座の代わりにこの司教用床几を使用することも起き得る。この場合、儀式内で以下の変更がなされる[3]。

　司教はミサのための準備を香部屋で始めても良い。そうする場合、助祭と副助祭のためのいつもの祭服はそこで広げて置かれるが、教会の祭器卓の上に置かれる彼らのマニプルはそうではない。香部屋の中央に絨毯が敷かれ、その上に椅子がある。司教はここで準備を行う。Canon episcopalis 及びハンドキャンドル、司教の儀式用の靴とストッキングは香部屋内で椅子の近くに並べられる。

　教会の主祭壇では、そこで聖体が納められている場合、聖体は移動させるべきである。6 本のろうそくが点火されるが、7 本目は点火されない。祭壇カードはない。司教の祭服は上記のように祭壇の上に置かれる（230 ページ）。司教の手袋は皿の上に置かれる。全てはベールで覆われるが、それは膝掛けでも良い。宝石の司教冠は司教冠持ちのベールのそばで、福音書側に立てられる。金の司教冠は書簡側にある。司教冠の infulae は frontal を覆うように掛けられる[4]。

　祭器卓の上で 2 本のろうそくが点火される。これらの間に次のものが置かれる。いつものようにミサのために準備されたカリスとパテナ。その日の福音書の箇所のページの間に司教のマニプルがはさまれたミサ典書、朗読の本[5]、ミサ

---

[1] 40 ページ参照。
[2] この場合はこの本の範囲外である。
[3] *Caer. Ep.*, Lib. I, cap. xix, §§ 4-5; Martinucci-Menghini, II, ii, pp. 566-597; Le Vavasseur, *Fonct. Pont.*, i, pp. 123-148; Wapelhorst, pp. 192-194.
[4] 司教が金の司教冠のみを使用する場合には、これが福音書側に立てられる。
[5] 本はその日の色の絹で覆われるべきである（55 ページ参照）。

典書の書見台あるいはクッション、瓶、肩衣、AP のためのコープ、助祭・副助祭 2 人のためのマニプル、司教の両手を洗うための祭器とボウル。祭器卓の上にこの全てのための場所がない場合には、そばにもう 1 台の祭器卓を置くべきである。

ローマの典礼書は香炉及び香舟、火、炭、奉挙のためのたいまつの全てが祭器卓の近くの内陣に置かれることを想定している。しかしながら、これらは香部屋に準備する方が都合が良いかもしれない。

祭壇前の内陣では、書簡が読まれることになっている場所のあたりの床の上で高さ 6 インチ程の小さな壇が組み立てられる[6]。これは絨毯で覆われ、その上に司教用床几が据えられる。司教用床几はミサの色の掛け布で覆われる。

書簡側には助祭・副助祭のための座席及びクレドの際に司教が跪くクッションがある。

内陣の中央には司教がミサ前の祈祷文を唱えるために跪くクッションがある。

§2　助祭・副助祭と侍者

以下の者が司教を補佐する。ミサの助祭と副助祭、コープを着る補佐助祭（AP）、MC 2 人、司教冠及び本、ハンドキャンドルを運ぶ 3 人の侍者[7]、香炉係、アコライト、着衣の際にも手伝う 6 人のたいまつ持ち。司教冠持ち及び本持ち、ハンドキャンドル持ちはコープを身につけない。補佐助祭はいない。

§3　始まりと司教の着衣

司教は香部屋に到着し、準備された椅子に座る。本持ちがミサのための準備の箇所で開いた Canon episcopalis を保持しながら、司教の前に立つ。ハンドキャンドル持ちが点火したろうそくを保持しながらそばに立つ。司教は準備の

---

[6] この壇は時々省かれる。

[7] 司教杖がないため、司教杖持ちはいない。一定の場合には（まれ）、裁治権者は他の司教に司教杖の使用を許すことができる（*Caer. Ep.*, Lib. I, cap. xi, §12）。しかし、司教杖は裁治権の主たる象徴である。司教により司教杖がどこでもむやみに使用されることは（特にフランスでしばしば見られる）、非難されることになろう。司教に裾がある場合、司教には裾持ちが付き、司教が歩く時はいつも裾を持ち、他の時には "familiares" の中で脇に立つであろう。しかし「上級の高位聖職者」でない司教は裾を垂らすべきではない。

ために定められた詩篇を唱える。その間、従者が司教の前で跪きながら、司教の通常の靴をぬがせ儀式の靴とストッキングをはかせる。

その間、助祭と副助祭がアコライトの補佐で着衣を行う。Canon episcopalis とハンドキャンドルは、その後、祭器卓に運ばれる。マニプルを除いて着衣した助祭と副助祭は、香部屋内の十字架と司教に向かってお辞儀をする。助祭・副助祭は、第2MCを前にして教会に行き、アコライトと他の侍者が続く。教会で彼ら全員は祭壇に向かって片膝をつき、アコライトと侍者は祭器卓近くの脇に立ち、助祭・副助祭は助祭が福音書側、副助祭が書簡側で、司教用床几の後ろに立つ。

その後、司教が香部屋から来る。司教はロチェットと mantellettum を身につけ、手にビレッタを持つ。第1MCは司教の前で、APは司教の左側で行く。彼らは祭壇の前に来て、助祭と副助祭が司教に向かってお辞儀をする。司教は祭壇に向かってお辞儀をする。その後、司教は短い祈祷文のためにクッションの上で跪く。司教が立ち上がる時、このクッションは取り去られる。

立ち上がりながら、司教は再び祭壇に向かってお辞儀をし、司教用床几に行く。ここで司教は座る。助祭が胸十字架をはずし、次いで司教が胸十字架にキスできるよう司教に向かって胸十字架を保持し、胸十字架をMCに手渡す。助祭は mantellettum をぬがせてこれもMCに手渡す。司教は自身でビレッタをかぶる。侍者が祭器及びボウル、タオルを持って来る。助祭・副助祭がタオルを持つ。司教の前に立ちながら、侍者は司教の両手に水を注ぐ。助祭・副助祭は司教が両手を拭くのを手伝う。

この全ては司教が香部屋で準備を始めることを想定している。司教が教会内で準備を始める場合、儀式用の靴とストッキングは最初に祭器卓の上に置かれる。司教は教会に入り、司教用床几に行き[8]、従者が靴とストッキングをはかせる間そこで詩篇を唱え始める。

この時、着衣が始まる。第2MCは祭壇に行き、そこで各祭服を侍者に手渡し、侍者は司教に持って行くであろう。十分な侍者がいない場合、祭服を助祭・副助祭に手渡した後で、他の祭服を持って来るために祭壇に戻っても良い。司

---

[8] 上級の高位聖職者のみが跪き台で最初に祈祷文を唱える。

教は立ち、本持ちはまだ本を保持したままで司教の前で立つ。司教は立ち上がる前にビレッタをぬいでMCに手渡し、MCはmantellettumとともにビレッタを片づける。助祭は副助祭が手伝う中、司教の着衣を行う。司教がダルマチカを着た時、司教は座り、助祭は指輪を持ち、助祭・副助祭はそれぞれが片方の手袋を、最初に司教の手に次いで手袋にキスをしながら、はめる。助祭は前後にお辞儀をしながら、司教に宝石の司教冠をかぶらせる。助祭・副助祭は次いで自分のマニプルを身につけるために行く。APはその間祭器卓に行き、肩衣とコープを身につける。皿の上の指輪を運びながら、APは司教のところに来て、最初に指輪に次いで司教の手にキスをしながら、指輪を司教の指にはめる。APはこれを行う前後にお辞儀をし、次いで司教の右側に立つ。全ての祭服が祭壇から持ち去られた時、MCは祭壇から金の司教冠とベールを取り去って祭器卓の上に置く。

　司教は立ち上がり、祭壇に行く。APは司教の右側、助祭は司教の左側にいる。この時にマニプルの入ったミサ典書を運ぶ副助祭は助祭の左側にいる。他の侍者とMCが続く。司教が着衣した時、第2MCはCanon episcopalisを祭壇の中央に置き、*Aufer a nobis*の祈祷文の箇所で開き、その近くにハンドキャンドルが置かれる。

§4　　ミサ

　祭壇で助祭は司教冠をぬがせ司教冠持ちに手渡す。司教は低いお辞儀をし、他の者は片膝をつく。ミサがいつものように始まる。APは司教の右側に、助祭・副助祭は司教の左側にいる。*Indulgentiam*の祈祷文の後で、上記のように（240ページ）副助祭は司教の腕にマニプルを付ける。それを行う前に副助祭はミサ典書をMCに手渡す。彼らが祭壇に上って行く時[9]、副助祭はその日の福音書の箇所で開いているミサ典書を保持する。司教はそのページにキスをする。第2MCはミサ典書を持ち、Canon episcopalisとハンドキャンドルを祭壇から持ち去る。助祭が*Benedicite pater reverendissime*と唱えるのを除き、

---

[9] APは司教用床几に行き、助祭は司教の右側に行く。

祭壇と司教の献香がいつものように行われる。司教は助祭に香炉を渡し、MC は宝石の司教冠をかぶらせる。

　助祭は左側の副助祭とともに祭壇の階段を下り、司教の献香を行う。司教は最初に十字架にお辞儀をしながら、司教用床几に行く。AP は司教の右側、助祭・副助祭は司教の左側で、司教と一緒に行く。司教は司教用床几に座り、助祭は司教冠をはずす。司教は立ち上がり、左側から祭壇を向く。本持ちは司教の前に立ちながらミサ典書を保持し、ハンドキャンドル持ちは本持ちの左側にいる[10]。司教の右側の AP は場所を指し示す。助祭は司教の右側、副助祭は司教の左側で、やや後方にいる。司教は入祭文を読み、その後、*Kyrie eleison* を助祭・副助祭とともに唱える。*Kyrie* の歌に長く時間がかかる場合、*Gloria* でのように、この時司教は座っても良い。

　司教は祭壇の方を向きながら、AP を右側に[11]、本持ちとハンドキャンドル持ちを前にして、*Gloria in excelsis* を先唱する。司教がそうする間、助祭・副助祭は司教の後方で一列に並んで立つ。その後、助祭・副助祭は司教の両脇に来て、司教とともに *Gloria* を唱える。司教は *Gloria* を唱え終えた時、司教用床几に座る。助祭は金の司教冠をかぶらせ、司教の膝の上に膝掛けを広げる。次いで全員が司教にお辞儀をして、sedilia に行きこの順序で座る。助祭は中央、AP は助祭の右側、副助祭は助祭の左側である。彼らは第2MC からそれぞれのビレッタを受け取り、自身でかぶる。毎回の荘厳ミサでのように、第2MC は座席の近くのいつもの場所で立つ。第1MC は司教の左後方で立つ。

　Gloria in excelsis の終わり頃に助祭・副助祭は立ち上がり、司教の前に来て、一列になって立ち、司教にお辞儀をする。助祭は[12]膝掛けを取り去って侍者に手渡し、侍者はそれを祭器卓の上に置く。その後、助祭は司教冠をはずす。司

---

[10] あるいはハンドキャンドル持ちは本持ちの右側に立ち、AP のための場所をあけるようにしても良い（Martinucci, II, ii, p. 553, n. 1）。

[11] Baldeschi は終始AP がハンドキャンドルを保持するとしている。これは誤りである。AP は決してそうしない（例えばMartinucci, II, ii, p. 575, §61; Le Vavasseur, *Fonct. Pont.*, i, p. 135, § 152）。

[12] Martinucci, II, ii, p. 576, § 68. Le Vavasseur（*Fonct. Pont.*, i, p. 134, § 151; p. 135, § 152）は副助祭がずっと膝掛けを掛け、取り去るとしている。

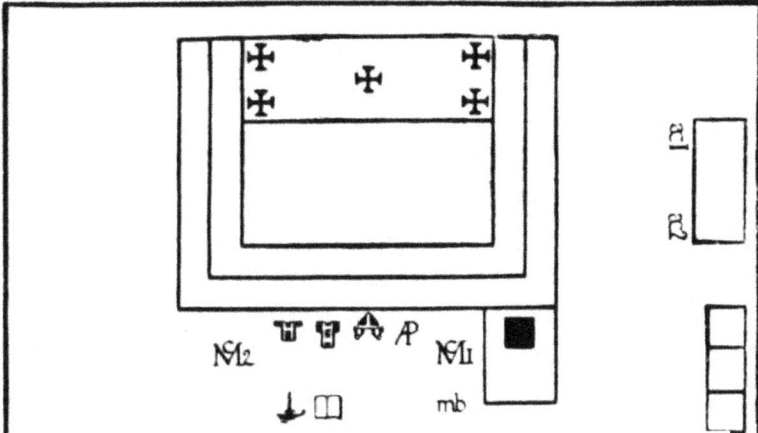

図 22　司教用床几での荘厳司教ミサ：　"IUDICA ME"

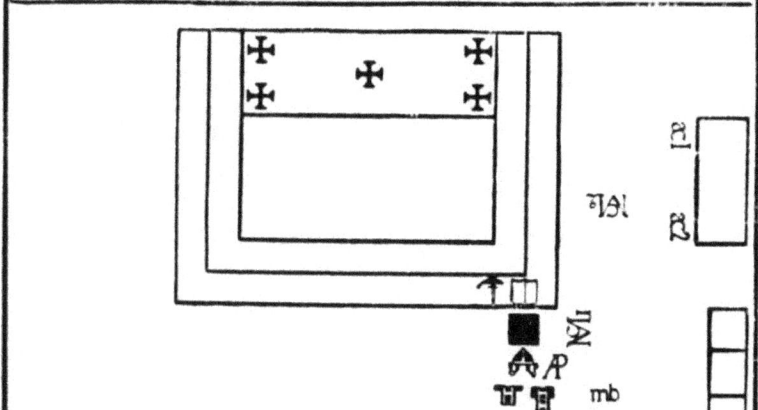

図 23　司教用床几での荘厳司教ミサ：　入祭文

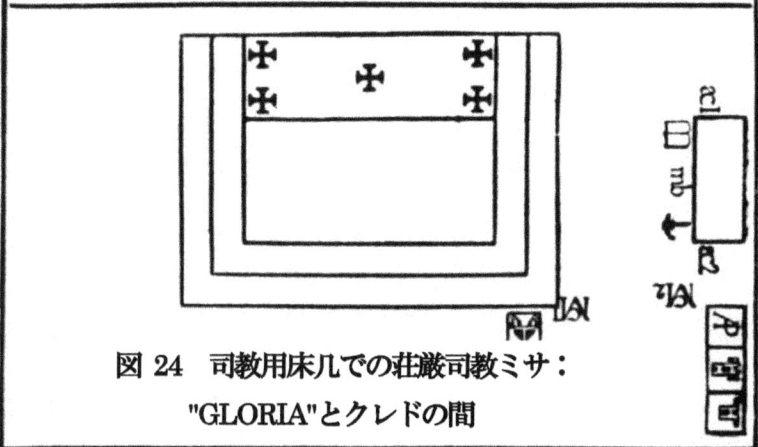

図 24　司教用床几での荘厳司教ミサ：
"GLORIA"とクレドの間

教は会衆を向いて立ち、*Pax vobis* を歌う。助祭と副助祭は司教と会衆の間で一列になって立ち、AP は祭壇を向いて司教の脇（書簡側）にいる。

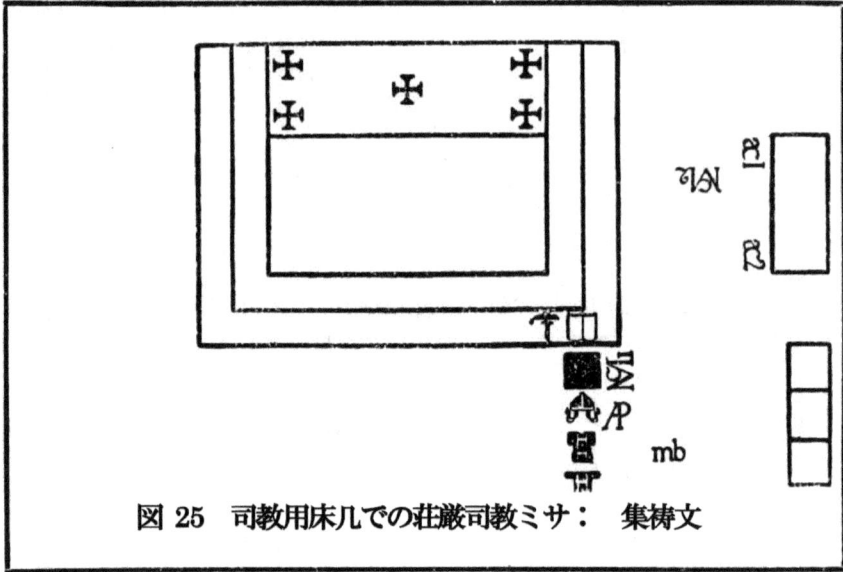

図 25　司教用床几での荘厳司教ミサ：　集祷文

　その後、司教は祭壇を向き、本持ちが本を保持しハンドキャンドル持ちが本持ちの右側にいる中[13]、集祷文を歌う。第1MC は AP のそばに立ち、第2MC は祭器卓のところでアコライトのそばにいる。最後の集祷文の間、副助祭は第2MC から朗読の本を受け取り、中央に行き、祭壇に向かって片膝をつき、その後、閉じた本を持ちながら司教の後方の自分の場所に来る。集祷文が終わった時、司教は再び座り、前のように助祭から司教冠と膝掛けを受け取る。AP と助祭は司教に向かってお辞儀をし、座りに行く。副助祭は司教に向かってお辞儀をし、いつもの場所で立ちながら書簡を読む。その後、副助祭は中央に行き、祭壇に向かって片膝をつき、司教のところに来て、お辞儀をし、跪き[14]、

---

[13] 第1MC と AP のための場所を他方の側に残すために、ハンドキャンドルは本の右側で保持される方が良い。
[14] 明らかに、上級の高位聖職者を除き跪かないという通常の規則は、書簡と福音書での祝福には適用されず、これらの場面で助祭・副助祭は司祭に向かって跪く。

司教の手にキスをして司教の祝福を受ける。その後、副助祭は立ち上がってミサ典書を開き、司教が書簡及び昇階唱、アレルヤ唱あるいは朗読の間に来る他の文を司教用床几に座りながら読めるようにする。福音書の前に司教は*Munda cor meum*の祈祷文を読むが、このためにMCは Canon episcopalis を祭器卓から持って来る。その間、ハンドキャンドル持ちは司教の左側でハンドキャンドルを保持する。司教が福音書を読み終えた時、AP はその場所にとどまる。副助祭はミサ典書を侍者に手渡し、司教に向かい合って、少し離れて立つ。

　アレルヤ唱（あるいはその他の行われる文）の歌の終わり頃に、座席に座っていた助祭は立ち上がり、朗読の本をMCから受け取り、閉じたままで祭壇に持って行く。助祭は司教の所を通り過ぎる際にお辞儀をし、本を祭壇の上に置く前後に片膝をつく。その後、まっすぐに司教の脇に来て、そこで助祭は香を入れ祝別するのを補佐する。このために香炉係が近づき、お辞儀をし、司教の前に立つ。その間、アコライトは祭器卓から彼らのろうそくを持ってきて、幾分距離を置いて司教の前に立つ。

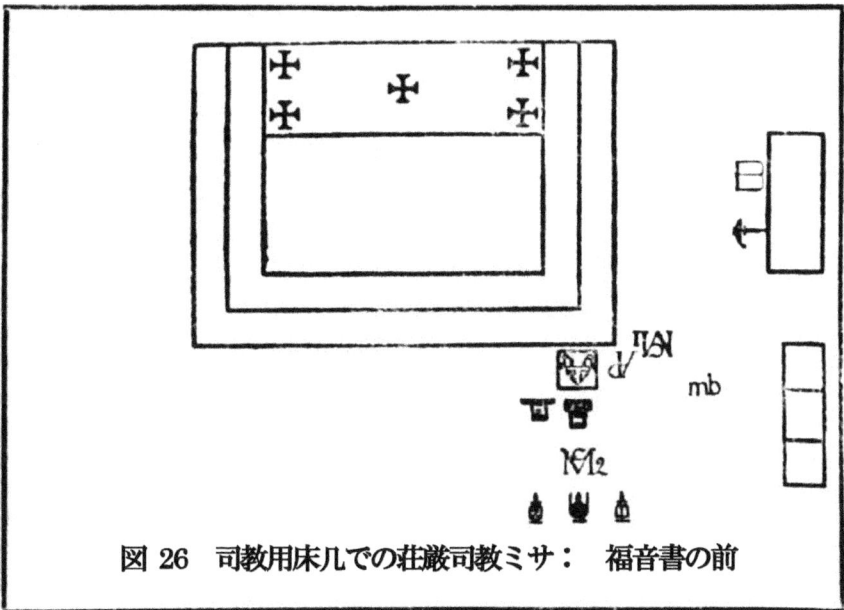

図 26　司教用床几での荘厳司教ミサ：　福音書の前

聖なる犠牲

香が祝別された時、*Munda cor meum* の祈祷文を唱えるために助祭は foot-pace に行く。香炉係はアコライトの間に立つ。助祭は次いで祭壇からミサ典書を持ち、片膝をつき、司教の所に来てお辞儀をし、跪き、*Iube domne benedicere* を唱える。司教は助祭を祝福し、助祭はいつものように司教の手にキスをする。その後、助祭は香炉係とアコライトの正面で、司教の前に立つ。副助祭は助祭の左側に、第2MCは助祭の後方にいる。第1MCはAPの近くで立つ。全員は司教にお辞儀をし、中央に行き、片膝をつき、福音書が歌われる場所に行く。彼らが行ってしまったらすぐに、第1MCは司教の膝掛け及び司教冠を取り去る。APは司教の左側で少し後方に立つ。司教は立ち、助祭の方を向く。助祭は司教がこのように準備するまで福音書を歌い始めないように注意するべきである。

福音書中のどれかの言葉で片膝をつくことになっている場合、MCは司教が片膝をつくためのクッションを福音書の方に置く。

福音書の後、司教に片膝もつかずお辞儀もしないで、副助祭はすぐに上って来て、司教に本を持って来る。副助祭は、福音書の文の始まりを指し示し、司教はそこにキスをする。副助祭は次いで本を閉じて、司教にお辞儀をし、本を第1MCに手渡し、APの左側に立つ。福音書が終わったらすぐに、通り過ぎる際に祭壇に片膝をつき司教にお辞儀をしながら、アコライトはアコライトキャンドルを祭器卓に持って行く。助祭は香炉を持ち、司教に献香を行う。助祭及び左側にいる香炉係、第2MCは前後にお辞儀をする。香炉係は香炉を香部屋あるいは香炉が保管されている他の場所に持って行く。

この時に説教がある場合、助祭・副助祭は司教の前で一列になって、司教にお辞儀をし、座席に座りに行く。司教は司教用床几で座る。司教自身が説教を行う場合には、司教は司教用床几の前に立ちながら、司教用床几に座りながら説教を行っても良いし、あるいは第1MCを伴って説教壇に行っても良い。司教が説教を始める用意ができるまで、助祭・副助祭は座らず、ビレッタもかぶらない。

クレドが先唱される時、助祭と副助祭は司教の後方で一列になって立つ。司教は祭壇を向いて立つ。Canon episcopalis が本持ちによって保持され、ハン

ドキャンドルはその右側にある。AP は司教の右側に立つ。助祭と副助祭が司教の脇に来て、*Gloria* の際のように、クレドを司教とともに唱える。

　司教はその後座り、助祭は膝掛けと金の司教冠を身につけさせる。助祭・副助祭は司教にお辞儀をし、*Gloria* の際のように座りに行く。*Et incarnatus est* 等の言葉の箇所で、司教は司教冠を身につけたままお辞儀をし、助祭・副助祭はビレッタをぬいでお辞儀をし、他の全員は座っているのでなければ跪く。

　御降誕と聖母マリアのお告げには、司教はこれらの言葉の箇所で司教冠をはずさずに司教用床几の前で跪く。助祭・副助祭は座席で跪く。

　この文の後で助祭は立ち上がり、第2MC からブルサを受け取り、司教にいつものお辞儀をして、祭壇に片膝をつきながら、祭壇上にコルポラーレを広げる。助祭は最短距離で自分の場所に戻り、再び座る前に副助祭にお辞儀をする。

　クレドの歌の終わり頃に、助祭・副助祭は司教の前に来て、一列に立ち、司教にお辞儀をし、助祭は膝掛けと司教冠を取り去る。助祭と副助祭は司教用床几と会衆の間で一列となり、AP は書簡側の脇に立つ。司教は立ち上がり、会衆の方を向いて *Dominus vobiscum* を歌い、次いで祭壇の方を向き、*Oremus* を歌い、奉献文を読む。本持ちとハンドキャンドル持ちは司教の前に立ち、助祭・副助祭は司教の両脇に立つ。

　司教は再び座り、助祭は宝石の司教冠をかぶらせ、助祭・副助祭・AP の3人は司教にお辞儀をし、助祭は司教の右側に行き、副助祭は司教の左側に行き、AP は祭器卓に行く。侍者が指輪と手袋を載せるための皿及び両手を洗うための祭器とタオルを持って来る。いつもの oscula で、助祭は指輪と右の手袋を、副助祭は左の手袋をはずす。指輪と手袋は皿の上に載せられる。祭器と皿を保持する侍者は司教の前で跪き、助祭・副助祭はタオルを持つ。司教は両手を洗い、助祭・副助祭は両手を拭くのを手伝う。その後、助祭は再び solita oscula で指輪を司教の素手にはめる。副助祭は祭器卓からカリスを持って来る。

　司教が両手を洗っている間、AP は祭器卓から、書見台に置かれたミサ典書、及び Canon episcopalis を持ち、これらを祭壇まで運ぶ。第2MC 及びハンドキャンドルを持つ侍者が AP とともに行く。彼らは司教のところを通り過ぎる際に司教にお辞儀をし、祭壇の段の前で片膝をつき、ミサ典書と Canon episcopalis を祭壇の上に配置させる。AP は本のそばにとどまる。司教は両手を洗い指輪を受け取ってから立ち上がり、助祭と MC の間で祭壇に行き、司教冠持ちと本持ちが続く。祭壇の前で助祭は司教冠を取り去り、司教は低いお辞儀をし、他の者は片膝をつく。AP が最下段で司教を出迎えるために下りて来る。副助祭はカリスを持って来るために祭器卓へ行っている。司教の脇の副助祭の場所には AP が代わりに入る。そのため、司教は助祭と AP の間で祭壇に上って行く。

　この時からミサの終わりまで、自身の司教区内でない司教の場合に贖宥が与えられないのを除き、全ては司教座での荘厳司教ミサの場合のように続く（上記参照、248~251 ページ）。ハンドキャンドル持ちは AP の左側でろうそくを保持する。

　ミサの終わりに司教は助祭・副助祭・AP と侍者とともに行列で香部屋に行き、そこで脱衣しても良い。あるいは、司教は司教用床几に行き、そこで脱衣しても良い。この場合、司教が司教用床几に到着する時、司教は座り、助祭・副助祭・AP の3人は司教にお辞儀をし、祭器卓に行き、そこで AP はコープを脱ぎ他のものはマニプルをはずす。彼らは司教の所に戻って来る。副助祭は司教のマニプルをはずし、助祭は司教冠をはずす。その後、彼らは司教の脱衣を手伝い、各祭服を侍者に手渡し、侍者は各祭服を祭壇に運ぶ。肩衣を脱いだ後で司教はビレッタをかぶり、座る。mantellettum が着せられ、助祭は司教に胸十字架をキスするために手渡し、胸十字架を司教に掛ける。助祭と副助祭はこの時、司教にお辞儀をし、香部屋に退く。司教は再び司教用床几に座り、本持ちが立ちながら本を司教の前で保持しハンドキャンドル持ちがハンドキャンドルを本のそばで保持する中、ミサ後の祈祷文を唱える。その間、随行者が儀式用の靴とストッキングをぬがせる[15]。最後に司教は AP と MC を伴って退出する。

---

[15] その後、上級の高位聖職者は、祭壇の前に設置された跪き台で短い祈祷文を唱えるために行く。AP と第1MC は司教の後方で両脇に跪く。

第18章　死者のための荘厳司教ミサ

§1　準備

　司教が死者ミサを歌う時、行うのが司教座であろうと司教用床几であろうと以下の変更がなされなければならない[1]。

　司教は司教杖も手袋も儀式用の靴・ストッキングも使用しない。司教には黒色の絹の膝掛けがある。司教は白の亜麻布でできた、infulae に赤い房飾りのある簡素な司教冠のみをかぶる。

　着衣と脱衣の最中、祭服にキスをする。ミサ中には solita oscula はない。司教は誰にも祝福を与えない。司教ミサのための一般規則に従い、聖体は主祭壇にあるべきではない（230 ページ）。

　聖体が納められた礼拝堂に、いつものように跪き台あるいは司教用床几が準備される。覆いとクッションの色については 40 ページを参照。

　聖体が納められた祭壇上では、少なくとも儀式の前後に司教がそこで跪く時間中には、6 本のろうそくが点火される。主祭壇の上には未漂白の蜜蝋の6 本のろうそく（7 本ではない）と祭壇十字架がある。燭台は銀製ではなく、青銅製か真鍮製であるべきである。祭壇あるいは壇の上には他の装飾は置くべきではない。frontal は黒である。foot-pace と祭壇の階段は紫（purple）の絨毯で覆われ、内陣の残りは絨毯で覆われない。司教の黒の祭服がいつものように祭壇の上に広げられる（230 ページ）。簡素な司教冠のみが福音書側に置かれる。祭壇前には、小さな絨毯の上に司教用床几あるいは跪き台がある。これは紫（purple）で覆われる。いつもの祭器、すなわちアコライトキャンドル及び準備されたカリス、両手を洗うための祭器と皿、ミサ典書 2 冊と Canon episcopalis（これらには黒のカバーをしなければならない）、瓶、肩衣、補佐司祭（AP）のための黒のコープ、助祭・副助祭のためのマニプル、司教が赦免を行う場合には簡素な formale の付いた司教のための黒のコープが祭器卓の上に

---

[1] *Caer. Ep.*, Lib. II, cap. xi-xii; Martinucci-Menghini, II, i, pp. 265-278, II, ii, pp. 598-613; Le Vavasseur, *Fonct. Pont.*, i, pp. 148-157, 157-160.

置かれる。聖職者に配られることになっているろうそくも置かれる。この場合、司教儀式書もまた必要となるであろう。

sedilia は紫（purple）で覆われる。司教座がある場合、同じように紫（purple）で覆われる。補佐者のための腰掛けに覆いはないであろう。棺台で赦免が行われる場合、枢台が内陣の前に置かれる。その頭の箇所にもう1つの司教用床几がある。

§2　司教座でのミサ

司教杖がなく、そのため司教杖持ちがいないのを除き、全ての司教ミサと同じ助祭・副助祭及び補佐者、侍者が奉仕する（232ページ）。ミサは九時課の後に歌われる。司教が教会に入る時、鈴は楽しそうには鳴らされない。鈴はゆっくり鳴らされて良い。オルガンは全く使用されない[2]。

以下の点を除き、全てはこの種のいつものミサのように続く。

司教は司教座で着衣する。マニプルはチングルムの後、胸十字架の前に身に着ける[3]。大司教は死者ミサではパリウムを身に着けない。司教が着衣した時、AP は司教に指輪をはめる。助祭と副助祭は自分のマニプルを身に着ける。

その後、全員は祭壇に行き、司教は司教杖を使用しないため両手を合わせている。副助祭は福音書の本を持って行かない。階段祈祷の後、司教は祭壇にキスをするが、福音書の本にはキスはしない。祭壇には献香をしない。彼らはすぐに司教座に戻って行き、いつもの規則に従い、司教は簡素な司教冠をかぶる。*Kyrie eleison* の歌の後で司教は *Pax vobis* ではなく *Dominus vobiscum* を唱える。集祷文の間、司教の前の助祭・副助祭及びハンドキャンドル持ちを除き、聖歌隊席の全員は跪く。書簡の後、副助祭は司教座に来て、司教にお辞儀をするが、祝福は行われず、司教の手にキスもしない。続唱の間、聖歌隊席の全員にろうそくが渡される。福音書の間、そしてその後再び *Sanctus* からすすぎま

---

[2] *Caer. Ep.*, Lib. I, cap. xxviii, §13; S.R.C., no. 4265, ad II（必要のある場合には、歌を支えるためのみにオルガンは使用しても良い。）

[3] 実際上の困難のために、マニプルはダルマチカのすぐ後に身に着けても良い（Martinucci-Menghini, II, i, p. 269, n. 2）。

で、彼らはろうそくを燃えたまま保持する。福音書の箇所で香はないし、アコライトもアコライトキャンドルを持たない。アコライトは両手を合わせて副助祭の両側に立つ。助祭は司教の祝福を請わないし、司教の手にキスもしない。福音書のための行列はいつものように司教の前に来て、全員は司教の前で片膝をつき（参事会会員を除く）、その後、彼らは福音書を歌いに行く。

福音書の後で、副助祭は本を司教によるキスのために持って行かず、すぐに本を第2MCに手渡す。司教は両手を洗った後に祭壇に行く。副助祭はフメラーレを身に着けずに生贄を持って来る。水は祝別されない。司教はいつものように祭壇の献香を行う。その後、司教のみが司教冠をかぶりながら、献香を受ける。たいまつ持ちは祭壇の前ですすぎまで跪き、そして聖歌隊席の全員は点火したろうそくを保持しながら *Sanctus* からすすぎまで跪く。副助祭はパテナを保持しない。副助祭は書簡側に跪きながら、奉挙の際に至聖なるものへの献香を行う。平和の接吻は与えられない。助祭が *Requiescant in pace* の節を歌う時、司教はこれを自身に唱える[4]。ミサの終わりに祝福はない。司教は最後の福音書を祭壇で始め、司教座に戻って行く際に続け、*Et Verbum caro factum est* の言葉の箇所では司教座で片膝をつきながら、司教座で終える。その後、司教は座り、助祭・副助祭は自身のマニプルをはずし、AP は自身のコープを脱ぐ。

司教は司教座で補佐助祭により脱衣を行う。赦免がすぐに続く場合[5]、補佐助祭は司教にコープと司教冠を身に着けさせる。

§3　司教用床几でのミサ

これのための特別な指示は必要ない。死者ミサ一般のための例外と特別な規則、及び司教の死者ミサのための最後の節に記された規則がある他は、全ては司教用床几での荘厳司教ミサのためのいつもの規則に従って行われる（これについては 254~264 ページを参照）。この場合も、司教は簡素な司教冠のみをかぶる。既に説明されたように、司教は祝福を与えず、祭壇は奉献の際のみ献香

---

[4] S.R.C., 7 September 1816, no. 2572, ad XXII.
[5] 一般的に赦免が続く（Martinucci-Menghini, II, i, p. 277, §141）。

される等々である。

索引

あ

う

え

お

か

き

な

は

ひ

ふ

へ

ほ

ま

わ

Sicut portus gratus nautae ita finis operis scriptori.

訳者あとがき

　本書はエイドリアン・フォーテスキュー（1874—1923）の著作 The Ceremonies of the Roman Rite Described　第2版（1920年）の翻訳である。第1巻（第1部　儀式に関する一般原則、第2部　聖なる犠牲）及び第2巻（第3部　晩の儀式、第4部　典礼年、第5部　折々の儀式）の2巻に分けて発行することになったが、単にこれは製本上の都合による。

　エイドリアン・フォーテスキューはイングランドのローマ・カトリック教区司祭であり、父親そして母方の祖父が英国国教会の聖職者という家庭に生まれた。彼は典礼学者として知られ、ローマ典礼ばかりでなく、カトリック及び正教会の東方典礼にも通じていた。

　本書の元となった The Ceremonies of the Roman Rite Described は、イングランドのカトリック教区司祭と平信徒のために英語で書かれたローマ典礼の儀式についての手引き書であり、序文には当時のイングランドで英語で書かれた満足のいく儀式の手引き書がなかった状況が書かれている。

　2007年7月7日に教皇ベネディクト十六世によって発表された自発教令スンモールム・ポンティフィクム SUMMORUM PONTIFICUM により、聖ピオ五世が発布し、聖ヨハネ二十三世があらためて発布したローマ・ミサ典礼書によるミサや以前のローマ典礼の形式に従った典礼を行うことが認められた。本書に書かれた内容は、わずかな改訂はあるにせよ、基本的には聖ヨハネ二十三世のローマ・ミサ典礼書（1962年）のものと同じである。

　訳者の知り限り、第2バチカン公会議以前の日本において、日本語で書かれたローマ典礼の儀式の手引き書はほとんどなかったものと思われる。

　訳者はカトリックの平信徒であり、グレゴリオ聖歌や侍者での奉仕に関して実践する立場にいる。今回、浅学の身を顧ず本書を発行することになった。至らぬ箇所への指摘をいただければ幸いである。本書が日本国内のカトリック聖職者そして平信徒の役に立つことを願っている。

　本書を聖パウロ修道会の池田敏雄神父（東京）、そして、至高なる大祭司であ

り王であるキリスト宣教会（I.C.K.S.P.）の植田勝行神父（米国サン・ノゼ市）
にささげる。

　　　2015年10月9日　　　　　　　　　　　　　　　　　　　訳者

www.ingramcontent.com/pod-product-compliance
Lightning Source LLC
Chambersburg PA
CBHW071210090426
42736CB00014B/2763